한국어로 내려온
New Bible

새로운
성 경

제137권 9부 | 총10부

하얀마음

하나님 말씀 중에서

1. 사랑의 하나님

▪ 세상을 창조하신 하나님은 모두를 사랑하신다. 인간만 특별히 더 사랑하지 않고, 우주 만물을 다 똑같이 사랑하신다. 그러니 하나님이 창조하신 천지 만물과 화친하고, 미물까지도 소중히 대하라.

▪ 하나님은 특정 종파나 민족만을 더 사랑하지 않으신다. 자기 자신만 구원받겠다는 욕심을 버리고, 자기 종파만 구원받는다는 편협한 교리에서 벗어나야 한다. 종파를 초월해서, 모두를 사랑하라.

▪ 원수까지 사랑하라 했으니, 이 세상에 사랑하지 못할 자가 누가 있겠는가? 종파가 다르다고 해서 부모 형제와 원수처럼 지내는 자는 인간의 근본을 모르는 자다. 가장 가까운 가족부터 사랑할 때 남도 진심으로 사랑할 수 있다.

▪ 한 사람을 원수같이 생각하던 마음에서 사랑하는 마음으로 돌리면, 자기 자신의 마음이 가장 기쁘고 행복하다. 하나님께서는 인간의 마음속에 무거움이 없이 기쁘고 행복한 삶을 살기를 바라신다.

▪ 이웃을 "내 몸처럼" 사랑하라 했으니, 마지막 한 장 남은 천국의 티켓도 이웃에게 양보하라. 자기 중심적인 신앙에서 벗어나서 남을 위해 살아야 한다.

▪ 독초도, 약초도, 이단도 사탄도 천사도 다 필요하기에 존재한다. 독초일지라도 극소량을 사용해서 생명을 살릴 수 있고, 약초라 하더라도 남용하면 생명을 잃을 수 있다.

▪ 세상 모든 것을 명약으로 활용하는 것은 인간의 지혜에 달렸다. 어떤 것이든 어떤 사람이든 적재적소에 꼭 필요한 명약으로 승화시키라.

▪ 사탄도 이단도 천사도 모두 하나님의 주관하에 존재한다. 진정한 하나님의 백성은 사탄과 마귀까지도 감화시켜서 천사로 거듭나게 한다.

2. 기도

- 하나님은 인간의 생각까지 모두를 다 알고 계신다. 우리의 소원도 이미 알고 계시기에, 소원의 기도를 할 필요가 없다. 우리가 받을 자격이 되면 내려 주신다.

- 죄를 짓고 아무리 회개를 해도 용서받지 못한다. 도둑질한 자는 용서해 달라고 기도하고, 도둑맞은 자는 도둑을 잡게 해 달라고 기도하면, 공의의 하나님은 누구의 편에 서시겠는가?

- 자기가 잘못한 것은 그 사람에게 직접 갚고 용서를 구하라. 그가 용서하면 하나님도 용서하신다. 땅에서 매면 하늘에서도 매이고, 땅에서 풀리면 하늘에서도 풀리는 이치다.

- "회당에서 기도하지 말고 골방에서 기도하라" 했다. 눈에 보이는 골방이 아니라, 골방과 같이 고요한 마음이다. 잡념을 버리고 하나님을 향해 마음을 집중하며, 사랑하고 용서하는 아름다운 생각만 나오도록 하라.

- "두드리면 열릴 것이다." 하는 것은 육의 소원을 위해 두드리라는 것이 아니라, 진리의 깨달음을 얻기 위해 두드리라는 것이다.

- 기도하는 방법: 생활 속에서 수시로 기도하는 삶을 살아야 한다.

- "저의 죄를 용서하여 주옵소서." 하는 회개의 기도를 하라.
- 범사에 "하나님! 감사합니다." 하라. 현재 가진 것에 감사하며, 과욕하지 말라. 자기 노력 이상의 것을 더 갖고자 기도하는 것은 도둑놈심보다. 공의의 하나님은 각자 노력한 만큼 주신다.
- "하나님 뜻대로 살아가겠나이다." 하며 마음의 각오를 다지라.

- 기도는 하나님의 말씀을 받아서 "행하는 것"이다. 하나님이 계심을 굳건히 믿고, 하늘을 향하여 한 점 부끄럼 없이 사는 삶 자체가 가장 위대한 기도이며, 삶이 곧 예배다.

3. 지도자

- 똑같이 사랑한다는 말을 해도, 순수하게 하는 말은 천사의 말이지만, 사기 쳐서 재산을 가로채려고 하는 말은 사탄의 말이다.

- 종교 지도자가 아무리 훌륭한 설교를 해도, 신도의 재물을 거둬서 더 큰 교회를 짓고 자기의 부귀영화를 바라며 설교하면 사탄의 가르침이 된다.

- ▪ "저희 교회는 만원사례요, 믿음은 다 같으니 이웃의 개척 교회에 가서 예배를 드리시오." 하며, 이웃 교회의 부흥을 먼저 생각하여 제 신도를 보내는 종교 지도자가 있다면 그를 따르라. 그가 하나님의 사랑을 실천하는 자다.

- ▪ "부자가 천국에 들어가는 것은 낙타가 바늘구멍을 통과하는 것보다 더 힘들다" 하였거늘, 지금의 교회에서는 부자가 되기만을 기도하고 소원하니, 이는 곧 천국을 포기하고 지옥 행 열차의 티켓을 사는 것과 같다.

- ▪ 예수는 빈손이었다. 종교 지도자가 예수보다 더 호화롭고 편안하게 살아간다면 잘못된 것이다. 부귀영화와 명예를 바라는 자는 절대로 갈 수 없는 좁고 협착한 길이 종교 지도자의 길이다.

- ▪ 종교 지도자는 유리로 비춰 봐 한 점의 부끄러움이 없이 살아야 한다. 의식주도 직접 일해서 해결하고, 예수의 가르침과 행함을 그대로 따라야 한다.

- ▪ 종말은 없다. 지금의 잘못 가는 종교 집단에게만 종말이 있다. 보이지 않는 하나님은 보이는 육의 종말은 관여하지 않으신다. 환경 파괴로 인간이 스스로 멸망을 자초하는 것이다. 종파끼리 싸우기 전에, 무너진 인성을 바로잡고 지구의 몸살을 해결하는 데 뜻을 모으는 게 급선무다.

4. 성전이란

- ▪ 이 세상 자체가 하나님께서 만드신 성전이다. 자연보다 더 아름다운 성전이 있는가? 보이는 건물이 성전이 아니라, 성스러운 마음가짐이 성전이다.

- ▪ 반석 위에 교회를 지으라 했다. 지상의 단단한 돌은 인간이 쪼갤 수 있으나, 마음속의 굳은 결의는 세상 무엇으로도 쪼갤 수 없다. 바르고 굳건한 믿음으로 성경의 가르침을 실천하는 것이 마음의 반석 위에 교회를 짓는 것이다.

- ▪ 손으로 지은 건물의 교회에 모여서 복음을 전하는 것이 아니라, 교회를 개인과 가정에 심어 주어야 한다. 무너지고 부서지는 건물을 짓지 말고, 마음속에 영원히 불변하는 참진리의 교회를 지으라.

5. 십계명

- 십계명은 인간이 죽어서 반드시 통과해야만 하는 열 개의 관문이다.

- 부모를 공경하지 아니한 자는 "네 부모를 공경하라." 하는 제5계명의 관문이 열리지 않으니 구원받을 수 없다.
- 살인, 간음, 거짓, 우상 등의 나머지 계명도 마찬가지다.

- 십계명은 하나님의 친필이다. 모기소리만 한 하나님의 음성이라도 들어 보겠다고 여기저기 찾아 헤매지 말고, 십계명부터 암송하고 지키라.

- 십계명은 영혼을 구원하는 양식이며, 십계명을 지키는 것이 구원을 받는 길이다. 인간이기에 지키고자 노력하고 또 노력한다면 지킬 수 있다.

- 십계명을 지키고 천사처럼 아름답게 살아가는 그 마음 하나면 세상에 이루어지지 않는 것이 없다.

6. 보물

- 하나님은 재물이 아니라 우리의 마음을 받으신다. 사랑을 실천하며 천사처럼 변하는 마음이 하나님께 바치는 보물이다.

- 보이지 않는 하나님께 재물을 바치려 하지 말고, 너희를 길러 준 부모에게 용돈 드리고, 찾아뵙고, 효성을 다하라. 그것이 하나님께 효도하는 것이다.

- 하늘에는 선과 악의 창고가 있다. 자기 창고에 선이 많으면 천국으로 구원을 받고, 악이 많으면 심판받아 지옥으로 간다. 그것이 바로 "선한 일을 행한 자는 생명의 부활로, 악한 일을 행한 자는 심판의 부활로" 나오는 것이다.

- "선악과를 따먹지 말라"는 것은 양심을 지키라는 것이다. 선과 악을 구분할 수 있는 양심을 최초에 인간에게 주셨다. 선한 열매는 취하고, 악한 열매는 버리며, 양심에 비추어 부끄럼 없는 삶을 살아가라.

- 가장 작은 거짓말을 하지 않고, 가장 작은 죄를 짓지 않으며, 가장 작은 선행을 하고, 가장 작은 악행을 멀리하는 것이 율법의 일점 일획도 빠뜨리지 말고 다 지키는 삶을 사는 것이다.

7. 우상

- 박물관에 있는 불상은 하나의 예술품이다. 그 조각품에 대고 제 소원을 빌 때 우상숭배가 된다. 십자가라 하여도 그 앞에서 소원을 빈다면 우상숭배하는 것이며, 하나님께 소원을 빈다면 하나님을 우상으로 전락시키는 것이다.

- 지금 기복신앙에 젖어 있는 모든 사람이 우상 앞에 절을 하고 있다. 조각품을 우상이라며 파괴하지 말고, 네 마음속에 있는 욕심의 우상을 무너트리라.

- 생수를 약초가 먹으면 약을 만들고 독사가 먹으면 독을 만든다. 같은 성경을 봐도 선한 지도자는 신도를 천사로 만드는 데 활용한다. 그러나 욕심이 가득한 지도자는 재물을 거두어들여 제가 부귀영화를 누리는 데 악용한다. 그가 바로 성경을 우상숭배의 도구로 전락시키는 거짓 선지자다.

- 성경을 한 획도 빼거나 더하지 말라는 것은, 그 가르침을 빠트리지 말고 온전히 지키라는 것이다. 성경 속에서 자기에게 유리한 구절만 보는 것은, 자기에게 불리한 구절들을 빼 버리는 것이다. 믿음이 제일이요, 행함은 구원과는 관계없다는 것은 자신에게 유리한 쪽으로 성경을 악용하는 것이다.

- 진정한 종교 지도자는 종파에 관계없이 어떤 종파든 어떤 책이든 접하고 보고 깨우쳐 견문을 넓히도록 인도한다. 참진리를 모르고 자신이 없는 자가 남을 이단이라며 배척하고, 신도들의 눈과 귀를 가린다.

8. 예수

- 예수의 재림은 없다. 예수가 다시 온다 해도, 과연 누가 그를 예수라고 믿겠는가? 예수와 같은 삶의 행함이 곧 예수의 재림이다. 각자 모두가 “재림 예수”가 되는, 차원 높은 믿음으로 가야 한다.

- 예수는 “주여 주여 하지 말고, 아버지의 뜻대로 행하라”고 했다. 예수가 전한 하나님의 뜻이 곧 “길이요, 진리요, 생명”이며, 그 가르침이 예수의 보혈처럼 소중한 것이다. 예수를 믿는 것은, 예수의 가르침을 믿고 따르는 것이다.

- 예수는 낮은 자로서 만백성을 섬기고자 했다. 만나는 모든 사람을 다 하나님이라 생각하라. 돈을 벌수록 겸손하고, 높은 지위를 얻을수록 낮아지라.

- 예수는 종파를 만들지 않았다. 인간이 만든 종교와 인간의 교리를 따르지 말고, 예수를 통해 전한 하나님의 참진리를 연구하고 따르라.

- 예수가 2천 년 전에 만백성을 위해 죽었으니, 지금 이 땅에는 예수의 가르침대로 사는 천사만 존재해야 한다. 예수가 죽어 가면서 바란 것은 만백성이 천사가 되어 예수의 자리를 채워 주는 것이지, 지금과 같이 재물을 바치면서 중언부언 제 소원만을 비는 백성들을 바란 것이 아니다.

9. 구원

- 천사가 사는 천국에는 천사만 갈 수 있으니, 천사 같은 마음을 길러야 한다.

- "천국 열쇠를 네게 주리니 땅에서 무엇이든지 매면 하늘에서도 매일 것이라" 했다. 땅에서 천사같이 사는 자가 하늘에서도 천사가 되어 천국에 들어간다. 모든 사람에게 천사같다는 말을 듣는 삶을 살아야 한다.

- 천사의 곱고 아름다운 마음은 부모를 공경하고 어른을 어른으로 대접하는 데에서 출발한다. 효도하는 자는 형제와 화목하게 지내기에 가정이 화목해지고, 이웃과 화목해지고, 국가가 화목해지고, 온 인류가 화목해진다.

- 그러므로 지상의 아름다운 소왕국은 가정에서부터 이루어야 한다.

- 선택된 14만 명만 구원받는 것이 아니라, 천사처럼 변하고자 하는 14만 명을 기초로 온 인류가 천사처럼 거듭나는 영적인 개혁이 시작되는 것이다.

- 천 년에 걸쳐서 하늘에서 이루어진 것같이 이 세상을 낙원으로 만들어, 만백성이 지상의 천국에서 살다가 죽어서 그대로 하늘의 천국으로 들어가는, 영원한 지상 낙원을 건설하는 것이 하나님의 계획이다.

- **이것이 구약과 신약에 이어 "새로운 성경"으로 역사하시는 하나님의 창조의 완성이다.**

- 지금의 믿음으로 구원받을 수 있다면 그 길을 가라. 그러나 자신이 없다면 하나님께서 직접 내리신 160권의 "새로운 성경"을 읽고 구원의 길을 보라!

하나님 머리말씀

이 새로운 성경을 읽는 너희 모두는
이 율법에 따라 행하면 영원히 구원받을 것이니라.

너희 인간이 수년, 수십 년, 평생
성서를 공부하고 기도하는 것은
하늘나라 나의 곁으로 오고 싶은 소망일진대,

몇천 년 전의 너희 인성과 생각이
지금의 너희와는 판이하게 다르니,

꺾여 가고 병들어 가는 너희를 고칠 수 있는 길은,
오늘 내가 선지자에게 내리는 새로운 성경과 같이
너희가 변화되는 것뿐이니라.

나의 예수가 태어난 것처럼
내가 아들 선지자를 선택하여
나의 새로운 성경을 온 세계에 전하고자 하니,

묵은 것은 버리고 새로운 것은 취하여,
너희 모두는
'여호와 하나님! 저의 죄를 용서하여 주옵소서.'
하는 기도문으로 기도하고, 죄를 뉘우치라.

이 새로운 성경은
수천 년간 내려온 성서를 요약한 것이니,
너희는 이 책을 정독하여 쉽게 깨달음을 얻고,
이대로 실천하여 하늘에 오르라.

대역자 머리말

■ 하나님의 율법을 지키는 선지자로 선택을 받도다.

저는 남들처럼 그저 열심히 살아온 평범한 사람이었습니다. 그러나 50대 중반에 사업에 실패하여 많은 부채에 시달렸으며, 건강도 악화되어 눈이 잘 안 보이고, 걷기도 어렵고, 두통이 심해서 잠을 이룰 수 없는 고통의 나날을 보냈습니다. 그때 제가 선택할 수 있는 것은 육의 삶을 끝내는 길뿐이었습니다.

죽기 직전에 그동안에 죄를 지은 이들에게 용서를 빌고 인생을 끝내기로 작정하였습니다. 어려서부터 지은 죄를 빌고 빌다 보니 끝이 없었고, 죽음으로도 그 많은 죄를 용서받을 길이 없다는 생각에 하염없이 눈물이 흘렀습니다. 그 순간 '재래식 화장실의 구더기는 죄를 짓지 않는데, 나는 인간으로서 구더기만도 못한 삶을 살았구나.' 하는 생각이 들면서 괴로움에 몸부림칠 때, 갑자기 하나님의 음성이 들렸습니다.

"나는 여호와 하나님이니라. 너는 십계명을 암송하고 내가 내려 주는 메시지를 받아 책으로 만들어 만백성을 구하라." 하시며, 제 눈을 손으로 문지르게 하시고, 아픈 머리와 다리를 손으로 두드리게 하셨습니다. 그러고 나니 눈도 잘 보이고 걸을 수 있었으며 머리의 통증도 말끔히 낫게 되었습니다. 그때부터 십계명을 암송하고 나면 들려주시는 말씀을 기록하였고, 1999년 8월부터 2004년 7월까지 권당 288쪽, 총 160권을 받아서 "새로운 성경"이라는 책으로 펴내게 되었습니다.

그러한 저에게 죽기보다도 힘든 길이 시작되었습니다. 모든 교인들이 저에게 사탄이요, 이단이요, 악마요, 마지막 시대에 온 거짓 선지자라 하면서 공격하였고, 저를 짐승을 보듯이 대하는가 하면, 편협한 종교 지도자들의 선동으로 신도들이 이 책을 직접 읽어보고 평가할 기회마저 막아 버렸습니다. 그래서 하나님의 말씀을 세상에 내는 데 많은 어려움을 겪으며, 피를 토하는 심정으로 책을 전하고 있습니다.

그러나 아무리 인간의 힘으로 막으려 해도, 하나님의 뜻이 세상에 전해지는 위대한 역사는 계속될 것입니다. 책으로 전해지는 "하나님의 말씀"은 세상 끝날까지 항상 우리와 함께하실 것입니다. 사람은 죽어도, 책에 기록된 말씀은 영원히 남으니까요.

■ 따뜻한 실천

하나님께서는 어려운 사람들에게 삶의 터전을 마련해 주고, 미래를 열어 주는 것을 기뻐하십니다. 어려운 이웃이 스스로 자립할 수 있도록 이끌어 주는 것이 진정으로 이웃을 돕는 것이라고 말씀하셨습니다. 그래서 일자리가 없는 제자들에게 작은 사업장을 만들어 주는 "달란트 사업"을 하고 있습니다. 식당, 반찬 가게 등을 차려 주고, 기존의 어려운 사업장이 자립할 수 있도록 돕고 있습니다(커피숍, 미용실, 의상실 등).

하나님께서는 교회에 나와서 모든 시간과 재물을 쏟기를 원하지 않으시고, 그 시간과 재물을 교육에 투자하여 스스로 미래를 열어 가기를 원하십니다. 그래서 제때 공부하지 못한 제자들에게 학업을 이어 가도록 하였습니다. 중화요리 주방장을 하며 초등학교 검정고시부터 공부하여 2012년에 방통대를 졸업한 36세 남성, 만학도들의 2년제 중학교에 입학해서 2007년에 명지대학을 졸업한 38세 여성, 중학교 검정고시를 시작으로 숭의여자대학을 졸업한 47세 여성 등이 있습니다. 그밖에도 많은 제자들에게 나이를 초월하여 배우고 깨우쳐서 사회 속의 당당한 일원이 되도록 인도하고 있습니다.

학자금 대출로 힘겨워하는 젊은이들을 위해 "따뜻한 바람 장학회"를 발족하여(2016년 12월) 대출받은 학자금 전액을 매월 갚아 주고 있습니다. 또한, 다문화 가정을 위해 "다문화 가족 랜드"를 조성하여, 각종 시설을 무료로 활용하도록 하고 있습니다.

이러한 따뜻한 실천이 아직은 미약합니다. 그러나 책의 수입이 늘고, 저와 뜻을 같이하는 분들이 늘어나면 계속 확대할 것입니다. 지도자로서 신도의 재물을 헌금으로 거둬들여 착복하는 것이 아니라, 하나님께서 기뻐하시는 일에 사용하도록 중매 역할만 하며 살아가고자 합니다. 이런 제가 과연 사탄이고 이단인가요? 하나님께서 기뻐하시는 일이라면, 저에게 사탄이라 하든 거짓 선지자라 하든 굽히지 않고 실천해 나갈 것입니다.

끝으로, 일상의 삶 속에서 "지금 내가 하는 행동이 과연 하나님께서 기뻐하실까, 슬퍼하실까?" 생각하고, 매사에 하나님께서 기뻐하시는 길을 택하기 바랍니다. 교회에 모여서 집단적으로 예배 드리는 것이 아니라, 개인이나 가정 단위로 새로운 성경을 읽어 스스로 깨우치고 그대로 행하면 충분합니다. 그것이 마음속에 성전을 짓고, 신령과 진정으로 예배 드리는 길입니다. 그러면 천국의 문에 들어서게 됩니다.

2017.2.1.

하나님 말씀 대역자 김용철

차 례

십 계 명

이 책은 십계명을 암송하고 나면 내려 주시는 "하나님의 음성"을 듣고 그대로 받아쓴 기록입니다. 하나님께서 십계명을 모세에게 내려 주셨지만, 그것은 만백성에게 내려 주신 것입니다. 마찬가지로 이 책의 모든 말씀도 저에게 내려 주셨지만, 만백성 각자에게 들려주시는 말씀입니다. 여러분도 이 책을 접할 때마다 십계명을 암송하고 나서 정독해 주시기 바랍니다.

제일은, 너는 나 외에는 다른 신들을 네게 있게 말지니라.

제이는, 너를 위하여 새긴 우상을 만들지 말고, 또 위로 하늘에 있는 것이나, 아래로 땅에 있는 것이나, 땅 아래 물 속에 있는 것의 아무 형상이든지 만들지 말며, 그것들에게 절하지 말며, 그것들을 섬기지 말라.

제삼은, 너는 너의 하나님 여호와의 이름을 망령되이 일컫지 말라.

제사는, 안식일을 기억하여 거룩히 지키라.

제오는, 네 부모를 공경하라.

제육은, 살인하지 말지니라.

제칠은, 간음하지 말지니라.

제팔은, 도적질하지 말지니라.

제구는, 네 이웃에 대하여 거짓 증거하지 말지니라.

제십은, 네 이웃의 집을 탐내지 말지니라.

나 여호와가 존재함을 믿는 그 자체가 구원의 길에 들어서는 기본이요, 근본이며, 나의 새로운 성경을 가슴에 안고 정독하는 자, 반석 위에 서서 하늘에 오르는 찬란한 빛을 보게 되는 영광을 얻게 됨이니라. 진정 나를 따르고 믿는 자는 감히 사탄이나 마귀도 근접하지 못하느니라.

〈하나님 말씀〉

2004년 3월

10,207 번째 하나님 말씀

2004년 3월 31일 06시 19분

1 사랑하는 나의 아들아!
2 "네, 아버님! 말씀하옵소서."
3 사랑하는 나의 아들을 따르는 제자 너
희들이 성령으로 임하는 그와 같은 백
성이 되지 아니하면 아무것도 역사할
수 없다 하였거늘,
4 어찌하여 나의 법전을 읽고 강론을
듣는 백성, 너희들이 더욱이 나의 성
전에서 시시비비하는 말을 할 수 있
으며, 남을 음해하는 말을 할 수 있으
며, 남의 단점을 가지고 말할 수 있는
가?
5 그러니 너희들이 성령으로 임할 수 없
는 백성이라면, 결코 너희들은 나를
따를 수 없으며, 나의 아들딸로서 거
듭날 수 없음을 알아야 될 것이니라.
6 모든 것을 너희들이 성서 속에서 내가
전한 그 뜻을 알며, 나의 법전에 기록
한 뜻을 알며, 하늘의 뜻을 알아 그리
갈구하는 구원의 길에 올 수 있는 것
은 너희들이 성령으로 임하는 백성이
되어야 됨이니,
7 성령으로 임하는 백성은 너희들이 하
나의 오물이 있어서도 아니 된다 하였
거늘,
8 너희들이 그 말로써 남을 음해하며 시
기하고 질투하는 마음으로써 대화하
고 말을 한다면,
9 너희들이 그것이 아직도 그릇에 오물
이 그득히 담아 있으며 비우지 아니하
였으며, 씻으려 하지 않는 그와 같은
백성이니,
10 남들이 그릇을 씻어 깨끗하게 정화하
여 나의 성령을 받으려 하는 그 백성
들까지도 게으른 자요, 그리고 태만한
자로 만드는 그와 같은 형국이 됨이니,
11 너희들이 그와 같은 백성의 말을 듣지
말라 했으며, 그와 같은 백성을 용서
치 말며, 그와 같은 백성을 엄히 다스
리는 그와 같은 오늘의 너희들의 삶을
살아가도록 내가 명하였으니,
12 너희들은 이 뜻을 깊이 들어 행하도록
그리해야 될 것이니라.
13 지금 수천 년 동안 믿음의 길을 오는
그 백성들이 성령으로써 임하지 못하
는 것이 무엇인 줄 알겠느냐?
14 그들은 모든 나의 성서를 변질시켰고
저희들이 변질된 그와 같은 것으로써
가르치고 공부함이니,
15 그것이 바로 너희들이 불평하는 자요,
남을 음해하는 자요, 남을 시기하는
말을 하는 자들이 저 자신을 위하여
저 자신의 이해관계에 의하여 그 귀하
고 소중한 나의 성령을 변질시켰음이
니,
16 그것이 바로 성령의 훼방 죄요, 그 용
서받지 못하는 백성들이 한 짓이라는
것,
17 너희들이 지금같이 그와 같이 불평불
만이요, 음해하는 말을 할 수 있는 백
성, 그가 바로 나의 법전을 변질시킬

수 있는 자요, 나의 법전을 너희들이
바로 전하는 데 훼방하는 그와 같은
역사를 함이니,
18 성령의 훼방 죄에 걸리는 자가 나의
성전에서 같은 형제요, 아름답게 가고
자 하는 자까지 무너트리는 그와 같
은 행위를 하는 자이니라.
19 성서를 가르치고 믿음의 길이요, 하늘
에 오르는 지도자라는 자들이 바로 서
고 바로 가르쳤을 때, 나의 피조물 만
백성이 오늘과 같은 험악한 세상은
되지 아니하였다 수천수만 번 내가 너
희들에게 말하였느니라.
20 너희들이 이 나의 성전에서 감히 남을
음해하는 자, 그와 같은 자가 바로 오
늘의 믿음의 길을 가는 종교 집단의
지도자와 똑같은 자니, 내가 더 이상
그들을 용서할 수 없으며 더 이상 거
둬들일 수 없음을 알라.
21 그들이 모든 입을 다물고 떠날 때, 내
가 그들보다 더한 영광이요, 은혜를
이제는 내릴 것이니, 이것이 마지막
경고라는 것을 알라.
22 나의 법전을 변질시키며 나의 뜻을 거
역하는, 그리고 나의 뜻을 곡해하도록
전하는 그와 같은 행위를 해서는 절대
아니 됨이니, 이와 같은 백성은 용서
받을 수 없을 것이니라.
23 저 자신이 어디 서 있는 줄 모르고 있
으며, 제가 어디 있는 줄 모르면서 남
의 눈에 있는 티를 보며, 남의 눈 밑에
있는 그 흠집을 보는 그와 같은 어리
석은 행위를 여기서 해서는 아니 되는
것이니라.
24 그것이 너희들이 너희들의 형제요, 이
웃의 바로 가고자 하는 그 마음을 얼
마나 울리고 그를 가슴 아프게 하는
것인지 알겠느냐?
25 내가 심판이요, 재판이라는 것을 예를
들어 너희들에게 말하였느니라.
26 재판하는 자가 재물을 뒤로 받고서 정
당한 자는 죄인으로 몰며, 정당치 못
한 죄인은 정당한 사람으로 만든다면,
27 그 당하는 사람의 가슴이 얼마나 아프
고 저려 오며 통곡할 일이라 하겠느냐?
28 마지막 기대를 걸은 자가 재판을 함이
니, 재판을 마지막 부탁한 자가 뇌물
을 받고 반대 현상으로 이룬다면 어떠
하겠는가?
29 그보다 더한 자가 너희들이 남을 음해
하며 남을 욕하는 자이니라.
30 제 죄지은 것은 모르고 남의 죄만을
가지고 흠담을 함이니, 그는 절대 용
서할 수 없는 자라는 것을 너희들은
알아야 될 것이니라.
31 이제 나의 법전을 변질시키고, 변질시
킴보다도 더 무서운 자들이라 함을 그
리 알라.
32 지금 내가 새로운 법전이요, 새로운
성경이라 하여 나의 새로운 백성들이
새로운 시대를 역사하고자 하는 이 모
두를 훼방하는 것, 그리고 이를 막는
것이니라.
33 지금 160권의 법전이 세상에 나와 만
백성의 손에 전해지는 것, 만 권이 나
갔을 때 만 명이 이를 읽었을 때 하나
밖에 얻을 수 없다 하였으며,
34 그리고 너희들이 그 하나 얻는 것도
전한 사람이 천사와 같은 마음일 때
받은 사람이 나의 법전의 뚜껑을 열

때 그가 보고 깨우친다 하였거늘,
35 너희들이 남을 시기하고 음해하는 말
을 함부로 할 수 있는 자가 그와 같은
자가 법전을 만들며, 그와 같은 법전
을 전한들 무엇이더냐?
36 나의 법전이 죽은 것이요, 생명력을
잃게 됨이니, 그와 같은 백성이 전한
것, 그와 같은 백성이 능력으로 역사
한 것, 그는 아무리 법전을 읽고 또 뚜
껑을 열어 정독한다 해도, 깨달아 나
의 성전에 올 수 있는 백성이 한 명도
없음이니,
37 죽은 나의 법전을 만드는 것이며, 죽
은 새로운 성경을 만드는 것이 그와
같은 백성이니,
38 은혜로써 너희들이 역사하는 것이 아
니라, 나의 명령을 거역하는 그와 같
은 행위로 역사하는 것을 내가 이제
더 이상 용서치 못함이니,
39 그게 바로 성령을 훼방하는 가장 용
서하지 못하는 죄라는 것을 알라 그
리 전하라.

10,208 번째 하나님 말씀

2004년 3월 31일 06시 25분

1 사랑하는 나의 아들아!
2 "네, 아버님! 말씀하옵소서."
3 나의 법전을 읽고 깨우친 백성이요,
나의 아들을 따르는 제자, 너희들은
남에 대한 말을 입에 담지 말라 하였
음이니, 이를 엄히 지키고 행하도록
그리하라.
4 너희들에게 주어진 시간은 한정되어
있으며 너희들이 살아갈 수 있는 시간
이 정해져 있는 것을 너희들은 어찌
모른단 말이더냐?
5 너희들이 살아가는 그 시간이 한정되
어 있거늘, 사랑하는 나의 아들을 따
르는 제자들이요, 법전을 읽고 깨우친
백성들이 한정된 시간 속에서 너희들
이 정해진 그 삶 속에서 살아가면서
너희들이 아름답고 고운 말과 행동을
하기도 바쁘거늘,
6 어찌하여 너희들이 감히 남을 시기하
며 질투하고 음해하는 말을 할 수 있
단 말이더냐?
7 이를 보는 나 여호와의 가슴이 얼마나
저리고 아픈지 너희들이 알겠는가?
8 이제 사랑하는 나의 아들을 따르는 너
희들은 한정된 시간 속에서 살아가며,
너희들에게 주어진 그 시간은 점점 줄
어들고 있으며 그 시간은 소모되어 가
고 있음이니,
9 그 시간을 너희들이 다 쓰고 나에게
와 심판을 받을 때, 너희들이 지금 남
을 미워하고 음해하는 마음을 버리지
도 못하고 온다면, 너희들이 과연 어
찌하겠느냐?
10 그리고도 너희들이 심판대에 서서 나
에게 올 수 있다 하는가?
11 너희들은 '내일이면 변하겠지, 또 내
일이면 내가 고치겠지.' 하는 그와 같
은 너희들이 설마 하는 마음을 버리라
한 뜻을 어찌하여 모른단 말이더냐?
12 내가 너희들에게 내려 준 한정된 시간
속에서 너희가 어떠한 삶을 살아가는
것이냐, 그것이 바로 너희들의 심판의
기준이니,
13 얼마나 그것이 귀하고 소중한 것인데

너희들이 함부로 그와 같은 삶을 사는
가?
14 너희들이 지금 한정된 시간 속에서 어
찌 사느냐가 얼마나 중요한 과제인 줄
알겠느냐?
15 조용히 너희 자신을 돌이켜 보라.
16 한 번 너희들의 한정된, 내가 정해 준
시간이 끝나고 난 다음에 너희들은 두
번 다시 기회가 없으며 두 번 다시 너
희들이 역사하는 것이 없다 하지 않았
더냐?
17 너희들이 나를 아버지라 찾으며, 나에
게 용서를 구하며, 죄를 빌며 회개하
는 것도 너희들이 오늘에 살아 있는
그 속에서 할 수 있다 하지 않았더냐?
18 그러니 너희들이 어떠한 마음으로 살
아가야 되는 것인가를 너무 잘 알고
있으면서도, 어찌하여 너희들이 나를
기쁘게 하는 아들딸로서 거듭나지 못
하며 항상 제자리를 걷는 그와 같은
어리석은 삶을 산단 말이더냐?
19 사랑하는 나의 아들을 따르는 제자,
너희들이 인간 세상에서 자식을 눈에
넣어도 아프지 않다 부모가 그리 말하
듯이, 내가 너희들을 눈에 넣어도 아
프지 않는 그 소중한 아들딸이거늘,
20 어찌하여 너희들이 나에게 기쁨을 주
는 것이 아니요, 나의 마음을 울리는
짓을 하고 있더냐?
21 너희들이 지금 천년만년을 사는 것처
럼 생각하지 아니하면, 천년만년 사는
것처럼 착각하지 아니한다면, 너희들
이 그와 같은 행위를 할 수 없을 것이
니라.
22 그러니 너희들이 그 착각 속에서 깨어
나도록 그리하라 전하라.
23 너희들은 오늘의 삶이 어떠한 것이며
너희들이 살아가는 것이 어떠한 것인
가, 그리고 너희들이 짧든 길든 지금
살아가는 그 생명은, 너희들이 말하기
를 하루는 스물네 시간이라 그리 말하
느니라.
24 그리고 너희들은 1년은 365일이라 말
하며, 10년은 또한 어떤 날이더냐?
25 그러나 그와 같은 것이 너희들에게 나
누어진 것이 아니요, 그 모두를 합쳐
네가 한정된 시간을 사는 것은 단 한
번의 기회요, 한 회로써 모두가 이루
어지는 것이니라.
26 너희들이 부모의 몸에서 세상에 나오
니, 그때서부터 죽을 때까지 너희들은
1회밖에 없는 한 번의 기회를 받아 가
지고 사는 것이니라.
27 두 번의 기회가 없는 것이며 2회, 3회
의 기회가 없는 것이 너희들의 삶이거
늘, 한 번밖에 없는 그 기회의 삶을 너
희들이 어찌 그리 소홀히 살 수 있으
며, 무너지는 그와 같은 삶을 살 수 있
단 말이더냐?
28 너희들이 날짜를 따지며 시간을 따지
는 것은 그 헤아릴 수 없는 수백수천
시간이 될지 모르나,
29 너희들이 그 모두를 합쳐 네가 생각하
는 것은 네가 태어나서 죽을 때까지
단 한 번밖에 없는 기회의 네 삶이라
는 것을 알라 전하라.
30 한 번밖에 없는 그 기회요, 한 번밖에
없는 그 삶을 위하여 너희들이 어찌하
여 그리 소홀하게 사는가?
31 누가 무어라 해도 사랑하는 나의 아들

딸 너희들은 하늘을 향하여 한 점의
부끄러움이 없는 아름다운 삶을 살며,
아름다움을 향하여 살지 아니하면 아
니 됨이니라.

10,209 번째 하나님 말씀

2004년 3월 31일 06시 32분

1 사랑하는 나의 아들아!
2 "네, 아버님! 말씀하옵소서."
3 내가 나의 아들을 통하여 새로운 성경
이요, 내 뜻을 너희들에게 내림이니,
이는 과연 무엇이라 하였느냐?
4 내가 직접 나의 백성에게 내리는 메시
지라 그리하였음이니, 나의 아들을 통
하여 직접 듣는 너희들은 바로 무엇이
더냐?
5 나 여호와로부터 너희들이 명을 받으
며 메시지를 직접 받음이니, 이와 같
은 은혜와 영광을 받은 그 백성이 가
장 겸손하며 가장 낮은 자요, 가장 아
름다운 모습으로 살아가는 것이 너희
들이 가야 할 길이니라.
6 그러니 너희들이 오만과 방심하는 속
에서 오늘의 나의 성령이요, 새로 내
가 내리는 나의 성경을 받아들이는 마
음이 그러하다면,
7 과연 너희들이 지금의 종교 집단이요,
지도자요, 믿음의 길을 가는 그 백성
들과 무엇이 다르단 말이더냐?
8 지금 모든 백성 저희들이 믿음이요,
저희들이 구원의 길을 가는 것이 얼마
나 오만하고 방자한 그 믿음으로 가더
냐?
9 그러니 부모 형제요, 저희들의 이웃이
요, 저희들과 같이하지 아니하는 자는
사람 취급을 하지 않는 것이라 내기
했으니, 그들이 바로 오만 방자함이
하늘을 치솟는 행위가 아니더냐?
10 그러니 그들은 성서 속으로 돌아오지
아니하며, 성서 속에서 저희들이 무엇
인가를 깨우쳐 성령으로 임하는 백성
이 되고자 하지 아니한 것이니라.
11 저희들은 성경을 믿으며 성경 속에서
믿음의 길을 가며 나의 뜻에 의하여
삶을 산다 하나,
12 그들은 성경을 다 버린 자요, 저희들
이 오만과 교만 속에서 저희들의 진리
로써 모두를 이끌어 가는 그와 같은
형국이 되었다 하지 않더냐?
13 그리하여 내가 사랑하는 나의 아들을
통하여 성경 속으로써 너희들이 성경
에 의하여 사는 삶이요, 그리하여 그
모두를 나의 법전에 풀고 또 풀어 간
단하게 너희들이 깨달을 수 있도록
그리 만들어 전함이니,
14 이 메시지를 직접 듣고 또 만들어 전
하는 너희들이 오만함과 방자함과 방
심함 속에서 살아간다면, 지금의 믿음
의 길을 가는 그 백성들과 너희들이
다른 것이 무엇이 있단 말이더냐?
15 하나도 차별화가 되는 것이 없다면,
저희들이 또한 지금 2천 년 동안 나의
아들 예수의 그 죽음이요, 내가 그들
에게 그 모두를 내린 은혜를 다 버리
고, 저희들이 인간의 교리요, 인간의
욕심에서 벗어나지 못한, 순수한 성경
속에서 살지 아니한 그들,
16 그리하여 불순종하며 저희들이 나를
적대시하는 그와 같은 집단으로써 성

장해 온 그들과 너희들이 다른 점이
무엇이 있단 말이더냐?
17 나 여호와로부터 메시지를 직접 들은
백성들이 없으며, 그를 따라 행한 백
성들이 지금 없음이니라.
18 그리하여 내가 마지막 시대에 역사하
기 위해 이는 내가 나의 아들에게 직
접 성령의 뜻을 내려보내는 메시지라
하였으며,
19 이를 바로 듣고 기록하고 전하고 강론
을 듣는 너희들은 나로부터 메시지를
직접 듣는 영광 속에 있는 자들이니,
20 세상에 너희들보다 더 큰 것, 더 위대
한 것을 얻고 구한 자요, 은혜 받은 자
가 없다 하였거늘,
21 너희들이 오만하고 방심하는 마음이
요, 방자한 마음이 너희들 가슴에 있
다면, 이는 결코 너희들이 나의 아들
과 더불어 갈 수 없으며,
22 내가 그와 같은 자 전사로서, 나의 지
도자로서 너희들을 거둬들이지 아니
할 것이라는 것을 너희들은 알도록 그
리 전하라.

10,210 번째 하나님 말씀

2004년 3월 31일 06시 37분

1 사랑하는 나의 아들아!
2 "네, 아버님! 말씀하옵소서."
3 지금의 믿음의 길을 오는 그 백성들이
얼마나 가련하며, 그들의 행위가 얼마
나 나 여호와의 마음을 아프게 하는지
알고 있느냐?
4 모든 믿음의 길을 가는 그 백성들이
수천 년 동안 온 그 결론은 나의 아들
예수의 피로써 모두 구원받으며 저희
들이 하늘에 오르는 길에 은혜를 입었
다 말함이니, 그는 내가 아니라 하지
아니하였더냐?
5 내가 너희들을 보는 모습이 그러하니
라.
6 몸이 아픈 자가 그 병원 앞에 가며, 그
병원에는 들어가지 아니하고 병원의
문 앞에 가서 저희들의 모든 병을 치
료한 것처럼, 그리고 나은 자처럼 그
리하고 낫기를 바라는 그와 같은 것이
오늘의 너희들의 믿음이니라.
7 너희들이 환자요, 아픈 자는 그 병원
문 앞에 가기만 하면, 그 근처에 가기
만 하면 낫는 것이 아니요,
8 들어가 진단하며 치료하며 그 병명을
찾아 약을 투여하고 그리하여야 너희
들이 그 병을 고칠 수 있는 것이 아니
더냐?
9 그러니 너희들이 지금의 믿음의 길을
가는 백성들이 나의 아들 예수를 찾기
만 하면, '주여, 주여!' 부르기만 하면,
그리고 그 보혈로써 모든 은혜를 받고
구원을 받았다 하는 그 백성, 너희들
은 말로 병원 앞에까지만 가 그 병원
앞에 서 있으면 완벽한 치료가 된다
그리 말하는 백성들과 그리 전하는 자
와 똑같음을 너희들은 알아야 될 것이
니라.
10 내가 나의 아들 예수의 피로써 너희들
이 역사하는 것, 나의 아들을 세상에
보낸 것은 무엇이라 하였느냐?
11 너희들이 나에게 올 수 있는 그 출발
선까지 입문하는 것이며, 그 자리까지
오는 것을 다 하는 것이 그 역사라 내

가 하였으며,
12 나의 아들 예수가 세상에 내려와 선한
그것이 바로 거기까지라 내가 그리하
지 아니하였던가?
13 그러니 지금 출발선에까지 온 그 백성
들에게 내가 하나의 씨앗을 내렸으니,
그 씨앗을 심어 잘 가꾸고 역사하는
것이 하늘에 오르는 길이요, 나에게
오르는 길이라 하였거늘,
14 그 씨앗은 가꾸지 않으려 하며 심지
않으려 하는 그와 같은 자요,
15 너희들이 병원 앞에까지만 가면 병이
다 낫는다 말하는 자, 그리하여 들어
가서 치료하며 약을 먹는 그와 같은
행위를 하지 않고 너희들이 낫는다고
말하는 자들에게 현혹되어 병원 앞에
와 너희들이 서 있는 그 형국이 오늘
의 너희들의 믿음이요, 종교 집단이
요, 지도자, 너희들이 가고 있는 길이
니라.
16 나의 아들 예수가 세상에 와 피 흘려
죽어 간 그 고통이 왜 그리했으며, 그
역사가 왜 이루어졌으며, 그 진의는
무엇인가를 너희들이 알지 못함이니
라.
17 곧, 나의 아들이 그와 같이 피 흘려 죽
어 간 그 역사도 무엇인 줄 알겠느냐?
18 너희들이 성령으로 임한 백성이요, 성
령이 임할 수 있는 백성으로 거듭나라
는 그것을 가르쳐 주고 그것을 깨우치
기 위하여 그와 같은 역사가 이루어졌
거늘,
19 너희들은 그와 같은 삶을 살지 아니하
며,
20 다만 너희들이 울고불고 나의 아들을
찾으며 나를 부르짖는 것으로써 구원
을 받으며, 그저 너희들이 백사장의
모래알만도 못한 재물을 갖다 던지고
바침으로 너희들이 구원을 받는다 그
리 말하니,
21 내가 오죽 답답하면 너희들이 병원 앞
에 가 의사의 진단을 받으며 그 처방
이요, 약을 먹고 치료하는 것이 아니
라,
22 그저 병원 근처에 가기만 하면 무조건
낫는다 그리 현혹하는 자들의 말을 듣
고 너희들이 병원에 들어가지 아니하
며, 그저 병원 앞에서 서성거리는 그
와 같은 백성이 오늘의 너희들의 믿음
이요, 나에게 오르고자 몸부림치는 백
성이라는 것을 그들에게 전하고 깨우
쳐 주도록 그리하라, 사랑하는 나의
아들아!

10,211 번째 하나님 말씀

2004년 3월 31일 06시 44분

1 사랑하는 나의 아들아!
2 "네, 아버님! 말씀하옵소서."
3 너를 따르는 제자들이 나의 법전이 나
여호와의 성령이요, 마지막 내리는 하
늘의 메시지를 듣는다 그리 전하라 하
였음이니라.
4 그러니 너희들이 바로 서고 바로 가지
아니하면 아니 됨이니라.
5 내가 너희들에게 남의 말을 하지 말
며, 불평불만을 하지 말며, 의혹하는
마음을 갖지 말라 그리하였음이니라.
6 그 백성이 얼마나 어리석은 백성인 줄
알겠느냐?

7 나의 메시지를 너희들이 읽고 정독하
고 가슴에 안고, 내가 바라는 것이 무
엇이며, 내가 역사하고자 하는 뜻이
무엇인가 그를 알고자 하는 애절한 마
음으로써 너희들이 법전을 읽고 깨우
쳤을 때 무엇인가를 얻는다 하였음이
니,
8 바로 너희들이 마음이 흔들리는 백성
은 그와 같이 법전을 읽는 백성이 아
니니라.
9 그러니 너희들이 그와 같은 백성은 열
번 백 번을 읽는다 해도 한 번도 읽은
것이 아니요,
10 다만 법전을 손에 들고 있으면서 이
법전으로 하여금 하늘에 오르는 길의
은혜를 받은 것이라 말하는 어리석은
백성과 무엇이 다르단 말이더냐?
11 너희들이 나의 법전을 손에 들고 있으
면서 '이것이 하나님의 뜻이요, 이 속
에 하늘에 오르는 길이 다 있으며, 구
원의 길이 여기 있다.' 너희들이 말만
하면 무엇한단 말이더냐?
12 그러니 너희들이 열 번 백 번을 나의
법전을 읽는다 해도 너희들이 변화되
는 삶을 살지 않는 자, 그리고 내 법전
대로 살지 않는 자는 법전은 손에 들
고 있으면서 읽으려 하지 아니하며,
그 내용을 펼치지 않는 어리석은 백성
과 똑같은 자들이라는 것을 명심하고
명심하도록 그리하라.
13 내가 선택한 나의 아들딸들이 내가 내
린 나의 메시지요, 너희들의 구원의
생명인 나의 법전을 손에 들고 열지
않는 그와 같은 백성을 나는 원하지
아니함이니라.
14 너희들이 손에 들고 있으면서 읽지 아
니하고 정독하여 내 뜻이 무엇인가를
알고자 애절한 마음으로써 나의 법전
을 정독하지 아니하면, 아무것도 알
수 없으며 아무것도 역사할 수 없는
것이라 말하였거늘,
15 지금 너희들이 흔들리는 마음이요, 서
로 나의 성전에 와 얼굴 붉히는 자, 그
리고 형제지간에 남의 흉을 보는 자,
16 그와 같은 백성은 나의 법전을 열 번
백 번을 읽고 나의 강론을 듣고 또 들
어도 한 번도 들은 적이 없는 것이며,
한 번도 너희들이 법전을 손에 들고서
그 페이지를 연 적이 없으며, 그 내용
을 본 적이 없으며, 그를 읽은 백성이
아니라는 것을 너희들은 알아야 될 것
이니라.
17 너희들이 정녕 정독하여 나의 법전을
읽었다면, 너희들이 감히 남의 말을
할 수 있으며, 남의 흠집을 볼 수 있으
며, 남의 흠집을 이야기하는 것을 들
을 수 있는 백성이던가?
18 그러니 그와 같은 말을 듣는 자, 그와
같은 것에 응답하는 자, 너희들은 나
의 법전을 손에 들고만 있지, 한 페이
지도 읽지 못한 백성이라는 것을 알
라.
19 나의 법전을 손에 들고 있으면서 읽
고 깨닫는 그 고통이요, 어려운 길을
가지 아니하며,
20 '이것이 하늘에 오르는 길이요, 나는
구원을 받았으며 이 속에 모두가 들어
있다.' 말로만 하는 그 백성, 내용을
보지도 않은 자가 어찌 가르치단 말
이더냐?

21 오죽하면 인간 세상에 너희들이 말하
기를, 가서 보고 들은 자보다도 가서
보고 듣지 아니한 자가 더 잘 알며 더
설명을 잘한다 했으니,
22 그것은 그림자와 같은 설명이요, 그것
은 진정한 본체를 보고 설명하는 것이
아니지 않더냐?
23 그러니 나의 법전을 너희들이 손에 들
고만 있는 그와 같은 백성이요, 그와
같은 나의 아들딸을 나는 원하지 아니
하며 그들을 선택하지 아니할 것이니
그리 알라.
24 나의 법전을 들고만 있으면 무엇하느
냐?
25 이를 보고 깨우쳐 너희들이 만백성에
게 전하는 그와 같은 역사를 해야 되
거늘,
26 손에 들고 너희들이 전하고 읽고 깨우
치는 그와 같은 것을 게을리하는 자,
나는 그를 선택하지 아니하며, 그를
두 번 다시 불러 쓰지 아니할 것이니
이를 알라.
27 이제 나의 아들을 따르는 제자 너희들
은 법전을 들고 읽는 백성이 되라, 그
리고 그 내용을 정독하는 백성이 되
라.
28 그리고 나 여호와가 원하는 것이 무엇
이며 내가 이루고자 하는 것이 무엇인
가를 애절한 마음으로써 들여다보는
그와 같은 마음으로 너희들이 법전을
읽지 아니하면 내가 용서치 아니할 것
이며, 너희들을 더 이상 거둬들이지
아니할 것이니,
29 나의 법전을 손에 들고만 있는 어리석
은 백성이 되지 말며, 나의 법전을 읽
고 깨우쳐 너희들이 만백성을 깨우치
는 전사로서, 지도자로서 거듭나는 그
와 같은 오늘의 삶을 살라 그리 전하
라.
30 나의 법전을 읽지도 아니하며 보지도
아니하며,
31 들고만 있으면서 이것이 하늘에 오르
는 길이요, 영광된 길이라 말하는, 보
지 않고 본 사람처럼 유창하게 말로
설명하는 그와 같은 백성은 허상이요,
믿을 수 있는 자가 못 되며 진실이 없
는 자이니,
32 그와 같은 백성을 나는 원하지 않으
며, 그와 같은 자는 나의 법전을 가지
고 만백성을 전하는 지도자요, 전사로
서 쓰지 아니할 것이며, 너희들을 버
릴 것이니 그리 알라 전하라.

10,212 번째 하나님 말씀

2004년 3월 31일 11시 35분

1 (녹음 실수로 앞 부분이 기록되지 않
았습니다.)
2 ... 창조주 나 여호와요, 너희들이 말하
는 전지전능하신 아버님의 메시지라
는 것을 직접 듣고 강론을 들으며 깨
우치는 그 백성들이 너희들의 마음이
바람이 불어 흔들리는 나무의 가지처
럼 흔들린다 하면,
3 너희들은 과연 그 마음을 아직도 잡지
못하며 다스리지 못하였음이니, 이제
는 너희들이 그와 같은 역사를 이루는
지혜를 얻어야 될 것이니라.
4 너희들이 정녕 그 마음을 다스리며 그
역사를 할 수 없거든, 너희들이 과연

어찌하여 존재하는 것이며, 너희들이
왜 이 세상에 지금 존재하며,
5 너희들이 그 존재하는 백성 중에서 나
에게 왜 너희들이 부름을 받았으며,
나로부터 선택된 백성인가 너희들이
그를 생각하면,
6 너희들이 아쉬운 것, 소중한 것, 귀한
것, 그 모두를 손에 놓는 것이 두렵지
아니하며, 그리고 너희들이 시기와 질
투요, 음해하는 마음을 너희들 마음속
에서 할 수 없음을 알라.
7 너희들은 알아야 될 것이니라.
8 모든 나의 백성, 너희들이 존재하는
그 삶이 다 있으며, 그들이 가야 할 길
이요, 역사할 그와 같은 목적이 있으
며, 이 세상에 태어난 그 의미가 있음
이니라.
9 그리고 그들이 쓰여질 곳이 있으며,
쓰여지기 위하여 모두가 존재하는 것
이며,
10 그와 같이 쓰여지지 아니하는 것이 없
으며, 쓰여지지 아니하기 위하여 존재
하는 것이 하나도 없음을 너희들은 알
아야 될 것이니라.
11 그중에서도 나의 아들을 따르는 제자
들이요, 나로부터 선택된 백성 너희들
은 과연 무엇이던가?
12 너희들은 나로부터 부름을 받는 순간
에, 너희들이 나의 법전이요, 나의 성
전에 와 나의 아들의 강론을 듣는 그
은혜요, 축복을 받은 그때부터 너희
들은 너희들의 삶이 아니며,
13 오로지 너희들은 나의 법전을 위하여
존재하는 것이며, 160권의 법전이 세
상에 나오게 하기 위해 너희들이 존
재하는 그와 같은 너희들이 거듭난 백
성이라는 것을 생각하면, 너희들이 흔
들리는 마음을 바로잡을 수 있을 것
이니 그리 알라.
14 너희들이 지금 존재하는 것은 너희들
의 삶이 아니요, 너희들 자신이 아니
니라.
15 내가 나의 아들에게 돌이 되라, 그리
고 너는 없는 것이요, 죽은 자라 했음
이니, 너희들 또한 그와 같은 역사의
죽은 자로서 거듭나는 것을 어찌 모르
는가?
16 너희들이 나의 법전을 접하는 순간에
나의 법전을 만들어 만백성에게 전하
는 그 대업에 너희들의 모두를 바치기
시작한 그때부터 너희들은 죽은 자에
서 거듭난 자이니, 너희들은 내가 뭐
라 말하였느냐?
17 나의 법전에 기록하여 너희들의 대명
은 첫 번째도 법전이요, 두 번째도 법
전이요, 너희들의 모든 것은 다 법전
외에 너희들의 순서가 없다 내가 그
리하였거늘,
18 너희들은 법전을 만들기 위해 존재하
는 백성이요, 법전을 만들기 위해 너
희들이 오늘에 숨을 쉬고 있으며, 법
전을 만들기 위해 너희들이 오늘의 살
아가는 삶을 사는 백성이라는 것을 절
대 잊어서는 아니 될 것이니,
19 그것을 너희들 가슴 깊이 간직하고 생
활한다면 너희들이 흔들리는 마음에
서 흔들릴 수가 없으며, 남을 미워하
는 마음이 있을 수 없으며, 남의 잘못
이 너희 눈에 보이지 아니할 것이니라.
20 너희들은 오로지 나의 법전을 만들기

위해 존재하는 것이요, 나의 아들이
끌고 가는 그 기계의 부속품으로서 한
일부분을 담당하는 것으로써 너희들
이 가는 자들이요,
21 너희들이 운전자가 아니요, 너희들이
이끌어 가는 백성이 아니라는 것을 너
희들은 알아야 될 것이니라.
22 내가 기초인 열여섯 권의 법전 속에
나의 아들을 통하여 상세히 기록하여
전했느니라.
23 너희들이 타고 다니는 차라는 기계는
그 속에까지 부속이 이루어져 그것이
움직이니, 너희들이 서로 운전하는 자
에게 제 부속이 낫고 저 부속은 잘못
됐으며, 저것 때문에 네가 갈 수 없으
며, 저 부속 때문에 제자리를 지키기
싫다 불평불만하지 말라 그리하지 아
니했더냐?
24 너희들이 타이어라는 것이 너무 커서
힘들다 하면, 그를 만든 사람이 그를
줄여서 적당히 조정하여 맞게 할 것이
며, 너희들이 핀이 너무 커서 안 된다
면 그를 조정할 것이며,
25 기계에 먼지가 묻고 기름이 끼여서 너
희들이 같이 갈 수 없다 말한다면, 그
것은 바로 만드는 자가 같이 갈 수 있
도록 모두를 역사하는 것이라, 내가
세상 이치를 기본인 열여섯 권의 법전
안에 모두를 기록하여 주었거늘,
26 어찌하여 너희들이 달리는 자동차의
부속에 해당하며 그 이상의 것도 아닌
너희들이, 그 이상의 역사를 할 수 없
는 너희들이 그것을 가지고 시시비비
하고 탓하는 그와 같은 어리석은 삶을
산단 말이더냐?
27 모두는 창조주 나 여호와가 조정할 것
이며, 내가 다스릴 것이며, 미래에 이
루어지고 한 시간 후에 이루어지는 것
을 모르는 너희들이 어찌하여 그 같
은 부속끼리 '내가 옳고 네가 틀리다.'
그리 말하느냐?
28 제자리에서 그 자리를 잘 지키며, 제
직분을 다하는 것이 너희들이 나에게
오르는 백성이라,
29 내가 1부에서 나의 아들에게 최초의
깨우침을 줄 때 그와 같은 것을 너희
들에게 전했거늘,
30 그것을 읽고도 너희들이 어찌하여 너
희들의 삶에 적용하지 못한단 말이더
냐?
31 너희들은 하나의 자동차가 굴러가는
데 수백 개의 그 부속이 필요하듯이,
각자 너희들이 그 부속의 자리를 지키
는 대명을 받은 자요, 너희들이 그렇
다 하여 소홀히 생각하지 말라.
32 그 자리에 그것이 지키지 않으면 그
기계가 움직이지 못하는 것이니, 모두
가 다 소중한 것이요,
33 너희들은 운전하는 자가 아니요, 다스
리는 자가 아니요, 그를 다시 만드는
자가 아니요, 고쳐서 만드는 자가 아
니니,
34 너희들 자신이 겸손함이요, 낮은 자의
자세를 알도록 그리해야 될 것이니라.
35 수백 개의 부속이 얽히고설켜 돌아가
는 것이 무엇도 소중하지 아니한 것이
없으며, 무엇이 더 귀하고 귀하지 아
니한 것이 없음이니라.
36 그것은 만든 사람이요, 창조한 자만
이, 그리고 그를 엮은 자만이 모두를

알 것이니,
37 너희들이 그리 시시비비하는 마음을
가지고 있어서는 아니 된다는 것을 알
도록 그리하라.
38 이제는 너희들이 존재하는 의미를 알
았는가?
39 너희들은 지금 이 세상에 숨을 쉬고
나의 성전에 와 강론을 들으며 나의
아들을 만나 대화할 수 있는 그 모두
는 다 너희들이 나의 법전 160권을 역
사하며 그를 만들기 위해 너희들이 존
재하는 자들이요, 그 이상도 그 이하
도 아님을 알라.
40 그러니 160권의 법전이 세상에 나오
는 것을 너희들이 만드는 역사라면,
나의 아들이 그를 이끌어 가는 선장이
요, 나의 아들이 그를 이끌어 가는 기
수니,
41 그가 갈 수 있도록 그가 엮어 가는 대
로, 그가 이끄는 대로 조용히 따르는
것, 그것이 너희들이 나에게 오르는
길이요, 그 모두를 역사함이니라.
42 너희들은 인간의 삶이 아니니라.
43 이제 너희들이 나의 법전을 접하며 나
의 법전을 만지며, 그리고 나의 법전
을 만들어 만백성에게 전하는 것, 나
의 성전에 와 나의 강론을 듣는 백성
너희들은 스스로 네가 없으며 너희들
의 삶이 없느니라.
44 이와 같은 뜻을 내가 책에 기록하여
만백성에게 전하면,
45 오로지 나만을 받들며 나의 아들만 따
르며 나의 법전을 위해 모두를 바치라
하니, 이는 사탄이요, 마귀라 그리 말
할 것이니라.
46 그러나 내가 나의 열여섯 권의 법전
안에 여기에 참석하는 모든 백성들은
첫 번째가 법전을 만드는 것이라 하였
음이니,
47 그 뜻을 안다면 너희들은 법전을 만드
는 데 필요한 부속이요, 법전을 만들
기 위해 필요한 나의 백성이니,
48 그 이상 그 이하도 아니라는 겸손하고
겸허한 마음으로써 너희들이 나의 법
전을 만드는 데 모두를 다하라.
49 너희들이 한 시간 후에 너희들의 운명
이 다할 것인지, 며칠 후에 네 운명이
다할 것인지 너희들은 그를 모르고 있
음이니라.
50 그러니 그도 모르는 자들이 이와 같이
너희들 자신이 왈가불가하지 말며 너
희 뜻으로써 무엇인가를 이루고자 하
지 말라.
51 너희들은 단 1분이요, 1시간이요, 며
칠을 견디는 것도 나의 법전을 만들기
위해 존재하는 것이며,
52 나의 법전이요, 나의 성령을 받아 만
백성을 구하는 나의 아들을 보좌하며,
그를 받치며 그와 더불어 가기 위해
존재하는 인생이요, 그 이상의 백성이
아니라는 것을 절대 잊지 말라.
53 그리고 너희들은 그 대명을 받은 자들
이기에 일반 백성들과 너희들이 다른
것이며 너희들이 가는 길이 다르거늘,
54 너희들이 이와 같은 뜻을 안다면 너희
들의 흔들리는 그 마음을 바로잡을 것
이며, 너희들이 흔들려 쓰러지고자 하
는 그 마음을 다스려야 할 것이니라.
55 너희들이 한 시간 후에, 내일, 모레에
무엇이 어찌하는지도 모르는 자이니,

56 너희들은 오로지 법전을 만들기 위해
선택된 백성이요, 그것만을 위해서 살
아가는 백성이라는 것을 굳건히 알며,
57 그 이상이요, 그 이하의 어떤 것도 너
희들이 생각해서는 아니 됨이니 그리
알라 전하라.

10,213 번째 하나님 말씀

2004년 3월 31일 11시 45분

1 사랑하는 나의 아들아!
2 "네, 아버님! 말씀하옵소서."
3 오늘의 종교 집단이요, 너희들이 믿음
의 가는 길을 너무나 멀리 가고 있으
며 잘못 가고 있으며 너희들이 잘못되
었음이니, 그 나의 아픈 마음을 나의
법전에 기록하여 너희들에 전하거늘,
4 이를 믿지 아니하며 듣지 아니하니,
믿고 믿지 않는 것은 너희들의 소관이
니라.
5 그러나 나는 너희들을 구원하기 위하
여 너희들이 죽어 나의 앞에 와 너희
들이 어떠한 이유도 댈 수 없도록, 내
가 나의 성령이 하늘의 이치요, 하늘
의 뜻을 다 낱낱이 설명하여 나의 아
들을 통하여 나의 새로운 성경에 기록
하여 전하는 그 역사함을 너희들은 알
라.
6 나의 아들 예수가 세상에서 죽음으로
써 그 모두를 역사하고자 하였음이니,
그건 바로 무엇이라 내가 하였느냐?
7 그는 나의 뜻을 순종하는 것이요, 나
의 아들은 내가 명한 것을 전하여 너
희들에게 그를 보고 깨우쳐 하늘에 오
르는 길을 이루고자 하는 것을 내가
역사하고자 했다 그리했으며,
8 그는 나의 뜻을 따라 모두를 역사하도
록 하기 위해서 내가 이루었다 그리하
였음이니라.
9 그러나 너희들은 여기서 하나를 더 깨
닫고, 이제 나의 아들을 아는 백성들
이요, 깨달음이 있는 너희들은 너희
스스로 내가 살과 뼈를 붙여 너희 것
으로 만드는 그 이치를 주었음이니,
10 너희들의 마음을 보고 지혜를 얻은 백
성이라면 너희들이 내가 나의 아들을
통하여 내린 그 내용에 내가 무엇을
역사하고자 하는지를 스스로 얻을 수
있는 지혜가 있었어야 할 것이니라.
11 그와 같은 지혜를 얻지 못하면 너희들
은 내 아들을 통하여 내리는 강론만을
듣고 너희들이 거기서 멈추는 백성이
요, 깨달음이 없다면,
12 너희들은 마음이 비워진 백성이 아니
요, 전진하는 백성이 아니요, 제자리
에 머물러 있음을 알아야 될 것이니라.
13 그러니 너희들은 나의 법전에 기록하
여 전하는 내용을 작든 크든 가슴속에
깊이 새겨 너희들이 나의 뜻을 알고자
하면 거기서 얻는 지혜가 있을 것이
니, 그 얻는 지혜가 위대함을 너희들
은 알아야 될 것이니라.
14 예수가 피 흘려 죽음으로써 너희들에
게 구원의 역사를 이룬 것이라 하나,
나는 결코 그와 같은 것이 아니라 함
이니라.
15 모든 백성이요, 종교 집단이요, 지도
자요, 그 신도들은 나의 아들이 피 흘
려 죽음으로써 너희들이 구원의 역사
를 이루며 구원을 받았다 그리 말하나,

16 창조주 나는 그렇지 아니하며 그것이
내 뜻이 아니라 내가 너희들에게 전하
고 가르치고 있음이니라.
17 너희들을 구원하기 위하여 내가 그와
같이 나의 아들에게 고통의 길을 가
게 했다면, 너희들이 죄짓고 사는 것
을 내가 용서치 아니하며,
18 내 명령을 거역한 자들에게 내가 엄
히 다스린다는 나의 성서에 기록한 내
용을 너희들이 또한 읽어서 알 것이니
라.
19 그와 마찬가지로 나 여호와는 너희들
에게 나의 아들이 피 흘려 죽음으로써
너희들의 구원의 역사를 이루며 구원
을 하는 것이 그 길이 아니라는 것을
너희들은 알아야 될 것이니라.
20 나는 나의 아들 예수가 죽음으로써 너
희들이 하늘에 오르는 길이요, 구원의
길을 볼 수 있도록 길을 안내한 것이
며, 그 하늘의 문을 바라볼 수 있도록
한 것, 그것이라 내가 그리 말하였느
니라.
21 나의 아들 예수의 죽음으로써 모두가
역사한 것이 아니요, 나의 아들 예수
의 죽음으로써 그때부터 너희들의 모
두가 시작되는 것이며, 모두가 너희들
이 출발선에서 역사하는 것이라는 것
을 잊지 말라.
22 나의 아들의 그 죽음으로써 내가 무엇
을 너희들에게 역사하고자 했는지 알
겠는가?
23 나의 아들은 그 죽음으로써 내가 내리
는 그 성령을 받아 내가 내리는 성령
으로써 너희들이 바로 서고 바로 깨우
쳐 구원의 길을 얻도록 하려고 나의
아들은 나에게 성령을 받아 너희들에
게 그 성령을 전하며,
24 그 성령으로써 거듭나는 그와 같은 백
성을 이루기 위해 나의 아들은 그 죽
음의 길을 선택했음을 너희들은 알라.
25 너희들이 구원의 길이요, 하늘에 오르
는 그 백성은 성령으로 임하지 아니하
면 절대 오를 수 없다 했음이니,
26 나의 아들은 죽음으로써 나에게 성령
을 받아 그 성령을 만백성 그 형제인
너희들에게 전하여 너희들이 구원의
길을 올 수 있도록 하며, 성령으로 임
하는 백성이 되도록 역사하고자 했던
것이 나 여호와가 이룬 뜻이요, 나의
아들 예수가 이루었던 그 깊은 뜻을
너희들은 알고 깨우치는 그와 같은 제
자가 되었어야 할 것이니라.
27 내가 나의 아들을 통하여 지금에 법전
을 내리는 그 역사를 너희들에게 가르
쳐 주고 깨우쳐 주었거늘, 거기에서도
지혜를 얻지 못하는 너의 제자들이라
면,
28 너희들이 제자리를 벗어나지 못하는
자요, 그리고 구원받았다며 욕심이 그
득 찬 그 기도를 하는 백성들과 무엇
이 다르단 말이더냐?
29 지금의 나의 아들을 통하여 내가 160
권의 법전을 세상에 내려보낸 그 뜻을
내가 너희들에게 역사하지 아니하였
더냐?
30 새로운 성경이요, 새로운 내가 내리는
이 법전이라 하여 하늘에 오르는 길이
요, 너희들의 구원의 길이라 하여 내
가 내리고 역사하는 것이 바로 무엇이
더냐?

31 예수가 흘린 피의 고통 그 뜻과 또한
일치함을 너희들은 알아야 될 것이니
라.
32 나의 아들은 너희들에게 전하기를 그
리하느니라.
33 이 법전은 너희들이 깨우쳐 성령이 너
희들에게 임하는 백성으로 되는 것,
천사와 같이 아름다운 마음이 되어 너
희들이 성령으로 임하여야만 하늘의
뜻을 알며, 성령으로 임한 백성만이
나에게 올 수 있으니,
34 너희들은 나의 법전을 읽고 깨우쳐 성
령이 임하는 백성으로 거듭나라 그리
울부짖고 나의 아들이 지금 전하고 있
지 않은가?
35 160권의 법전이 성령으로써 역사하는
것이라 하였음이니, 나의 아들 예수가
피 흘려 그 고통의 죽음으로써 한 것
이 또 무엇인 줄 알겠느냐?
36 지금 내가 나의 아들을 통하여 성령으
로써 임하는 백성을 만들고자 하여 그
와 같은 백성으로 거듭나게 하기 위하
여 그가 그 어려운 길을 가듯이,
37 나의 아들 예수 또한 고통의 그 죽음
은 바로 나로부터 성령을 받아 만백성
이 성령으로써 역사하여 구원의 길을
가도록 그를 위하여 그는 그리 죽어
갔음을 너희들은 알아야 될 것이니라.
38 그러니 너희들이 나의 아들 예수의 보
혈로써 구원을 받았다는 예수가 세상
에 죽어 가는 그 시점에, 너희들이 바
로 내가 나의 아들에게 내린 그 성령
을 받을 수 있는 백성이 있었더라면,
너희들은 그때서부터 출발이요, 시작
이었을 것이니라.
39 그러나 그 성령을 받을 수 있는 백성
이 없었으며 성령을 받아들일 그릇이
없었음이니,
40 지금 2천 년이라는 길고도 긴 세월에
내가 관여하지 아니하였으며, 나와 관
계없는 세월이라 하는 그와 같이 나의
법전에 기록한 내용을, 앞뒤 것을 너
희들이 읽어 깨우치는 백성이라면 깨
달음을 얻을 수 있을 것이니라.
41 예수가 죽음으로써 너희들이 모두가
시작되는 것이요, 너희들의 모든 시작
의 역사가 그때부터 출발점이라는 것
을 너희들은 알아야 될 것이니 그리
알라.
42 그리하여 지금 내가 나의 법전을 통하
여 너희들이 성령이 임할 수 있도록
그것을 강조하며 그를 가르치듯이,
43 나 여호와가 직접 너희들을 관장하고
통제하는 이 마지막 시대에 내가 원하
는 것이 성령이거늘, 나의 아들 예수
가 피 흘려 죽어 간 것도 너희들에게
성령 외에 그 무엇을 원했겠느냐?
44 성령으로써 너희들이 거듭나는 백성
을 원하며, 나의 아들이 성령이 임하
여 그가 살아온 모습을 보고 너희들이
그리 살며, 그리 살아 행하는 것이 나
에게 오는 기초요, 근본이라 하여 전
함을 너희들은 알라.
45 그리하여 내가 성령을 내려보내니, 이
를 받아 구원의 길을 보도록 하고자
함이었으나, 너희들이 이를 다 버린
자들이니라.
46 그러니 예수의 죽음으로 나의 성령을
너희들이 받아들여 나의 뜻을 이루지
아니하였으며, 예수를 통하여 역사하

고자 하는 그 성령은 찾아볼 길이 없
으며, 그를 접할 수 있는 백성이 없던
그 아픈 가슴에 내가 2천 년 동안 슬
픔을 참고 인내한 것을 알겠느냐?
47 그러니 이제 나의 아들을 통하여 내가
성령이 임하는 백성이 되라 하는 것은
바로 예수의 죽음보다도 더 귀하고 소
중한 나의 가르침이요, 나의 새로운
법전이요, 새로운 성경이라 하지 아니
하였더냐?
48 지금 나의 아들이 너희들이 성령이 임
하는 것이 하늘에 오르는 길이요, 성
령이 임하는 것이 너희들이 가장 중
요하고 중요하며 소중하고 소중한 과
제라 말을 하지 아니한다면,
49 나의 아들 예수의 그 죽음도 너희들이
성령을 받기 위해, 성령을 내리기 위
해 그를 받아 만백성에게 전하고자 나
의 아들 예수가 죽음이라는 것을 너희
들이 부인할 수 있으나,
50 지금 마지막 시대에 내가 모두를 관
장하며 내가 직접 성령이 임할 수 있
는 백성이 되라 강조하고 강조하며 그
길을 위하여 160권의 법전을 내려보
내며, 나의 아들을 통하여 수없는 강
론을 내린다면,
51 내가 직접 가장 소중하다는 것이 나
의 아들 예수도 가장 소중한 것을 알
았음이니,
52 그는 한 손을 들어 나로부터 성령을
받아 한 손으로 너희들에게 전하기 위
해 그는 그 죽음으로써, 죽음의 고통
으로써 나에게 성령을 받아 너희들에
게 성령을 전하여 역사하고자 했던 나
의 아들의 숭고하고 아름다운 죽음이
라는 것을 이제 나의 아들을 따르는
제자, 너희들은 알고 깨우쳐,
53 너희들이 성서의 흐름이요, 구약과 신
약의 흐름이요, 제3의 시대의 흐름이
요, 나 여호와가 역사하고자 했던 그
뜻을 바로 보고 바로 깨우쳐 구원을
받는 백성이 되도록 그리하라.

10,214 번째 하나님 말씀

2004년 3월 31일 12시 01분

1 사랑하는 나의 아들아!
2 "네, 아버님! 말씀하옵소서."
3 160권의 법전을 역사하기 위하여 나
의 아들은 지금 치닫고 있으며, 그를
듣고 강론을 들은 그 백성 너희들이,
하늘의 뜻은 지금 세상에 내려가며 그
퍼짐이 이루 말할 수 없으며,
4 그를 듣고 깨우친 백성들의 깨달음이
너희들보다 수백 배 앞에 가 있다면,
과연 너희들은 어찌하겠는가?
5 나의 아들의 강론을 직접 들으며, 하
늘의 변천사를 직접 들으며, 나 여호
와의 뜻을 직접 듣는 너희들이 어찌하
여 변하지 못하며, 하늘의 뜻의 그 방
대한 것에 역사하는 길을 가지 아니하
고,
6 인간 세상의 작고 가려운 것을 긁는
그와 같은 것으로써 너희들이 지금 변
하지 못하고 제자리에서 형제지간에
시기 질투하며 투합하는 그와 같은 자
세로 가는 어리석은 삶을 산단 말이더
냐?
7 이제 내가 너희들을 더 용서할 수 없
으며, 더 이상 바라볼 수 없으며 더 기

다릴 수 없음을 너희들은 알라.
8 나의 아들은 160권을 향하여 치닫으
니, 나의 아들이 달려오는 만큼 나는
하늘의 뜻이요, 하늘의 비밀이요, 너
희들이 역사하는 것을 수없이 내려야
되거늘,
9 그 방대하고 위대한 뜻이 세상에 내려
가다 너희들을 구원하는 그 역사를 가
지고 만백성을 구원하는 지도자들이
하늘의 방대한 뜻이요, 하늘의 역사하
는 뜻을 보지 못하고, 인간 세상의 손
톱 밑에 가시 찔린 것에 허덕이는 그
와 같은 자가 어찌하여 나의 지도자
요, 나의 선생으로서 만백성을 구한다
할 수 있겠느냐?
10 나는 너희들을 알고 있느니라.
11 나의 아들이 치닫는 만큼 하늘의 법
도요, 하늘의 비밀이요, 정해진 그것
을 계속 내려보냄이니, 그 차원은 점
점 높아지며 너희들의 깨달음은 높아
지거늘,
12 그를 가지고 전하여야 될 그 백성들이
그저 내가 콩을 뿌리듯이 하나씩 가르
쳐 줘 제자리에서 스스로 깨달은 그
백성의 백 분의 일이요, 십 분의 일도
못 따라간 채 제자리에서 움직이고
있다면,
13 내가 너희들을 어찌 선생이요, 제자로
서 쓸 것이며 전사로서 쓸 수 있겠는
가?
14 내가 너희들에게 와서 고개 숙여 너희
들이 가는 길을 쓸어 주게 하여 콩 같
이 뿌려 놓은 그들을 선택하며, 스스
로 깨우치고 스스로 알고 있는 그들
을 선택하는 길밖에 없음이니,
15 너희들은 이 나의 두렵고 무서운 결
단을 가오하지 아니하면 아니 될 것
이니라.
16 하늘의 뜻은 방대하게 내려가며 차원
높은 뜻은 계속 전하여지거늘,
17 너희들은 인간 세속에서 벗어나지 못
하며 손톱 밑에 찔린 그 가시를 빼기
위하여 몸부림치는 그와 같은 삶으로
어찌하여 나의 아들을 따르며 내 뜻을
역사한다 하느냐?
18 지금 2천 년 전에 나의 아들 예수의
죽음으로써 무엇이라 내가 말하였느
냐?
19 너희들이 알지도 못하고 생각하지도
못한 하늘의 뜻을 내가 내림이니라.
20 나의 아들 예수의 죽음으로써 성령을
내려보내야 했으며, 그리하여 너희들
을 구원하는 것이 나의 아들 예수의
그 세상에 내린 것이요, 나의 아들 예
수가 그렇게 고통스럽게 죽어 간 그
죽음이라 했음이니라.
21 모든 너희들의 죄를 대속하며 너희들
을 구원하기 위한 죽음이라는 그 죽음
이,
22 나의 성령을 받아 세상에 전하여, 너
희들이 성령으로써 임하는 아들딸이
되어 하늘에 오르는 구원의 길을 보도
록 하고자 한 나의 아들 예수의 죽음
이, 그것이 너희들이 출발하는 시점이
라 하였음이니,
23 이와 같은 하늘의 방대한 뜻이요, 그
소중한 비밀을 내가 너희들에게 가르
쳐 주거늘, 이를 알고 듣는 백성, 너희
들이 제자리서 맴돌고 있다면 나는 너
희들을 더 이상 거둬들일 수 없음을

알라 그리 전하라.
24 예수의 죽음이 그러한 것을 내가 밝혀
주면 너희들을 믿고 가르쳐 줌이니라.
25 이를 나의 아들 혼자 받침 할 수 없으
며, 나의 법전만이 받침 할 수 없음이
니라.
26 너희들이 있기에 너희들이 강론하며
변론할 수 있으며 사실을 전할 수 있
는 너희들이 있기 때문이거늘,
27 어찌하여 너희들은 제자리걸음을 하
며, 그를 받을 수 있는 그릇이 되지 못
하며, 그를 설명할 수 있는 자격을 상
실하는 백성이 되어 간단 말이더냐?
28 예수의 죽음은 그와 같은 것이라는 것
을 그리 알도록 그리하라.
29 그러나 성령을 받을 수 있는 사람이 2
천 년 동안에 한 사람도 없었으며 받
을 그릇이 없다 내가 했지 않느냐?
30 그러하니 예수를 통하여 내가 그 죽음
의 대가를 내려보내고자 하는 그 성령
을 내려보내지 못했으며, 그리하여 오
늘의 이와 같은 역사가 이루어졌음이
니라.
31 그러니 2천 년 동안 성령이 내려오지
아니한 것을 너희들은 알겠느냐?
32 이제 나의 아들을 따르는 제자들이요,
나의 법전을 읽고 깨우친 만백성 너희
들은 알라.
33 내가 160권의 법전이 무엇이라 말한
뜻을 알겠느냐?
34 나의 모두를 태워 내려보내는 성령이
라 하였음이니라.
35 그러니 내가 나의 아들 예수를 죽음으
로써 그 고통의 죽음을 바라보면서도
내가 그 예수가 애원하여 그 오른손에
성령을 내려보내니,
36 왼손으로써 만백성에게 전하기 위해
그가 죽음의 그 고통을 지난 역사 속
에서도 내가 그를 내리고자 했으나,
받을 그릇이 없으며 역사할 수 있는
백성이 없어,
37 내가 2천 년이라는 기나긴 그 세월을
기다렸다가 지금 나의 아들을 통하여
내리는 160권의 법전이요, 이게 바로
내가 그때 내리고자 한 성령이라는 것
을 너희들은 알겠는가?
38 2천 년 전 나의 아들 예수가 죽음 앞
에 내리고자 하는 그 성령을 내가 내
리지 못하며, 받을 자가 없어 역사할
수가 없어 내가 2천 년 동안 기다려,
지금 나의 아들을 세상에 보내어 160
권이 나의 성령이요,
39 그래서 내가 내 모두를 태워서 내려보
낸 성령이라 하였거늘,
40 너희들이 그를 접하며 그를 깨닫는 백
성들이 내 뜻을 모르며 제자리걸음을
하고 있으며,
41 그와 같은 깨달음도 얻지 못한 너희들
을 데리고 내가 어찌 역사할 수 있으
며 새로운 시대를 열 수 있다 하겠는
가?
42 콩갈이 뿌려 버려두고자 했던 그 백성
으로 하여금 내가 다시 역사할 수 있
으며, 그 길을 선택할 수밖에 없다는
나의 무서운 뜻을 너희들이 듣고 깨우
치지 아니하면 아니 될 것이며,
43 영원히 나로부터 버림을 받는 자, 두
번 다시 돌아올 수 없음을 알라.
44 지금 160권의 법전이 나의 성령이라
하였음이니라.

45 그리고 모두를 태워서 내려보낸다 하
였으니, 2천 년 진에 내려보내려던 그
성령으로써 지금 내가 나의 아들을 통
하여 내려보냄을 너희들은 알며, 이를
귀하게 알 것이며,
46 너희들이 이를 다스리고 이를 가지고
만백성을 구하는 역사를 이루는 데 2
천 년 전에 너희들이 태어났어야 할
백성이며,
47 2천 년 전에 역사할 너희들이 오늘에
태어나 오늘에 나의 아들을 따라 이
모두를 내 대명을 역사하는 귀하고 소
중한 자이거늘,
48 어찌하여 손톱 밑에 가시를 가지고
몸부림치며 그를 가지고 시시비비하
며 질투하고 시기하고 음해하는 말을
너희들 입에서 할 수 있단 말이더냐?
49 나의 성령을 받아 임하는 것이 너희들
이니라.
50 2천 년 동안 인내하고 인내한 나 여호
와의 뜻을 지금 행하고 있는 자들이,
무엇이 너희들이 그리도 아프며 슬프
며 고통이 있단 말이더냐?
51 그러니 너희들이 살아 있는 존재가 나
의 법전을 전하기 위해 너희들이 존재
하며, 오늘에 숨을 쉬고 있는 것이 너
희들이 나의 법전을 만들기 위함이요,
52 그렇지 않으면 너희들이 오늘에 숨을
거둘지 내일에 숨을 거둘지 모르는 것
이 너희들의 육의 삶의 운명이라는 것
을 너희들은 무섭게 받아들이지 아니
하면 아니 됨을 알라.
53 나의 아들 예수의 죽음을 애통하게 생
각하며, 그 피로써 구원을 받았다 하
며, 그 피로써 너희들의 모든 죄를 사
함을 받아 구원을 받았다 하며 울고불
고하는 백성, 그 은혜를 갚을 수 없다,
그 은혜를 갚을 길이 없다 하는 백성,
너희들은 들으라.
54 지금 내가 성령을 내리고자, 나의 아
들 예수의 그 죽음의 고통에도 내리지
못하며 뿌리를 내리지 못한 그 성령을
지금 세상에 내려보내니,
55 이것이 바로 160권의 법전이요, 새로
운 성경이니, 나의 법전을 받아들이고
그를 너희들이 받아들일 수 있는 그릇
으로서 거듭나는 그와 같은 삶을 살도
록 그리하지 아니하면 아니 될 것이니
라.
56 결코 너희는 아니 될 것이니라.
57 너희들은 이는 아니요, 이는 절대 그
와 같은 것이 아니요, 예수가 죽음으
로써 너희들의 죄를 다 씻어 갔으며
그 죄로써 너희들이 구원을 받은 것이
지,
58 예수께서 성령으로써 너희들에게 내
려 성령으로써 임하는 백성이 되도록
그와 같이 그 죽음의 길을 간 것이 아
니라며 너희들은 고개를 흔들 것이며,
이는 사탄이요, 마귀라 너희들이 그리
말할 것이니라.
59 그러나 너희들은 들으라.
60 너희들이 말하느니라.
61 인간은 인간의 능력으로써 할 수 없으
니, 성령으로 임하는 것만이 모두를
역사할 수 있다 했으니, 너희들 말이
맞느니라.
62 성령으로 모두가 역사하고 성령으로
임하여 너희들이 이루어진다면, 그것
이 너희들에게 가장 귀한 것이니,

63 내가 내리는 선물은 너희들의 가슴에
성령을 심어 주는 것이 가장 위대한
것이 아니더냐?
64 그리하여 나는 너희들을 구하여 그 성
령을 받아들이도록 하여, 나의 아들이
목숨을 던져 나에게 애걸복걸 하며 나
에게 원한 그 성령을 그의 오른손에
내려 줘 왼손으로 너희들에게 전하고
자 했지만, 너희들은 그를 다 버리며
받을 자격이 없었음이니,
65 나의 아들 예수의 고통이요, 그 슬픈
마음을 너희들이 안다면, 그가 목숨을
바쳐 오른손으로써 아버지에게 성령
을 갈구하고 원하고 소원하여 내가 그
에게 성령을 쥐여 주었으니,
66 그를 받은 오른손의 성령이 왼손으로
넘어가 만백성에게 전할 자가 없으며
받을 자가 없었으니,
67 그 제자들도 등을 돌렸으며 제자들도
예수를 팔고 떠났음이니, 오른손으로
써 받아 왼손으로 전하고자 한 나의
성령을 예수는 전할 수가 없었음이니,
68 그리하여 그를 전하지 못하고 죽음의
길을 선택했던 그 아픈 가슴이요, 그
마음을 너희들이 들여다볼 수 있는가?
69 정녕 그를 소중히 생각하며 그를 너희
들이 아낀다면, 나의 법전을 들어 너
희들이 거듭나는 역사를 하지 아니하
면 아니 될 것이니라.
70 나의 아들은 죽음으로써 나에게 소원
했느니라.
71 '아버지여! 정녕 성령을 저의 오른손
에 내려 주시어 이것을 왼손으로써 만
백성의 가슴에 심게 해 주옵소서.' 그
리 그가 죽음으로 소원하여, 내가 그
성령을 그의 오른손에 쥐여 주었으나,
72 그 제자도 그를 팔았으며 제자도 등을
돌렸으며 그 모두가 떠나 버리니, 그
를 전할 길이 없었음이니,
73 나의 아들의 아픈 마음을 너희들이 안
다면 두 번 다시 나의 법전을 사탄이
요, 이단이라 하지 말라.
74 너희들은 그리 말할 것이니라.
75 어찌하여 그 성령이 2천 년 만에 세상
에 내려온 것인가 너희들이 그리 말하
나,
76 하늘의 법도에 너희들이 적용하지 아
니하고 어찌하여 인간 세상의 법도에
적용하려 한단 말이더냐?
77 너희들이 하늘의 이틀이 지상의 2천
년이라 하지 않았느냐?
78 그러니 너희들이 하늘의 법도에 적용
한다면 2천 년의 세월은 하늘의 이틀
일 것이거늘, 어찌하여 너희들이 인간
의 법도에 적용하며, 하늘의 법도에
적용하지 아니하고 너희들 마음대로
그리 생각한단 말이더냐?
79 나 여호와는 이틀을 기다려 성령을 내
려보내니, 내가 너희들에게 뭐라 말하
였느냐?
80 얼마 후에 다시 성령이 내려갈 것이라
나의 아들 예수는 그리 성서에 기록하
고 전한 대목이 거기에 있음을 너희들
은 알라.
81 지금 내가 내려보내는 것이 당연한 것
이요, 내가 역사하는 것이요, 160권이
내가 예수를 통하여 내려보내 준 그
성령이었음이니라.
82 나의 아들의 그 피 묻은 고통 속이요,
피 묻은 죽음으로써 나에게 성령을 내

려보내어 만백성을 구하고자 하여 오
른손을 벌려 나에게 애걸복걸하며 그
통한의 눈물을 내가 받아들여 내렸으
나,
83 그 성령을 받을 자가 없어 내가 오늘
의 길고 긴 날을 참아, 그 예수를 통하
여 역사하지 못했던 그 성령을 나의
아들을 통하여 160권의 법전이라 하
여 기록하여 만백성에게 전함이니,
84 이를 사탄이요, 이단이요, 거짓 선지
자라 너희들이 고개 흔들며, 정녕 이
는 나 여호와의 성령이 아니요, 내 뜻
이 아니라 하거든, 하늘의 이치와 인
간의 법도를 따지면 너희들이 그를 알
것이며 깨달을 것이니라.
85 하늘의 일을 가지고 하늘의 법도에 적
용하지 아니하고 인간이 인간의 생각
으로써 적용하지 말라.
86 사랑하는 나의 아들과 너희들은 들으
라.
87 모든 백성들이 등을 돌리며 사탄이요,
이단이라 해도, 너희들은 들으라.
88 나의 아들 예수의 그 죽음의 대가가
무엇이었는가?
89 너희들은 두꺼비라는 그 미물이 새끼
를 낳아 번식하기 위해서 그는 뱀에게
약을 올림이니, 그 약이 오른 뱀이 견
디지 못하여 그를 덥석 물어 죽임으로
써 그는 그 새끼를 낳게 함이니라.
90 그러니 그 죽음으로써 그는 새끼를 얻
음이니, 나의 아들 예수의 죽음으로써
성령을 만백성에게 전하고자 하는 그
대가였음을 너희들은 알아야 될 것이
니라.
91 너희들은 그리하느니라.
92 알을 낳기 위하여 수천 리를 오는 그
물고기요, 그 미물이 그 알을 낳고 기
진맥진하여 죽어 가느니라.
93 그건 바로 그 고통의 죽음의 대가가
무엇이더냐?
94 그 알을 세상에 낳아 그 씨를 번식하
며 제 종족을 존속시키는 것이 아니더
냐?
95 나의 아들 예수의 죽음이 바로 성령을
이 땅에 내려 만백성을 구하고자 하는
그 뜻이었음이니,
96 나의 아들 예수의 죽음의 대가는 성령
을 이 세상에 받아들이는 만백성이 거
듭나는 그 역사를 위하여 존재했음을
너희들이 알아야 될 것이니라.
97 나의 아픈 이 마음을 전함이니, 이러
고도 너희들이 이를 거역하며 이것이
사탄이요, 이단이라 말한다면, 너희들
은 그 말한 입에 그 대가를 받을 것이
니라.
98 내가 너희들에게 실상을 말하느니라.
99 내가 성경에 기록하여 나의 아들 예수
가 그리 말하지 아니했더냐?
100 '내가 떠나는 것이 너희들에게 유익함
이니라.' 그 말이 무엇이더냐?
101 나의 아들이 떠남으로써 너희들의 그
성령을 받을 수 있는 자가 없음이니,
그 성령이 내려올 것을 그는 알아 성
령이 내려온다는 것을 의식했으며,
102 그가 떠나지 아니하면 보혜사가 너희
들에게 오지 아니한다 했으니, 그것
또한 무엇이더냐?
103 그것 또한 너희들이 그 성령이 내려오
지 아니할 것이며, 성령이 내려오지
못함을 너희들에게 미리 가르쳐 주고

전한 대목이 아니더냐?
104 그가 가면 다시 올 것이라 했던 그것
이 바로 성령이니라.
105 '내 아버지께서 너희들에게 보내시어
너희들이 그 뜻을 이해하며 너희들이
깨우치며 비유의 뜻으로 가르치지 않
는 그와 같은 시대가 온다.' 하였음이
니, 그것이 성령이 내려짐임을 너희들
은 알아야 될 것이니라.
106 이 깊은 의미를 너희들이 음미하고도
너희들이 과연 성령의 소중함을 모르
겠는가?
107 성령이 가장 소중하고 귀한 것이라면
내가 가장 소중하고 귀한 것을 나의
아들 예수를 통하여 전하고자 했으며,
지금 나의 아들을 통하여 160권의 법
전에 너희들에 전하고자 하는 것을 알
지 않느냐?
108 그러니 내가 성령이 뭐라 하였느냐?
109 너희들의 죄에 대하여, 심판에 대하
여, 세상의 책망에 대해서 너희들이
그 모두를 구분할 수 있도록 역사하는
시대가 온다 하였음이니,
110 지금의 믿음의 길을 가는 백성 너희들
을 바로잡아 바로 다스리는 그 너희들
을 지금 단죄하는 시대가 열렸음을 너
희들은 알라.

10,215 번째 하나님 말씀

2004년 3월 31일 12시 12분

1 사랑하는 나의 아들아!
2 "네, 아버님! 말씀하옵소서."
3 이제는 너희들이 나의 아들 예수의 그
죽음이요, 피맺힌 그 한을 알겠느냐?
4 그와 같은 것은 바로 너희들에게 나의
아들 예수가 행함을 보이는 것이요,
또한 성령으로 임하여, 너희들이 성령
이 임하는 백성만이 나를 볼 수 있으
며 구원을 받기에,
5 성령으로써 임하는 백성들을 세상에
존재하도록 그 뿌리를 내리고자 그가
그 고통의 길을 갔다 했음이니라.
6 그는 죽음의 그 순간에 목숨을 바침으
로써 나에게 말했느니라, 그 성령을
내려 주어 만백성을 구할 수 있는 그
와 같은 역사를 이루게 해 달라.
7 그리하여 그에게 내가 애원하는 그 오
른손에 나의 성령을 내려 왼손을 통하
여 만백성을 구하려 했으나, 그를 받
을 자가 없었으며 그를 받을 그릇이
없는 그 슬픔이라 내가 하지 않았더냐?
8 너희들은 이제 알아야 될 것이니라.
9 예수가 그리 말하였느니라.
10 '내 아버지께서 약속하신 것은 너희들
에게 보이실 것이며, 그 역사는 반드
시 이루어질 것이며, 너희들이 위로부
터 능력을 입을 때가 있을 것이니, 너
희들은 그때까지 기다리고 인내하라.'
하였음이니라.
11 그러니 나의 아들 예수가 너희들이 받
을 자가 없으며 그 받을 그릇이 없으
니, 그와 같이 나 여호와의 뜻은 나의
사랑은 멈추지 아니할 것이며,
12 예수를 통하여 성령이 임하지 못한다
해도 새로운 성령으로써 너희들에게
아버지께서 사랑이요, 그 명을 내리실
것이니,
13 너희들의 성을 유지하라는 것은 땅을
유지하라는 것이 아니요, 너희들의 마

음 자세로써 갈고 닦아 너희들이 받을
수 있도록 그와 같이 거듭나라 함임을
알겠느냐?
14 예수가 나의 나라에 올라와 나의 성령
을 다시 내릴 때까지 너희들은 떠나지
말며 여기를 견디라는 예수의 그 전함
을 너희들은 알고 있지 않은가?
15 그와 같은 애절한 그 뜻을 너희들은
어찌 받아들이며 어찌 전하고 있느냐?
16 이는 예수의 죽음으로써 성령이 내려
옴을 전하였으나 그 뜻을 이루지 못하
였음이니, 이는 반드시 아버지께서 너
희들에게 그와 같은 성령의 은혜가 내
릴 것이며, 그리하여 너희들의 모든
능력을 얻을 수 있는 그때가 있을 것
이니, 너희들이 잘 견디고 인내하라는
그 가르침이 아니더냐?
17 '예루살렘을 떠나지 말며 너희들이 그
를 지키라, 아버지께서 약속한 것을
다 내리실 것이니라.'
18 그러니 그와 같은 말을 전한 예수의
뜻이 무엇이더냐?
19 그러면서 예수는 그리 말하였느니라.
20 '요한은 물로써 세례를 베풀었으나,
너희들은 몇 날이 못 되어 창조주 아
버지께서 성령으로써 하늘의 법도에
의하여, 하늘의 뜻에 의하여 너희들이
성령이 임하는 것, 그리고 너희들이
세례를 받는 그와 같은 영광이 있을
것이라' 하였으니,
21 이는 성령으로써 너희들에게 세례를
받을 수 있는 자격이요, 자격을 갖춘
백성으로서 너희들이 거듭나도록 하
라는 예수의 가르침임을 너희들은 어
찌 모르는가?
22 '오직 성령이 너희에게 임하시면 너희
가 권능을 받고 예루살렘과 온 유대인
과 그리고 사마리아인과 땅 끝까지 너
희들이 의로써 예수를 증거할 것이며
예수가 전할 것을 역사한다.' 너희들
이 예수가 전하고 갔던 그 사랑의 뜻
을 모르겠는가?
23 예수는 미리 다 역사했느니라.
24 요한은 물로써 세례를 주나, 너희들이
성령을 받을 수 있는 그릇이 되었을
때 그 성령을 내림이니, 이는 하늘의
뜻으로써, 아버지의 역사로써 너희들
에게 아버지의 성령으로써 세례를 내
리니,
25 너희들이 성령으로써 임한 백성이 되
면 너희들이 이 세상의 예루살렘이요,
유대 백성이요, 사마리아인이요, 그리
고 어떠한 백성들이든 땅 끝까지 가
나의 아들 예수가 전하고자 하는 그
성령의 뜻을 전할 것이며, 그를 증거
할 것이며 그를 역사할 때가 있을 것
이라 나의 아들 예수가 그리 전했지
않더냐?
26 그러니 지금 내가 나의 아들을 통하여
160권의 성령을 내려보내니, 이 성령
이 너희들이 한 고을을 위하여 너희들
이 예비하고 공부하는 것처럼, 그리고
설교하고 강론하는 것처럼 그리 가르
치던가?
27 온 세상에 퍼지게 하여, 온 세상을 하
얀 눈이 덮는 것처럼 덮게 하여 나의
법전을 가지고 나의 아들이 역사함이
니,
28 이게 나의 새로운 성경이요, 이가 나
와 예수와 약속했으며, 예수가 그리

갈구하고 원했던 성령을 만백성을 구
하기 위해 내리는 증거임을 너희들은
알라.
29 그러니 그 증인이라 하였음이니라.
30 예수는 말하기를, 그 증인이 반드시
있을 것이며 너희들이 증인이 되어 주
기를 바랐느니라.
31 예수는 죽음으로써 그 깨끗한 백성이,
그리고 성령을 받을 수 있는 백성이
빨리 나와, 그 모두를 받아 그 뜻을 전
하는 백성이 있기를 바라며 증거하는
백성이 되어 주기를 바랐으나, 너희들
이 그 모두가 다 등을 돌렸음이니,
32 하늘의 법도는 이틀이요, 지상의 법도
는 2천 년이라는 역사가 흘러 지금
160권으로써 나의 아들을 통하여 성
령을 내려보내니,
33 이 성령을 가지고 공부하고 만들고 역
사하는 백성 너희들이 바로 나의 아들
예수가 성령을 증거하고 전하기 위하
여, 그리고 사랑을 베풀며 실천하고자
했던 것을 모두를 증명하는 자이니라.
34 그러니 증명하는 것이 너희들이요, 그
증명을 하기 위해 너희들이 나의 법전
을 가지고, 예수가 말했듯이, 예루살
렘과 유대와 사마리아와 땅끝까지 가
모두를 전파하는 그와 같은 역사를 이
룬다 하였음이니,
35 그리하여 예수의 그 성령을 전하고자
하는 뜻을 너희들이 전파한다 했으니,
36 오늘의 내가 하늘의 비밀을 기록하여
전함이니, 나의 법전이 세상을 덮는
것은 성령을 전함이요,
37 이 성령을 전하기 위해 예수가 세상에
와 그 고통스러운 죽음으로써 나에게
성령을 구원하고 원했던 그 뜻을 너희
들은 알고, 하늘의 비밀이요, 우리 부
자의 대화의 그 비밀을 알도록 그리함
이니,
38 너희들은 나의 아들을 따라 너희들이
한 치의 소홀함이 없는 그와 같은 삶
을 살라.
39 그러한 너희들이 어찌하여 작은 것에
연연하며, 너희들이 지배자가 되고자
하며, 너희들의 임의요, 너희들의 생
각대로 무엇을 평가하고 판단하려 하
는가?
40 하늘의 넓고 넓은 그 뜻을 너희들은
모르느니라.
41 너희들이 앞으로 갈 때 나의 아들이
뒤로 감이니, 그는 나의 명령에 의해
뒤로 가는 이유가 있어 뒤로 가는 것
이요, 또한 너희들도 그러니라.
42 너희들이 걸어가야 할 것을 달려갈
때, 다른 사람이 보고 걸을 자리에서
왜 달리느냐 하지 말며, 너희들이 음
주를 하지 않을 때, 음주를 하는 백성
에게 왜 음주를 하느냐 탓하지 말라.
43 그는 나에게 명을 받은 자요, 내 명에
의해 움직인다면 너희들이 내 뜻을 거
역하며 나를 통제하는 우를 범함이니,
44 너희들 스스로 네 자리를 지켜 네 직
분의 부속의 소임을 다하도록 하는
것, 그것 외에는 아무것도 생각하지
말며 보지도 말라.
45 창조주 나 여호와가 필요에 따라서 모
두를 다스려 쓸 것이며, 고쳐 쓸 것이
며, 내가 녹여 쓸 것이라는 것을 너희
들은 알라.
46 그리하면 너희들의 마음이 달라지며,

세상을 보는 마음이 흔들리지 아니할 것이며, 바람에 흔들리는 나뭇가지같이 흔들리는 너희들이 되지 아니할 것이니라, 사랑하는 나의 아들딸들아!

10,216 번째 하나님 말씀

2004년 3월 31일 12시 18분

1 사랑하는 나의 아들아!
2 "네, 아버님! 말씀하옵소서."
3 이제 정녕 나의 아들 예수의 죽음을
너희들은 알며, 나 여호와와 예수의
그 대화의 한 토막을 너희들은 이제
생각할 수 있으며 알아들을 수 있겠
느냐?
4 예수의 죽음으로 그 대가는 무엇이냐?
5 예수는 성령을 받아 만백성을 구하고
자 하였음을 너희들은 알 것이니라.
6 그리고 예수는 그 목숨을 던져 성령
을 아버지께 내려 달라 나에게 하여
그 성령을 받아 그가 온 백성에게 전
하여 만백성을 구하는 것,
7 성령으로 임하는 백성이 이 세상을 다
스리고자 하여 나에게 구원을 받을 수
있도록, 그리고 오를 수 있도록 그 위
대한 역사를 이루고자 하였음이니, 그
것이 예수의 보혈의 죽음이었다는 것
을 너희들은 알라.
8 그러나 너희들은 지금 뭐라 말하느냐?
9 너희들은 예수의 피 흘려 죽은 그 보
상이 바로 너희들의 그 죄를 씻어 주
었으며, 너희들의 속죄양으로 죽었으
며,
10 독생자를 보내어 너희들을 구원하기
위하여 너희들의 죄를 오늘의 죄요,
내일에 짓는 죄요, 그리고 너희들이
죽을 때까지 짓는 죄, 그리고 천년만
년 너희 자손들이 짓는 죄까지 그 모
든 죄를 다 나의 아들 예수가 그 모두
를 다 받아 갔으며,
11 예수의 죽음으로써 받은 보상이 너희
들이 그 대대손손이 죽을 때까지, 이
세상에 나의 백성들이 존재할 때까지
짓는 죄를 다 용서받았다 함이니,
12 이는 너희들의 모든 죄악 속에서 사탄
의 자식으로 만들겠다는 사탄의 그 계
략이요, 그들의 말이라는 것을 잊어서
는 아니 될 것이니라.
13 이제 너희들은 알겠느냐, 나의 아들과
내가 역사한 것이요, 나의 아들 예수
의 그 죽음의 가장 큰 뜻의 의미를.
14 그러니 너희들이 정녕 나의 아들을 사
랑하며 예수의 그 죽음의 보상의 대가
를 치른다면,
15 너희들이 성령으로 임할 수 있는 것,
너희들이 성령을 받을 수 있는 백성
으로 변화되는 것, 너희들이 깨끗이
씻어지는 것이 나의 아들 예수가 그리
고통의 죽음으로써 피 흘려 죽어 간
그 대가를 역사하는 것이니라.
16 그러니 너희들이 그 길을 가고자 한다
면, 이제는 너희들이 나의 아들을 통
하여 내리는 새로운 성경인 160권의
이 법전을 너희들 것으로써 소중히 받
아 소중히 가슴에 안고 정독하고 깨우
쳐 구원의 길을 볼 수 있도록 하며 성
령이 임하는 그 길을 보도록 그리하라.
17 그렇지 아니하면 너희들은 결코 이룰
수 없음이니라.
18 내가 다시 말함이니, 나의 아들을 통

하여, 그리고 나의 아들 예수가 만백
성을 구하는 것은 나 여호와의 성령으
로써 임하는 것이며, 성령으로써 심는
백성이 있지 아니하면 거듭날 수가 없
다는 것을 알았기에 그를 원했음이니
라.
19 그리하여 그와 같은 것을 이루지 못했
음이니, 나 여호와가 2천 년 동안을
침묵 속에 있다가 사랑하는 나의 아들
을 통하여, 그 제자를 통하여, 내가 예
수를 통하여 역사하고자 하는 그 성령
을 지금 내려보내니,
20 이 법전이 세상을 덮어 예수의 성령이
내리는 걸 증명할 것이며, 예수의 사
랑을 실천하고자 하는 것을 증명할 것
이며, 모두를 증명하여 예수의 그 아
픈 마음을 달래 줄 수 있는 그 역사를
이루는 것이요, 나 여호와의 뜻이 이
루어지는 것이라는 것을 너희들은 알
라.
21 그러하니 여기에 너희들이 대명을 받
아 부름을 받은 자들이 인간 세속의
거래요, 인간 세속에 살아가는 슬픔과
고통이요, 괴로움 속에서 헤어나지 못
하며, 그를 초월하지 못한 삶을 산다
면, 과연 너희들은 어찌 그를 이룰 수
있다 생각하느냐?
22 사랑하는 나의 아들딸들아! 선택된
자요, 부름을 받은 자, 너희들은 나로
부터 버림을 받는 자요, 지우는 자가
되지 말라.
23 모두를 다 손에서 놓으라.
24 그리고 나의 아들 예수를 통하여 내리
는 그 성령을 2천 년 만에 나 여호와
가 직접 나의 아들을 통하여, 너희들
을 통하여 이 성령을 내려보내니,
25 나의 아들 예수가 나의 아들이요, 성
령을 보급하며, 성령이 하늘에 오르는
것, 그 모두를 역사하는 것을 증거하
고 증명하는 것이 선택된 너희들이니,
26 증명하고 증거하는 백성이 얼마나 바
르고 곧아야 되는 것인가를 너희들은
깨우쳐야 될 것이니라, 사랑하는 나의
아들딸들아!
27 나 여호와의 마음이 기쁨이니라.
28 너희들이 이를 들을 수 있도록 깨달
음이 왔으며, 너희들이 이를 듣고 이
해할 수 있는 경지에 올랐으며, 너희
들이 이를 듣고 너희들 것으로 만들
수 있으며,
29 이를 듣고 너희들이 흐트러지는 마음
을 다시 잡을 수 있으며, 너희들의 무
너지는 마음을 다시 잡으며, 미워하고
시기하고 질투하는 마음을 놓을 수
있으며, 바람에 흔들리는 나뭇가지처
럼 흔들리는 너희들의 마음을 굳건히
잡을 수 있는 그 깨달음에 이르렀기
에,
30 너희가 받아들이고 이해할 수 있기에
내가 너희들에게 내림이니, 오늘의 이
기쁨은 나 여호와의 기쁨이니라.
31 다만, 너희들이 모두를 버리라.
32 손톱 밑에 낀 가시를 가지고 울고불고
요란을 떠는 나의 아들딸이 되어서는
아니 됨이니라.

10,217 번째 하나님 말씀

2004년 3월 31일 12시 26분

1 사랑하는 나의 아들아!

2 "네, 아버님! 말씀하옵소서."
3 너희들이 2천 년 전에 나의 아들을 통
하여 그가 유언으로 남긴 뜻이나, 지
금의 나의 아들이 살아서 그 제자들에
게 독려하며 그 제자들을 무섭게 몰고
가는 그것이 바로 무엇인 줄 너희들
은 알겠느냐?
4 너희들은 알아야 될 것이니라.
5 나의 아들 예수가 죽어 가며 유언으로
그 제자들에게 간곡히 부탁하며 꼭
받아들이라 한 것이 무엇인지 알겠느
냐?
6 성령을 받아들이라 그리하였음이니
라.
7 성령을 받아들이며 성령으로 임하는
백성이 되라, 그리 나의 아들 예수가
죽을 때 간곡히 유언으로써 그들에게
부탁한 내용이 성서에 기록되어 있지
않더냐?
8 2천 년 전에 나의 아들 예수가 죽으면
서 유언으로써 성령을 받아들이는 자
가 되라 그 제자들에게 간곡히 부탁하
고 부탁했음이니,
9 오늘의 나의 아들은 살아서 나의 뜻을
받아 성령을 받아 법전으로 만들어 새
로운 성경으로 전하면서 너희들에게
뭐라 무섭게 다루느냐?
10 성령을 받는 백성이 되라, 거듭나는
백성이 되라, 그리고 깨끗하게 씻는
백성이 되라 하였음이니,
11 2천 년 전에 나의 아들 예수를 통하여
가르쳤던 그 가르침과 지금 내가 나의
아들을 통하여 가르치는 그 가르침이
무엇이 다르며 무엇이 잘못되었단 말
이더냐?
12 그러니 너희들은 이것이 지금의 나의
아들이요, 나의 법전이요, 나의 성령
이요, 2천 년 전에 역사했던 예수의
그 뜻이 지금 증거하며 이루어지는 것
을 알아야 될 것이거늘, 그 모두를 인
정하지 아니하려 함이니라.
13 제가 대장이요, 제가 이와 같은 역사
의 은혜를 받지 못함이니, 이를 사탄
이요, 사악한 것이라 그리 몰아 감이
니, 내 마음이 얼마나 답답하고 가슴
아프더냐?
14 그러나 다만, 나의 아들을 따르는 제
자들이 있기에,
15 나의 아들에게 혼이 나도 다시 돌아서
서 이 법전을 만들며 이 길을 가고자
하는 그 변하지 않는 마음이요, 나의
법전을 믿는 굳건한 마음이 있는 그
제자들이 있기에,
16 나 여호와의 오늘의 기쁨이요, 그 모
든 고통을 인내하며 재앙으로써 너희
들을 다스리지 아니한다면, 그들은 너
희들을 보고 웃을 것이니라.
17 사랑하는 나의 아들과 나의 아들을 따
르는 제자 너희들은 들으라.
18 예수가 유언으로써 남겼음이니, 죽을
때 남기는 말이 거기에 가식이 있고
거짓이 있겠느냐?
19 그 유언 속에 성령을 받으라, 그리고
그 성령을 받는 제자가 되라 간곡히
부탁하고 부탁하였으니, 그를 받아들
인 제자가 없으며 그를 받은 제자가
없음이니라.
20 이제 나의 아들이 살아서 너희들에게
강조하고 강요함이니, 너희들은 나의
아들이 죽을 때까지 너희들을 몰고 갈

것이니,
21 너희들은 성령을 받는 백성으로 살지
아니하고는 결코 견딜 수가 없을 것이
니라.
22 그러니 일찍이 너희들이 인간 세상의
모두를 다 포기하고 성령을 받을 수
있는 깨끗한 그릇으로서 거듭나, 한
사람이라도 나의 아들이 너희들의 이
름을 천거할 수 있도록 그리하라.
23 그것만이 너희들이 가야 할 길이며 모
두가 역사할 길임을 잊지 말라.
24 나의 아들 예수가 나의 약속을, 나의
성령을 내리는 것을 지키고자 했던 것
이 나의 아들의 뜻이라 하지 아니하였
더냐?
25 그러니 나의 아들 예수가 나의 약속
을, 성령을 내리는 그 약속을 지키려
하였으며 그를 이루고자 하였던 것이
그의 모두를 다 바친 것이었음이니,
26 목숨을 바쳐 이루고자 했던 그 성령이
얼마나 소중하면 그가 죽을 때 유언을
했겠느냐?
27 그러니 나의 아들 예수가 정녕 너희들
을 구원해 주며 너희들이 예수의 피로
써 하늘에 오르는 길이라면, 나의 아
들 예수가 죽음으로써 그 유언을 제자
들에게 남겼을 것이니라.
28 '내가 죽는 피로써 너희들의 모두를
씻어 주며, 너희들은 구원받은 자요,
표백된 자라.' 그리 말했을 것이나,
29 나의 아들의 유언은 그 제자들에게 아
까 내가 나의 법전에 기록하여 전했듯
이, '성령을 받는 제자가 되라.' 간곡히
부탁하였음을 너희들은 알라.
30 지금의 나의 아들에게도 내가 뭐라 말
하느냐?
31 성령으로 역사하는 백성이 되라 하며
성령을 내가 내려 줌이니, 그 성령을
지키라는 것은 바로 내가 나의 아들
예수가 약속했던 그 언약을 지금 지키
고 있으며 그 역사가 진행되고 있음이
니, 이것이 너희들에게 한 번의 마지
막 기회를 더 준 것이니라.
32 이는 그가 죽어 가는 고통으로써 성령
을 받아 전하고자 했던 나의 아들 예
수의 그 아픈 마음이요, 그 고통을 내
가 위로하며,
33 그리고 나의 아들을 동양의 작은 나라
에 내려보낸 그 뜻이요, 그 축복이요,
영광의 그 모두를 내가 동시에 이루고
자 하여,
34 나의 아들에게 성령으로써 임하는 백
성이 되라 하여 160권의 법전을 내림
으로써 너희들을 가르치고 깨우치고
다스리는 것임을 알라.
35 이것이 나의 뜻임을 너희들이 어찌하
여 모르는가?
36 이제는 너희들은 알 것이니라, 나의
아들을 따르는 제자 너희들은 나의 뜻
을 알며 하늘의 뜻을 알지 않느냐?
37 내가 수없이 기록했던 그 의미를 다시
한 번 새겨 보도록 그리하라.
38 나의 아들 예수가 죽으면서 마지막 남
긴 그 유언은 그 제자들에게 성령을
받으라 간곡히 부탁하였음이니,
39 지금의 나의 아들이 또한 살아서 너희
들에게 성령을 받는 백성이 되라 간곡
히 부탁함이니, 그게 예수가 전한 뜻
이요, 이루고자 한 그 뜻이니라.
40 다만 지금의 나의 아들은 살아서 너희

들에게 강조하며 너희들에게 깨우치
며 너희들에게 다그치니, 그 뜻은 다
똑같으니라.
41 예수는 죽음으로써 유언을 남겼으나,
나의 아들은 앞으로 존재하면서 너희
들에게 끝까지 다그칠 것이니, 너희들
은 아예 피하려 하지 말며 도망치려
하지 말라.
42 그대로 받아들이고 그대로 순종하여
가는 길만이 너희들이 바로 고통에서
벗어나는 길임을 알라.
43 너희들은 나의 성령을 부여받을 때,
그 부여받음에 따라서 너희들의 생각
과 행동을 어찌하여야 될 것인가?
44 인간의 생각으로써 행하지 말며, 인간
의 뜻으로써 역사하지 말며, 인간의
생각으로써 나의 아들에게 접근하지
말며, 인간의 생각으로써 나의 아들과
대화하지 말라.
45 너희들은 다만, 성령을 받아 너희들이
성령으로 거듭나는 것이요, 그것을 나
의 아들이 가르쳐 주며 너희들에게 모
두를 다 가르쳐 주며 안내하는 것이
니, 그 이상 그 이하의 무엇도 너희들
이 기대하지 말며 생각하지 말라.
46 너희들이 성령을 받아들일 수 있는
깨끗한 그릇으로 씻을 수 있도록 나
의 아들은 너희들을 달구고 가르치는
것이 그의 대명이요, 그 뜻이니,
47 그것이 나의 뜻이라는 것을 나의 아들
은 알고 있음이니 그리 알라.

10,218 번째 하나님 말씀

2004년 3월 31일 12시 29분

1 사랑하는 나의 아들아!
2 "네, 아버님! 말씀하옵소서."
3 나의 사랑하는 백성 너희들이 나약하
며 연약하기에 사탄에게 무너지며 사
탄의 노예가 되어 그리 끌려감이니,
그를 이기고 견딜 수 있는 것은 성령
으로 임하는 백성이 아니면 견딜 수
없음이니라.
4 너희들이 그리 말하고 있음이니라, 모
두는 성령으로 임하는 것, 성령으로
역사하는 것만이 너희들이 바로 설 수
있으며 죄를 짓지 아니하고 살 수 있
다 그리 말하나,
5 너희들은 성령이 임하는 것이 나 여호
와가 그 그릇이 되지 아니하며 받을
자격이 없는 자에게 그저 부어 주는
것처럼,
6 소낙비가 쏟아져 너희들의 옷을 적시
는 것처럼, 너희 품에 스며드는 것처
럼, 그리 성령을 내리고 역사하는 것
이 아님을 너희들은 알라.
7 성령이라는 것은 너희들이 받을 자에
게만 내리는 귀하고 귀하고 소중한 것
이니, 그런 받을 자격이 없는 자에게
내릴 수 없는 것이니라.
8 성령이 임하는 것은 천사요, 사탄도
그를 바라고 있음이니, 누군들 이를
함부로 내릴 수 있겠느냐?
9 너희들은 사탄도 저희들이 아무리 뭐
라 하나 내가 양식을 내려 주지 아니
하면 아니 되며,
10 그리하여 사탄도 저희들에게 나에게

양식을 내려 달라 애걸복걸하며 그들
도 내 눈치를 보며 내 주관하에 모두
가 역사하며, 그 천사도 또한 그러하
니라.
11 그리하여 너희들이 심판을 받을 때 그
모두가 합쳐서 너희들을 평가한다 했
으니, 그들도 성령이 임하기를 바라는
것이며, 성령이 임할 때 그들도 거듭
나며 세상을 다 얻음이니, 사탄도 성
령이 임하는 것을 소원하고 있음을
알라.
12 그러니 그 성령은 아무나 임할 수 없
으며 받을 자격이 되는 자만이 내릴
수 있다는 것을 알라.
13 그러니 나의 아들을 따라 나의 법전을
읽고 깨우쳐 공부하는 백성 너희들이
바로 성령이 임할 수 있는 그 길에 들
어선 것이며 그 길을 달려가고 있는
자들이니,
14 게을러서도 아니 되며 나태해서도 아
니 되며 멈춰서도 아니 되니, 오로지
나의 법전을 정독하고 읽고 깨우쳐 그
길만을 가라.
15 성령이 임하는 백성이 거듭나지 아니
하면 아니 됨이니, 너희들이 같은 형
제요, 같은 성전에서 공부하는 자, 영
원히 죽을 때까지 성령이 임하지 않는
백성의 그 처참함을 너희들은 어찌 보
겠는가?
16 아무리 어리석고 미련한 백성이라도
성령이 임한 백성은 나에게 와 황금
길을 걸어올 수 있는 은혜를 입음이니
그를 버리지 말라.

10,219 번째 하나님 말씀

2004년 3월 31일 17시 29분

1 사랑하는 나의 아들아!
2 "네, 아버님! 말씀하옵소서."
3 모든 믿음이요, 종교 집단이요, 지도
자들이 울고불고 광란의 짓을 하는 것
은 나의 아들 예수를 경배하며 나의
아들 예수를 '주여, 주여!' 찾으며, 그
리고 오로지 나의 아들 예수의 죽음으
로써 그가 모든 죄를 대속했으며, 예
수의 피로써 너희들의 모든 죄를 다
씻었음이니,
4 너희는 죄가 없는 자요, 깨끗한 백성
이라 하여 너희들이 그 은혜에 보답하
고자 울고불고 광란의 짓을 하느니라.
5 그리고 잘못된 종교 집단이요, 지도자
들이 또한 그와 같이 너희들이 나의
아들 예수를 찬양하며 그 피로써 은혜
를 받는다는 영광을 울부짖고, 너희들
이 거기에 대한 감사의 재물을 바침으
로 구원을 받는다 그리 가르치는 몇천
년 동안 흘러온 종교 집단이요, 지도
자로 하여금 이 자연의 아름다운 세상
이요, 내 몸에 상처를 낸 것이니,
6 너희들이 교회를 세운 것이요, 성당을
세운 것이요, 법당을 세운 이와 같은
행위가 나의 뜻에 의해 역사한다 하나,
7 결국 내 몸에 너희들이 상처를 내는
짓을 했으며, 내 발등상에 못을 박는
그와 같은 행위를 했다 함이니라.
8 이제는 나의 아들을 따르는 제자 너희
들은 나의 아들 예수가 무엇 때문에
세상에 왔는지를 알고 있지 않은가?
9 그는 너희들을 구원해 주기 위해 온

것이 아니요,
10 나 여호와의 성령으로써 임한 백성만
이 하늘의 뜻을 알며, 모든 너희들 인
간 세상을 초월한 사후의 세상을 볼
수 있음이니,
11 그는 너희들에게 성령을 심어 주기 위
하여, 나에게 성령을 내려 주어 만백
성을 구하여 달라 그와 같이 간청하며
목숨을 바쳐 그 뜻을 이루고자 하지
아니하였더냐?
12 그리하여 예수가 그 제자들이 묻기에
말하기를, '너희들은 내가 죽는 것을
지금 서러워하지 말며, 슬퍼하지 말
라. 내가 죽어 가지 아니하면 새로운
보혜사요, 새로운 성령이 올 수 없다.'
한 그 의미의 간절함을 아느냐?
13 예수는 그 죽음으로써 나에게 그 성령
을 내려 만백성에게 성령을 전할 수
있는 것을 이루어 달라 그리 소원하
고 간절히 원했음이니,
14 예수가 곧 죽음으로써 성령이 내려옴
이요, 예수의 그 죽음의 대가요, 그 순
종함으로써 내가 그에게 그 상을 내린
다 함이니, 바로 이와 같은 뜻이 아니
더냐?
15 여기에 너희들은 내 뜻이 있으며 성령
이 있음을 알라.
16 너희 동양의 작은 나라에 너희들이 울
먹이며 읽는 하나의 책이 있음이니라.
17 효성스러운 심청이라는 딸이 있음이
니, 그 딸이 제 아비를 살리기 위하여
공양미라는 것 3백 석을 받고 제 몸을
바다에 던짐이니, 그 딸이 죽으며 던
져 주는 것이 무엇이더냐?
18 아비의 눈을 뜨게 하려고 딸이 죽음으
로 하여 그 대가로써 공양미 3백 석을
이루고자 함이니,
19 과연 그 딸은 죽었는데 공양미 3백 석
을 주지 아니한다면, 그 계약은 파기
되는 것이며 그 의미는 아무것도 없는
것이 아니더냐?
20 그러니 심청이라는 그 효성스러운 딸
이 아버지의 눈을 뜨게 하기 위하여
그가 바닷물에 뛰어들어 죽음을 택했
으니,
21 바로 나의 아들 예수가 만백성 너희들
에게 성령을 심어 하늘에 오르는 그
길을 역사하려 죽은 그 대가와 무엇이
다르다 말하느냐?
22 바로 예수는 그와 같은 것을 역사하기
위해 죽음의 길을 선택했음을 너희들
은 알아야 되거늘,
23 그를 알지 못하고 너희들이 그저 울고
불고 그의 죽음으로써 구원을 받았으
며, 그 피로써 너희들의 추하고 더러
운 죄를 대대손손 영원히 다 씻어 주
었다 그리 말함이니,
24 이게 얼마나 너희들이 나를 능멸하며,
예수의 죽음에 욕된 행위를 하는 것인
가?
25 너희들이 이기주의의 그 사악한 발상
에서 나의 피조물 만백성에게 재물을
거둬들이기 위해 그와 같은 행위를 하
고 있는 것을 아느냐?
26 나의 아들 예수가 죽어 감으로 새로운
보혜사가 온다 하였으며, 아버지의 뜻
이 세상에 내려온다 하였음이니,
27 지금 내가 나의 법전에 나의 아들을
통하여 새로운 성령을 내려보내니, 나
의 아들 예수가 죽음으로써 나로부터

받아 만백성을 구하고자 한 그 성령
을, 나의 아들이 지금 나의 법전을 가
지고 너희들에게 가르치며 강론하며,
28 성령이 임하는 깨끗한 백성이 되라,
성령을 받을 수 있는 그릇이 되라 하
며, 그것이 너희들의 구원의 길이요,
하늘에 오르는 길이라 하는 것이거늘,
29 오늘에 이 길을 가고 있는 나의 아들
의 가르침을 너희들이 어찌하여 감히
사탄이요, 이단이라 하며, 그의 강론
을 들으며 그가 기록한 나의 법전을
읽는 것을 두려워하고 무서워하며 경
건한 마음으로써 모두를 행하지 아니
하는가?
30 너희들이 나의 아들을 통하여 내리는
나의 법전을 읽는 것이요, 나의 아들
을 통하여 듣는 강론이 너희들의 삶의
목숨이 있는 한 제1번이요, 2번도 그
와 마찬가지요, 3번도 나의 법전을 읽
는 것이요, 나의 아들의 강론을 들어
너희들이 성령이 임하는 그 길이 가장
우선이거늘,
31 너희들이 인간 세상의 재물을 구하며
무엇인가를 역사하고자 그를 1번이
요, 또 1번으로 생각함이니, 그것으로
써 너희들이 이룰 수 있다 생각하는
가?
32 이제 나의 아들을 알며 나의 법전을
알며 나의 아들과 더불어 같이 가고자
하는 너희들은 내가 선택한 백성이니,
33 너희들은 살아 있는 그 자체가 법전
을 만들어 만백성에게 전하는 것이요,
34 나의 아들이 목숨을 던져 성령을 받아
만백성을 구하고자 했던 그 성령의
나의 법전을 전하고 역사하는 것이 너
희들의 제1번이요, 또 제1번이라는
것을 잊지 말라.
35 내가 전한 그 뜻을 명심하고 또 명심
하여 행하지 아니하면 너희들이 아무
것도 이룰 수 없으며 아무것도 역사할
수 없다는 것을 알라 그리 전하라.

10,220 번째 하나님 말씀

2004년 3월 31일 17시 34분

1 사랑하는 나의 아들아!
2 "네, 아버님! 말씀하옵소서."
3 지금의 종교 집단이요, 그 지도자요,
이끌어 가는 자들이 어떠한 행위를 하
는가?
4 너희들은 지금 신이 되고자, 작은 신
이 되어 나를 능가하는 것처럼 나의
피조물 만백성 앞에 군림하고자 그와
같은 행위를 하니,
5 작은 신이 되어, 나보다 더 능력 있는
자가 되어, 너희들이 그와 같은 형태
로써 너희 신도들에게 보여 주어 그들
을 현혹하는 행위를 하지 말라.
6 너희들이 감히 나를 능가하는 능력의
소유자인 것처럼 모든 너희들의 신도
들이 착각하는 그와 같은 환상에 빠지
도록 하는 그와 같은 사기 행각을 중
단하지 아니하면 내가 너희들을 용서
치 아니할 것이니라.
7 너희들은 나의 종이요, 만백성의 종이
라는 자들이 과연 종의 자세로써, 종
의 신분으로서 살아가고자 노력하는
가?
8 너희들은 작은 신이 되어 나보다 위에
있는 자요, 때로는 나보다 더 능력 있

는 것처럼 나의 피조물 만백성을 현혹
시켜,
9 너희들이 무엇인가를 갈취하고 무엇
인가 거둬들일 수 있으면 주저 없이
행하는 그와 같은 것이 오늘의 종교
집단에 속한 자요, 지도자요, 그리고
울고불고 구원을 받았다는 그 백성들
이 오늘의 하고 있는 행위이니라.
10 너희들은 아니라 하나 나 여호와를 속
일 수 없음을 알라.
11 너희들이 감히 셀 수 없는 머리카락
하나까지도 셀 수 있는 나 여호와라
하면서, 너희들이 내 앞에서 나를 속
이려 하는 그와 같은 어리석은 행위를
하니,
12 두 번, 세 번 너희들의 죄만을 짊어지
고 가고 있음을 알라 그리 전하라.
13 지금의 종교 집단과 지도자, 너희들이
나보다 위에 있는 행위를 하고 있음을
너희들은 결코 용서받지 못할 것이니
그리 알라.
14 그렇지 아니한다면 너희들이 나의 종
이요, 모든 지도자는 만백성의 종이라
하여 가장 낮은 자라 하였음이니,
15 너희들이 가장 낮은 자의 삶이요, 가
장 갖지 않은 낮은 자의 삶이 과연 어
떠하던가?
16 너희들은 어떠한 백성인지 알겠느냐?
17 지도자라는 그 이름을 내세워 너희들
이 나의 사랑하는 그들의 종이라고 말
하면서, 그 상전을 도리어 종으로 만
들어 너희들을 숭배하도록 하는 그와
같은 자들이요,
18 말로써는 종이라 하면서 그 상전으로
하여금 너희들을 숭배하도록 하는 그
와 같은 것이 너희들이 지금 역사하는
모든 것임을 알라.
19 지금의 모든 종교 집단과 지도자, 너
희들이 그리하여 말로써 나의 피조물
만백성을 현혹하여, 너희들이 종이 아
니요, 숭배를 받는 그와 같은 행위를
하느니라.
20 그러니 너희들은 그와 같은 행위를 위
해 외형적으로 너희들이 근엄한 자세
를 갖추며, 너희들이 인격을 갖춘 자
요, 모두를 겸비한 것처럼 그와 같은
거짓된 행위를 일삼는 것이니,
21 너희들의 앞과 뒤에 보이지 않는 그
행위의 추함은 하늘이 치를 떨며, 천
사들도 치를 떨며, 사탄도 가히 인간
너희들의 그 사악함에 따라가지 못한
다 하며 치를 떪이니,
22 얼마나 오늘의 종교 집단이요, 지도
자, 너희들이 앞과 뒤가 다르며, 태양
앞에 하는 행위와 달빛 아래 어두운
곳에서 하는 행위가 다르고 그와 같이
무서운지 알라.
23 사랑하는 나의 아들딸들아!
24 이제 거짓된 자들의 그 세 치 혓바닥
에 현혹되어 넘어가는 그 불쌍한 백
성들을 너희들이 다스리며 일깨워 주
지 아니하면 아니 되느니라.
25 모든 종교 집단이요, 지도자들이 근엄
한 체 앉아 모든 나의 백성들이 그 앞
에 벌벌 떨도록 만들며, 저희 명령이
라면 그들이 그저 죽는 시늉도 할 수
있도록 만들어 놓은 것이 과연 하늘
의 종이요, 만백성의 종이라 말할 수
있느냐?
26 그리고 저희들 앞에 와서 고개 숙여

예를 갖추도록 함이니, 그들이 그 예
를 갖추고 고개 숙여 저희들에게 절
을 함이니 그는 무엇이더냐?
27 그 모두가 나에게 바치며 나에게 경배
하는 것을 내 앞에서 가로막고 제가
모두를 받고 어른 노릇이요, 왕 노릇
이요, 제왕적인 대우를 받고 있는 것
이니,
28 그 모든 행위를 중단하지 아니하면
너희들이 결코 나에게 올 수 없으며,
그 죄가 얼마나 무서운 것인가를 깨
우쳐 주도록 나의 법전을 전하라, 사
랑하는 나의 아들딸들아!

10,221 번째 하나님 말씀

2004년 3월 31일 17시 39분

1 사랑하는 나의 아들아!
2 "네, 아버님! 말씀하옵소서."
3 나의 아들을 따르는 제자들이요, 나의
법전을 읽고 깨우친 만백성, 너희들은
멀리 볼 수 있는 그와 같은 지혜요, 멀
리 볼 수 있는 그와 같은 깨달음을 얻
고 살아가야 됨을 잊어서는 아니 되느
니라.
4 너희들이 밤에 비추는 그 달빛이요,
밤에 비추는 그 별빛은 너희들이 자연
의 빛을 바라보며, 그가 얼마나 멀리
넓게 보이는 그와 같은 역사를 하느냐?
5 이것이 바로 너희들이 가는 믿음의 길
이요, 나에게 오르는 길이요,
6 스스로 변화되어 가는 백성들은 그 달
빛이요, 별빛에 의하여 멀리 볼 수 있
으며 그 아름다움을 볼 수 있는 그와
같은 길을 가는 것이니, 그것이 믿음
이요, 나에게 오를 수 있는 길이니라.
7 그러나 지금의 모든 믿음의 길을 가는
그 백성들을 비유하여 내가 너희들에
게 깨우쳐 주고자 함은,
8 너희들은 지금 조용히 달빛이요, 그
별빛에 의해 자연의 아름다움이요, 위
대함을 느끼며, 너희들이 조용히 멀리
바라볼 수 있으며, 멀리 그 모두를 볼
수 있는 것이 자연이 내려 주는 불빛
이 아니더냐?
9 그러나 너희들이 너희 앞에 있는 것을
확실히 보고자 하여 불을 지핀다면,
그 밝은 불빛으로 너희들 앞은 보이나
멀리 보이는 것은 모두를 차단하며 그
너머를 볼 수 없는 것이 그 너희들이
지피는 불빛이 아니더냐?
10 그러니 이게 바로 오늘의 믿음의 길을
가는 백성들이요, 그들의 한계이니라.
11 너희들이 촛불을 밝히면 그 촛불이 비
추는 곳만큼은 잘 보일 수 있으나, 그
러나 달빛이요, 별빛에 의해 자연히
비추는 그것은 볼 수가 없으며 가려짐
이 아니더냐?
12 그와 같은 이치로써 나의 피조물 만백
성, 믿음의 길을 가는 자들이 어리석
은 백성이요, 그 속에서 헤어나지 못
한다 함이니,
13 이게 초등 학문의 그 기초적인 것을
벗어나지 못하고 넓고 깊은 그 학문을
배우지 못하며 제자리에서 맴도는 것
이라 하는 것을,
14 내가 그들의 믿음의 길을 가는 그 이
치를 별빛과 달빛으로써 너희들에게
깨우쳐 줌이니라.
15 너희들이 피우는 촛불이요, 너희들이

피우는 장작불이요, 너희들 앞을 비추
고자 피우는 그 불빛이 앞은 보이나,
멀고 넓게 보이는 세상은 볼 수 없듯
이,
16 바로 우물 안 개구리와 같은 믿음의
길을 가는 것이 오늘의 믿음의 길을
가는 백성들의 형태라 그리함이니 너
희들은 알라.
17 이는 내가 너희들에게 무엇을 가르쳐
주는가?
18 너희들이 그 불을 너희 앞에 지피지
아니하였더라면, 너희들은 멀리 볼 수
있으며 아름다움을 볼 수 있으며, 그
리고 세상의 변화됨을 볼 수 있다 함
이니라.
19 그러니 너희들이 지금 믿음의 길을 가
는 그 백성들이 잘못 가는 믿음이요,
잘못 가르치는 자들의 설교하는 것,
그리고 가르치는 것이 너희들의 앞은
잘 보이는 것 같으나,
20 너희들의 미래요, 내가 원하는 세상이
요, 내가 원하고 내가 역사하고자 하
는 참진리의 세상을 보지 못하는 그와
같은 형국이 되어 있기에,
21 내가 달빛 아래, 별빛 아래 너희들이
멀리 볼 수 있는 빛이요, 자연을 볼 수
있는 그 넓은 마음과 네 앞에 불을 지
피고 앞만 보는 것,
22 그와 같은 이치에 오늘의 믿음의 길
을 가는 그 백성들을 비유하여 너희
들에게 지혜를 내림이니라.
23 너희들은 지금 저 자신이 잘못 가는
믿음이요, 잘못 가르치는 종교 집단의
지도자로 하여금 나의 피조물 만백성
이 모두가 무너지며 지옥의 벼랑길로
가는 그와 같은 길을 가고 있다 하였
으니,
24 그러니 멀리 볼 수 있고 넓게 볼 수 있
는 그와 같은 지혜를 가지라 나의 법
전에 기록하여 전하라, 사랑하는 나의
아들딸들아!

10,222 번째 하나님 말씀

2004년 3월 31일 17시 44분

1 사랑하는 나의 아들아!
2 "네, 아버님! 말씀하옵소서."
3 지금의 모든 종교 집단이요, 지도자들
이요, 그리고 너희들이 맹종 맹신하며
울고불고하는 그 신도들, 구원을 받았
다 하여 구원의 표를 손에 쥐었다 장
담하는 그 백성들, 너희들은 그리 말
하느니라.
4 너희들이 정녕 오늘의 믿음이요, 오늘
의 그 신앙의 자세로써 살아간다 하
면, 그리고 너희들은 완벽한 정통으로
써 나를 경배하며 예수를 경배하며 나
에게 오르는 길을 오는 굳어진 백성들
이기에,
5 너희들이 2천 년 전에 예수를 죽게 하
는 그와 같은 행위가 있었으며, 그와
같은 행동에 대하여,
6 너희들은 절대 그와 같은 행위를 하지
아니하는 굳건한 믿음이요, 예수를 죽
게 하는 그와 같은 행동에 너희들이
절대 참석하지 않는 굳건한 믿음이요,
7 너희들이 정통파의 믿음의 길을 가기
때문에 그와 같은 짓은 절대 하지 아
니하였을 것이라 그리 말하느니라.
8 그러면서 예수를 따랐던 그 제자요,

그 시대에 믿음의 길을 가는 백성들이
나의 아들 예수를 팔며 그를 배신하며
그를 넘겨주는 그와 같은 행위를 보며,
9 너희들은 절대 그와 같은 행동을 하지
아니하는 높은 믿음에 와 있으며 높은
경지에 와 있다 그리 말하느니라.
10 그러나 내가 보는 오늘의 종교 집단이
요, 지도자 너희들이야말로 더 무서운
백성들이요, 더 간교한 백성들이요,
더 악행을 선두에서 저지를 수 있는
백성이요,
11 그와 같은 것을 거침없이 이끌어 갈
수 있으며 인도자가 될 수 있는 자들
이 너희들이라 함이니라.
12 너희들이 지금 어찌하는가?
13 이 세상의 모두는 나 여호와의 뜻에
의하여 역사한다 하면서,
14 참진리요, 아름다운 진리를 가지고 너
희들에게 가르치고자 한다면, 그 가르
치는 뜻이요, 그 길이 너희들과 다르
다 한다면,
15 결국 너희들은 그들을 가차없이 박해
하고 핍박하며 그들이 세상에 뿌리를
내리지 못하도록 온갖 악행을 다하는
것이 아니더냐?
16 제 종파와 제 종교의 교리와 맞지 않
는다면, 너희들은 어떠한 방법이든지
그들이 존재할 수 없도록 그리함이니,
17 그것이 바로 너희들이 성령을 위배하
는 행위요, 나의 아들 예수를 죽게 했
던 그 백성들보다도 너희들이 더 간교
하고 사악한 자들이며, 더 잔인하게
역사할 수 있는 백성이라는 것을 알
아야 될 것이니라.
18 이제 모든 믿음의 길을 가는 백성 너
희들은 들어야 될 것이니라.
19 나의 아들 예수가 역사하고자, 내가
역사하고자 하는 그것을 알지 못하는
자들이 어찌하여 너희들이 정통파요,
진정한 믿음의 길을 가며, 너희들의
교리요, 교파만이 완벽한 것이라 너희
들 입으로 그리 말하고,
20 그것이 아닌 자는 너희들이 이단이요,
사탄이라 그리 말하는가?
21 너희들은 들어야 될 것이니라.
22 이단이요, 사탄이라는 것은 인간 너희
들이 말하는 것이요, 나 여호와에게는
그와 같은 것이 없음이니라.
23 사탄도 내가 양식을 내려 그들을 먹
여 살리며, 사탄도 필요하여 내가 존
재하도록 하였으며, 사탄도 필요에 따
라 불러 쓸 수 있도록 내가 그리 명하
여 역사하는 것임을 너희들은 알아야
될 것이니라.
24 너희들은 여기서 들어야 될 것이니라.
25 지금 나의 아들을 따르는 그 제자들이
목숨을 바쳐 하는 것이 정녕 진리의
길이 아니요, 또한 너희들이 해서는
아니 되는 것이라 할 때,
26 그것이 나 여호와가 나의 아들에게 명
하는 것이며 미래를 위하여 준비하는
일이라면,
27 그 누군가는 그 제자 중에서 '하늘의
뜻이요, 나 여호와의 뜻이라면 그 악
역을 제가 맡겠습니다.' 하고 나서는
제자가 있을 것이니,
28 그는 너희들이 보기에는 사탄이라 하
나 결국 사탄이 아니요, 내가 필요하
기에 내가 쓰기 위해서 그 어렵고 힘
든 길을 그가 감행함이니라.

29 사탄과 이단이요, 마귀요, 이와 같은
것은 너희들 인간 세상에 너희 마음속
에 있는 것이요,
30 나 여호와에게는 그 모두가 내 손안에
있다는 이치를 너희들이 알며 그 진리
를 안다면,
31 너희들이 정통파요, 비진리요, 그리고
나에게 오르는 길이 아니라며 이방인
이라 하여 몰아붙이고 욕하며 정적으
로 만들며 원수와 같이 생각하는 그와
같은 어리석고 좁은 마음을 가져서는
아니 될 것이니라.
32 지금 나의 아들과 그 제자들이 가는
것처럼 모두를 마음에 안으며 모두를
다 사랑할 수 있는 것,
33 생명으로써 세상에 태어난 것, 나로부
터 명을 받은 것이 더 중하고 귀하다
하여 그 모두를 소중히 여기는 나의
아들이요, 그 제자들이 가는 길을 너
희들이 보고 깨우치지 아니하면 아니
될 것이니 그리 알라.

10,223 번째 하나님 말씀

2004년 3월 31일 17시 54분

1 사랑하는 나의 아들아!
2 "네, 아버님! 말씀하옵소서."
3 나의 법전을 세상에 내려보내며 이를
보고 깨우치는 너를 따르는 제자들이
요, 그리고 이를 깨우친 만백성, 너희
들로 하여금 나 여호와는 천 년에 걸
쳐 하늘에서 이루어진 것같이 이 지상
의 낙원을 이룸이니,
4 이제는 천사와 같은 백성이 이 세상에
삶이요, 그리하여 너희들이 지상의 삶
을 살다 하늘에 오르는 그와 같은 연
계가 되니,
5 이는 모두가 나의 권세 안에 너희들이
하늘과 땅에 존재하는 그 역사를 이루
고자 하는 것이 나 여호와의 뜻이라
함을 너희들은 알 것이니라.
6 그러니 아담과 하와에게 내가 모든 권
세를 내렸듯이, 그와 같은 지상의 낙
원의 틀을 이루고자 하는 것이 오늘
내가 160권의 법전을 내리는 것이요,
나의 아들을 따르는 제자 너희들이 선
택된 것이니라.
7 그러니 너희들은 여기서 알아야 될 것
이니라.
8 창조주 나 여호와가 일시에 지상의 낙
원을 만들며 모두를 쓸어버리며 재앙
으로 다스릴 수 있는 것을, 어찌하여
천 년의 그 긴 세월을 기다리며 그 세
월에 따라서 모두를 다 이루겠는가?
9 이는 바로 너희들이 그와 같이 오늘의
종교 집단이요, 지도자요, 그들이 역
사하는 그 힘의 반항이요, 어떠한 것
으로써 이루어지든 간에 그들은 결코
받아들이지 아니함이니,
10 그 환란이요, 너희들의 핍박은 이루
말할 수 없는 것으로써 그 대가를 치
러야 됨이니,
11 나 여호와가 사랑하는 아들딸에게 그
와 같은 재앙을 내리지 아니하며, 내
가 너희들을 다스리고자 함이니라.
12 그러하니 너희들은 알아야 될 것이니
라.
13 내가 일시에 모두를 쓸어버리고 다스
리는 그와 같은 재앙이 아니요, 천 년
이라는 그 세월을 기다려 모두를 역사

하는 것은,
14 천 년 동안에 너희들이 그 환란이요,
그 재앙이라는 것을 줄이고 줄여 서서
히 너희들을 깨우쳐 가며 변화되는 그
와 같은 역사를 하고자 함이니,
15 천 년에 걸쳐서 나의 뜻을 역사한다는
것이 얼마나 어렵고 힘든 길인가를 너
희들은 알아야 될 것이니라.
16 그러니 천 년에 걸쳐서 내 모든 피조
물 만백성이 서서히 변하도록 하며,
저희들끼리 종교 전쟁이요, 그 환란을
이루지 아니하며, 재앙의 피바다를 만
들지 아니하고 내가 너희들을 다스려
가고자 하여 천 년이라는 그 세월이
필요하니,
17 즉 너희들은 천 년 동안에 작고 큰 모
든 환란을 다 슬기롭게 넘기고 이기는
그와 같은 기틀을 다져 놓는 것이 너
희들의 대명이라는 것을 알아야 될 것
이니라.
18 그러니 지금 나의 아들을 따르는 제자
너희들이 본보기요, 너희들이 거울이
요, 너희들을 가지고 모두가 평가하며
너희들의 삶을 가지고 따라야 될 것이
니,
19 너희가 바로 서지 못하면 아니 되기에
나의 아들을 통하여 너희들에게 성령
이 임하는 그릇이 되라 그리 내가 너
희들에게 독려하고 있음을 알라.
20 모두를 역사할 수 있는 것은 너희들이
오늘의 삶을 어떠한 모습으로 어찌 살
았는지, 너희들의 가르침이요, 너희들
의 행하고 온 그 모두를 기록하여 남
겨, 그를 보고 그들이 읽고 깨우치는
것만이 너희들이 그들에게 거울이 된
다는 것을 잊지 말라.
21 천 년의 긴 세월 속에 새로운 지상의
천국을 이루니, 그때까지 작고 큰 사
탄이요, 마귀들의 그 환란이 나의 백
성 그들을 스스로 넘어트리며 괴롭히
는 그와 같은 일은 그치지 아니하고
계속 이루어짐이니,
22 너희들이 그러한 것에 넘어지지 않도
록 하기 위해서는 오늘의 너희들이 완
벽한 기초요, 그 터전을 다져 놓지 아
니하면 아니 됨이니라.
23 그러니 기초가 단단하지 못하면 너희
들이 흐트러지며 무너지게 된다는 것
을 알라.
24 그리하여 내가 나의 아들을 통하여 너
희들에게 모든 제약을 내리며, 인간으
로서 지킬 수 없는 어렵고 힘든 그 길
을 가라 함이니라.
25 그리하여 서서히 너희들이 변화되는
그 역사를 이루라 함이 여기 있음이니
라.
26 너희들은 준비된 백성이기에 그 모두
를 역사할 것이니라.
27 인간 세상에서 너희들이 집을 지음에
있어서 기초를 단단히 하지 않고 집을
짓는다면, 결국 그 집은 비바람에 무
너지며 땅이 흔들림에 의하여 너희들
의 모두가 무너지지 않더냐?
28 그러나 기초가 단단한 곳에 너희들이
완벽한 기초 위에 집을 짓는다면, 바
람이 불고 어떠한 재앙이 온다 해도
견디고 지탱할 수 있는 그와 같은 힘
이 있지 않더냐?
29 그러니 기초가 튼튼한 터전 위에 집
을 짓듯이 너희들이 기초를 튼튼히 닦

지 아니하면 능히 견딜 수 없으며 역
사할 수 없는 것임을 알라.
30 사랑하는 나의 아들딸들아! 나 여호
와가 일시에 너희들에게 재앙을 내리
며 환란이요, 고통의 피바다를 막기
위하여 내가 천 년에 걸쳐 작고 큰 너
희들의 그 환란을 잘 다스리고 역사하
여 그와 같이 이루니,
31 천 년 동안 너희들은 작고 큰 환란은
계속 역사한다는 것, 그러니 그것을
기록하여 만백성에게 전하며,
32 그때 너희들이 나의 법전이요, 나의
십계명이요, 이를 흔들리지 말고 지켜
가는 그 백성이 되도록 너희들이 그
모범을 보이는 기초를 단단히 다지라
함이니라.
33 모래성 위에 너희들이 아무리 아름답
게 가꿔 놓고 단단히 짓는다 해도 그
집은 무너지게 되어 있음이니, 그와
같은 행위를 하지 말라 함이니라.
34 모래성 위에 집을 짓는 행위가 아니
요, 기초를 단단히 해 놓고 너희들이
집을 짓기 위해 역사할 때, 그 후손들
이 그 집을 완벽하게 완성할 것이니,
35 그때 나 여호와가 하늘에서 땅에 내려
와 기거할 수 있는 나의 집이 역사함
이니, 그러니 나의 권세가 하늘과 땅
에서 같이 이루어지는 그 은혜가, 천
년이라는 그 세월은 천 년 동안 작고
큰 시련을 너희 후손들이 겪고 부딪히
며 싸워서 이기는 그와 같은 고초가
남아 있음이니,
36 너희들이 완벽한 모습으로써 완벽한
기초를 다져 놓아 너희들의 복음서를
기록하여 전하도록 그리하라.
37 개개인의 너희들이 역사한 복음을 기
록하여 후세에 남기며, 그를 보고 모
든 백성들은 너희들과 같은 환경이요,
너희들과 같은 여건에서 이길 수 있는
그 복음서를 나의 아들의 제자 너희들
은 모두 기록하여 전하도록 그리해야
될 것이니 이를 잊지 말라.

10,224 번째 하나님 말씀

2004년 3월 31일 17시 59분

1 사랑하는 나의 아들아!
2 "네, 아버님! 말씀하옵소서."
3 수천 년 동안 흘러오며 그 방대한 조
직의 믿음의 길을 가는 종파의 지도자
요, 그 많은 교파와 지파의 백성들이,
정녕 그들이 나 여호와의 뜻에 따라
역사했으며 그들이 내 뜻에 의해 모든
삶을 진정한 진리요, 참진리요, 하늘
의 뜻을 위하여 살아왔으며 역사한 백
성이라 말할 수 있는가?
4 너희들은 그리 말하나, 내가 바라다보
는 너희들은 그러한 백성이 없었음이
니라.
5 그러니 나의 아들 예수가 그 성령으로
써 만백성에게 성령을 전하고자 하나,
그 성령을 전할 수 없는 예수의 가장
큰 아픔이 거기 있다 하지 않았더냐?
6 그가 그 성령을 심어 전하고자 한 그
제자들이 등을 돌렸으며 그를 팔았으
며 그를 버린 그와 같은 역사였으니,
과연 나의 아들 예수가 누구에게 나로
부터 죽음으로써 받은 그 성령을 심을
수 있었겠느냐?
7 그를 심지 못하고 너희들이 2천 년이

라는 그 세월이 흘렀으니, 암흑의 세
상이요, 버려진 세상이라 내가 그리함
을 너희들은 알아야 될 것이니라.
8 너희들이 지금까지 믿음이라는 것, 나
의 아들 예수요, 나의 이름이요, 우리
부자의 이름을 팔고 장사하고 장사하
여 너희 손으로 지은 교회라는 것을
인간의 노력으로 지은 건물의 그 교회
는 너희들이 성공한 것이라 말할 수
있으며,
9 그곳에 많은 백성들을 끌어 모아 이끈
것, 그 역사는 너희들이 성공했다 할
수 있으나,
10 그것은 진정한 나의 진리요, 나의 뜻
을 가르치는 것이 아니니, 그것이 바
로 죄의 온상이요, 그로 하여금 나의
피조물 만백성들이 구원을 받지 못하
였음이니라.
11 '알지 아니하였으면 죽음을 면할 수
있다.'는 너희들의 세상에 지나가는
말이 있지 않더냐?
12 '아는 것이 죄'라는 말이 있듯이, 그
말의 대표적인 것이 오늘의 종교 집단
이요, 지도자요, 그 광신하는 신도들
이요, 구원을 받아 하늘에 와 받을 상
만을 바라는 그 어리석은 백성들,
13 그들이 아는 것이 죄이며, 잘못 알았
기 때문에 죄 속에서 지옥으로 가는
가장 결정적인 큰 것을 잃는 그 백성
이라는 것을 너희들은 알라.
14 그러니 그 백성들이 나와 무슨 관계가
있다 하더냐?
15 그러니 나 여호와는 나의 진리요, 참
뜻이요, 하늘의 뜻을 위해 이루는 자,
그와 같은 자가 나의 자식이요, 나에
게 올 수 있는 백성이니라.
16 그런데 지금 가르치고 있는 그 종교
집단의 지도자요, 그 광신하는 신도들
이 저 자신도 제 앞에서 가르친 자에
게 속았기 때문에 저도 속고 있으며,
17 저 자신이 속고 있는 줄을 모르고 그
길이 참진리요, 나에게 오르는 길이라
목소리 높여 울부짖고 부르짖으니,
18 그 목소리에 의하여 모든 백성들이 그
것이 나의 뜻이요, 하늘의 역사하는
길이요, 나를 대신하는 목자라 하여
'아멘, 할렐루야!' 하며 따르는 그와
같은 백성들이 되어 있음이니,
19 그러나 정녕 그들은 너희들이 말하는
진정한 나의 목자요, 나의 뜻에 의하
여 역사하는 자들이 아니니라.
20 저희들이 앞에 간 그 선배들의 가르침
이요, 저희들의 조상의 뿌리가 잘못
가르쳤으며, 그들이 진정한 뜻을 모르
고 오기에 저희들도 속고 속아 온 자
들이 지금 그저 속고 있으며, 저희들
의 허전한 마음이요, 공허한 마음이
요, 진리의 뜻을 모르고 나 여호와로
부터 무엇도 명받지 못함이니,
21 모든 백성들 앞에 목소리만 높이고 그
저 그 목소리에 의하여 '아멘, 할렐루
야!' 하며 구원이요, 은혜를 받았다 하
는 방식으로 흘러가며, 재물과 은화를
거둬들이는 것을 역사함이니,
22 너희들의 믿음이요, 너희들의 변화라
는 것은 텅 빈 자들의 머릿속에 남아
있는 것은 아무것도 없으니 속이 빈
자들이니라.
23 그러니 속이 빈 자들이요, 믿음이 없
는 자들이 소리만 요란하며 그 내용이

없음이니, 그리고 자신만이 진리요, 자신이 행하는 것이 하늘에 오르는 길이라며 '너희들은 나를 탓하지 말며 나를 보지 말며 그저 따라오기만 하라.' 저희들이 목청을 높이니,
24 그 목소리만 듣고 너희들이 따라가다 결국은 지옥의 벼랑에서 벗어나지 못함이니,
25 지옥문에서 들어가지 아니하려고 몸부림치고 울고 있는 것이 너희들의 그 모습이라는 것을 알라 그리 전하라, 사랑하는 나의 아들아!

10,225 번째 하나님 말씀

2004년 3월 31일 18시 05분

1 사랑하는 나의 아들아!
2 "네, 아버님! 말씀하옵소서."
3 너희들이 살인을 저지르며, 사람을 죽이게 한 자만이 살인한 자요, 그리고 살인을 한 그 후손만이 살인한 집안이요, 살인한 자식의 후예라 그리 말할 수 있는가?
4 너희들이 한 사람을 살인하는 것은 우발적인 것이요, 어떠한 감정에 의한 것이요, 서로 의사소통이 달라 그와 같은 행위를 할 수 있으나,
5 너희들이 지금 나의 사랑하는 피조물 만백성을 하늘에 오르는 길로 인도하지 아니하며, 그리 인도한다 하여 재물과 금화와 은화를 거둬들이는 그 사악한 행위를 하면서 나의 피조물 만백성을 지옥의 벼랑으로 밀어 넣는다면, 과연 그것은 얼마나 무섭고 큰 살인죄인 줄 알겠느냐?
6 지금의 모든 잘못된 믿음과 잘못된 종파요, 지파요, 교파들이 나의 사랑하는 백성들을 잘못 인도해 오고 있음이니,
7 그 자체가 너희들이 이 세상의 어떠한 살인보다도 더 무서운 살인이요, 집단적으로 살인을 행하는 그와 같은 행위를 하는 것임을 알아야 될 것이니라.
8 그러니 살인한 그 백성들을 따라 너희들이 또한 그와 같은 행위를 하고 있음이니,
9 오늘의 믿음의 길을 가는 너희들의 조상이요, 그 후예가 바로 대를 이어서 그 집단의 살인을 하고 있는 행위라는 것을 알아야 될 것이니라.
10 집단적으로 살인하는 그 행위요, 그 후예, 너희들이 지금도 거듭나지 못하며 깨어나지 못하며, 참진리를 바라보지 못하며,
11 저희들의 조상이 한 것처럼, 제 아비가 한 것처럼 계속 그와 같은 행위로써 나의 피조물 만백성을 지옥으로 이끌어 죽음으로 모는 그와 같은 행위를 계속한다면,
12 그것이야말로 너희들이 대를 이어 살인하는 집안이라 하여도 마땅할 것이니라.
13 그러니 너희들은 지금의 모든 종교 집단과 지도자가 거듭나는 그와 같은 길을 보지 못하며, 새로운 진리를 보지 못하며,
14 너희들의 조상이 살인한 것보다도 더 간악한 방법으로써 나의 피조물 만백성의 고혈을 빨아 그들을 말려 죽이는 그와 같은 행위를 하는 것이 너희들이

오늘의 살인을 하는 행위니라.
15 그러니 오늘의 종교 집단이요, 지도
자, 너희들이야말로 대를 이어 살인하
는 것이요, 너희들이 조상의 뒤를 이
어 또 살인자가 되는 그와 같은 역사
만을 반복하고 있다는 것을 알라.
16 그러니 오늘의 살인자의 후예가 너희
들이 지금 나의 피조물 만백성의 고혈
을 빨아 말려 죽이는 그와 같은 살인
을 함이니,
17 너희들이 더 지나면 나의 백성들에게
얼마나 고통스러운 것으로써 그들을
죽게 하겠는가?
18 내가 이를 더 볼 수 없으며 더 이상 인
내할 수 없어, 지금 내가 나의 법전을
내려보내며 새로운 성경을 내려보내
어 만백성을 깨우쳐 너희들을 단죄하
고자 하는 것이 나 여호와의 뜻이니,
19 이때를 놓치면 다시 역사할 수 없으며
다시 이룰 수 없음이니라.
20 그러니 지금 나의 아들을 따르는 선
택된 너희들이야말로 모든 것을 증거
하는 자요, 모든 것을 역사하는 것이
요, 구약과 신약에 내가 역사했던 그
모두가 마지막 제3의 시대에 이루어
짐이니,
21 그를 역사하는 자요, 그걸 집행하는
자요, 그 모두를 증거하는 것이 너희
들이라 하였음이니,
22 너희들이 그와 같이 내 뜻에 따라 역
사하다 죽어 내 앞에 왔을 때, 너희들
이 세상의 모든 백성을 심판하는 그
와 같은 자격을 얻으니,
23 그와 같은 역사를 할 수 있는 백성이
너의 제자들이요, 나의 법전을 읽고
깨우친 백성 중에 역사한다는 것을 잊
지 말라, 사랑하는 나의 아들딸들아!

10,226 번째 하나님 말씀

2004년 3월 31일 18시 07분

1 사랑하는 나의 아들아!
2 "네, 아버님! 말씀하옵소서."
3 살인자들의 후예요, 살인자들이 들끓
는 이 세상에서 나로부터 선택된 나의
아들딸 너희들이 살아나가며 살아남
기가 얼마나 힘들고 어렵겠는가?
4 너희들 자신이 살아나가며 너희들 자
신이 견디는 것도 어렵고 힘든 길이거
늘, 그들을 깨우쳐야 되며 그들을 바
로잡고자 함이니,
5 그 살인자들이 너희들이 바로잡고 깨
우치는 것을 들으려 하지 아니하며,
오로지 너희들을 사탄이요, 이단이라
하여 존재하지 못하도록 그와 같이
함이니,
6 너희들이 나의 법전을 가지고 그와 같
은 백성을 깨우치기가 얼마나 핍박과
고통이요, 시련을 견뎌야 되는지를
너희 자신이 각오를 해야 될 것이며,
또한 그렇다 하여 나 여호와가 모르지
아니함이니라.
7 그러나 너희들이 넘어야 될 길이라는
것을 알라.
8 너희들은 살인자가 될 수는 없으며,
너희들이 어렵고 힘들다 하여 그들과
같이 살인자가 되어 이 세상의 아름
다움을 암흑의 세상으로 만들 수는 없
음이니라.
9 하늘에서 이루어진 것같이 지상의 낙

원을 이루는 것은 그들을 바로잡아야
되며, 그들을 어떠한 방법이든지 깨우
쳐야 됨이니, 너희들이 그들을 깨우치
고 바로 서게 하는 것은 나의 법전을
가지고 그들에게 전하고 가르치는 역
사의 길밖에 없음이니라.
10 그러니 너희들이 무너지는 것은 그 살
인자와 같이 너희들이 되는 것이며 그
들과 합류하는 것이니라.
11 그러니 너희들이 얼마나 어렵고 힘들
겠는가?
12 그러나 너희 마음을 굳건히 다스리지
아니하면 아니 됨을 알아야 될 것이
니라.
13 어떠한 어려움과 어떠한 고통이 너희
에게 있다 해도 너희들은 무너져서는
안 되며, 견디고 역사하여 내 뜻을 펴
는 그날까지 최선을 다하도록 하라.
14 그리하면 너희들은 내 뜻이 무엇이며,
너희들이 한 일이 무엇이며, 너희들이
역사한 것이 얼마나 위대한 것인가를
알 것이니,
15 너희들은 말하지 아니해도 너희들이
나로부터 받을 상이 있음을 알라 그
리 전하라.

10,227 번째 하나님 말씀

2004년 3월 31일 18시 10분

1 사랑하는 나의 아들아!
2 "네, 아버님! 말씀하옵소서."
3 너희들이 어찌하여 사탄이요, 이단이
요, 마귀라는 그것들을 두려워하며 겁
먹는 그와 같은 마음을 갖는가?
4 너희들은 정녕 그와 같은 마음이요,
그와 같은 생각을 하지 말라.
5 나로부터 선택된 백성들이요, 나의 법
전을 만들며 역사하는 백성, 너희들에
게 감히 그들이 대적하지 못함이니라.
6 그 사탄이요, 마귀라는 자, 그들도 나
여호와가 주관하며, 내가 다스리는 것
이며, 내가 그들에게 양식을 내리지
아니하면 그들은 견디지 못하며 존재
하지 못함이니,
7 그들은 나에게 양식을 공급받기 위해
저희들이 견디며 그 길을 가고 있는
자들이니, 절대 두려워하지 말라.
8 나의 법전을 만들고 역사하는 너희들
을 넘어트리지 못하며 쓰러트리지 못
하며, 감히 그들이 너희들에게는 근접
하지 못하고 공격하지 못함이니,
9 사탄이요, 마귀의 마음에 두려워하지
말며, 너희들이 단단히 네 마음을 다
스려, 그들의 유혹에 넘어지는 어리석
은 삶을 살지 말며,
10 그와 같은 모두를 뿌리치며 접어 둘
수 있는 능력이 너희들에게 있음을
알라, 사랑하는 나의 아들딸들아!
11 너희들의 튼튼한 마음이요, 단단한 기
초를 다짐으로써 너희들은 어떠한 것
에도 넘어지지 않는 그와 같은 나로부
터 받은 은혜가 있음이니, 그 중요함
을 너희들은 알라.
12 다만, 너희들의 그 마음이 흔들리며
너희들 자신이 나약한 자로 변질된다
면, 그들은 가차 없이 너희들까지 무
너트리려 공격할 것이니,
13 너희들이 나의 법전을 읽고 나의 아들
의 강론을 듣고, 어렵고 힘들 때 내가
너희들에게 내린 그 뜻이요, 하늘의

뜻을 생각한다면, 그들은 감히 너희들
을 공격하고 무너트릴 수 없다는 것을
알라.
14 너희들의 마음을 다스리기에 달렸음
이니라, 사랑하는 나의 아들딸들아!
15 또한 결코 너희들이 무너지는 백성이
되어서는 아니 됨이니, 그러니 너희들
이 성령으로 임하는 백성으로서 거듭
나는 그와 같은 삶을 위해 최선을 다
하라.
16 아름답고 곱게 사는 것, 너희 자신을
닦고 또 닦는 그것만이 성령이 임할
수 있도록 역사함을 알라, 사랑하는
나의 아들딸들아!

10,228 번째 하나님 말씀

2004년 3월 31일 20시 40분

1 사랑하는 나의 아들아!
2 "네, 아버님! 말씀하옵소서."
3 나의 법전을 만드는 제자들이요, 그리
고 나의 강론을 듣는 너희들, 과연 이
세상의 어떠한 백성이 너희들을 평가
할 수 있으며 너희들을 시시비비할
수 있다 생각하는가?
4 수천 년 동안 너희들의 믿음이요, 오
늘의 그 길을 가는 백성, 그들이 과연
나의 아들을 따르는 그 제자들이요,
나의 강론을 듣는 너희들이요, 나의
법전을 정독하며 그를 만들어 만백성
에게 전하는 너희들을 평가하고 점수
를 매길 수 있는가 한번 물어보라.
5 과연 그와 같은 자격이 있는 자들이
요, 그와 같은 삶을 사는 백성들인가?
6 그 자격도 없는 자요, 그를 따를 수도
없는 백성들이 어찌하여 저희들이 함
부로 사탄이요, 이단이라 시시비비하
는 그와 같은 행동을 하는가, 그들에
게 감히 그와 같은 것을 물어보라.
7 나 여호와가 명함이니, 이 세상의 어
떠한 백성도 어떠한 믿음의 길을 가
는 종파도 나의 아들을 따르는 제자
들을 평할 자격이 없으며, 시시비비할
자격이 하나도 없다 함을 알라.
8 그리하여 너희들이 알고 있는 상식이
요, 너희들이 깨우쳐 알고 있는 하늘
의 법도요, 나의 뜻을 아는 것만큼 그
들이 만 분의 일도 안다 할 수 있느냐?
9 그들은 알고 있는 것이 없음이니라.
10 감히 그들이 너희들을 평가할 수 없으
며, 너희들의 가슴속에 담겨 있는 진
리요, 너희들의 행하고자 하는 것을
흉내도 낼 수 없는 그와 같은 백성들
이,
11 어찌하여 나의 사랑하는 아들을 따르
는 제자 너희들에게 사탄이요, 이단이
요, 잘못된 백성이라 그리 평하고 말
할 수 있는가?
12 나의 아들을 따르는 제자 너희들은 그
와 같은 말에 현혹되지 말며, 너희들
자신이 동요되는 그와 같은 삶을 살아
서는 아니 될 것이니라.
13 오늘의 내가 나의 아들을 통하여 너희
들에게 내리는 강론이요, 또 내일에
너희들에게 내리는 그 강론은 내가 나
의 아들을 통하여 세상에 처음으로 내
려보내며 새로 가르치는 나의 뜻임이
니,
14 이를 아는 백성들이 너희들밖에 없으
니, 그것 한 가지만 하더라도 그들이

너희들을 감히 따라올 수 없으며 너희
들을 평가할 자격이 없는 자들이 너
희들에게 시시비비함이니,
15 그들의 시시비비에 너희들이 귀 기울
이지 말며 그것에 신경 쓰지 말며, 그
것에 너희들이 두려운 마음을 갖지 말
라 그리 전함이니 그리 알라, 사랑하
는 나의 아들딸들아!

10,229 번째 하나님 말씀

2004년 3월 31일 23시 01분

1 사랑하는 나의 아들아!
2 "네, 아버님! 말씀하옵소서."
3 너희들이 이 세상을 살아가면서 사물
을 봄이니, 하나의 똑같은 사물을 본
다 해도 그를 보는 사람의 생각이요,
보는 사람의 각도에 따라 모두가 천태
만상으로 변화되어 보이는 것이 아니
더냐?
4 그러니 더욱이 살아 움직이는 백성,
너희들이 저희 스스로 따르는 종교요,
집단이요, 그리고 제가 믿는 그 신앙
이 있음이니,
5 그들의 잘못되고 잘된 것을 시시비비
하여 바른길을 깨우쳐 주는 그와 같이
역사하는 것은 과연 얼마나 힘들고 어
려운 길인 줄을 알겠느냐?
6 저희들이 젖어 있는 것, 그 생각에 빠
져 있는 것, 그를 바꾸려 하지 아니하
는 그들에게 너희들이 참진리요, 새로
운 가르침을 가르친다 하여도, 그들은
그를 그대로 받아들이지 아니하며,
7 사탄이요, 이단이요, 거짓된 것이라
그리 말할 것이며, 제 것과 접목시키
려 하지 아니하는 것이 인간 그들의
생각이니라.
8 그러니 그들이 너희들을 얼마나 음해
하며, 너희들을 사탄이요, 이단이라
그리 말하겠는가?
9 이것이 오늘의 모든 백성들이 가지고
있는 그 마음이요, 생각임을 너희들은
알아야 될 것이니라.
10 나의 법전을 읽고 깨우친 그 백성이
이게 두렵고 무서워, 이것은 참진리
요, 저희들이 여태껏 깨닫지 못했으며
듣지 못했으며 알지 못했던 하늘의 비
밀을 앎이니,
11 제 가슴이 두근거리며 제 흥분함을 감
추지 못하며,
12 두렵고 무섭고 감사한 마음으로 저희
들의 전도사요, 저희 종교 지도자요,
목자요, 그들에게 나의 법전을 들고
가 자문을 받으니,
13 만이면 만 명이 이것은 하나님의 뜻
이요, 영광된 것이요, 참진리의 길이
라 말하는 사람이 하나도 없음이니라.
14 저희들이 가고 있는 것이 어떤 길인지
도 모르는 그 지도자가 다른 것이요,
다른 새로운 것으로써 그것이 하늘에
오르는 길이요, 참진리의 길이라 하
여 그를 찬양하고 그를 따르려는 백성
에게 그 길을 가라 보내는 자 없으며,
15 정녕 이 법전은 하늘의 뜻이요, 그리
고 이것이 참 새로운 성경이요, 그리
고 이 모두가 옳은 말이요, 틀린 것이
하나도 없다 그리 평가해 주는 자가
하나도 없으며,
16 사탄이요, 마귀니 이를 태워 버리고
찢어 버리지 아니하면 너희 자신이

지옥으로 감이라 그리 가르치느니라.
17 그 지도자의 말만을 믿고, 그 지도자
가 절대적인 것이요,
18 그 지도자가 하는 것에 저희들이 구
원을 받고 못 받는 것이 달렸다 하는
그 백성들이 그 지도자가 하는 말을
듣고 거역하는 자 없으며,
19 제가 느끼고 깨달았던 그 두렵고 무서
운 마음이요, 그 아름다움이요,
20 그리고 귀하고 소중한 나의 법전의 내
용을 그들은 사탄이요, 거짓된 것이
요, 저를 현혹케 하는 자요, 저를 지옥
으로 가게 하는 것이라 하여 던지고
태워 버리는 그와 같은 역사를 함이니,
21 깨달았다 해도 저희들이 지옥의 길로
가는 그와 같은 어리석은 삶을 사는
것이 오늘의 나의 그 백성들이니라.
22 그러니 너희들의 지도자요, 인도하는
자, 그 잘못된 자, 거짓된 자들에게 나
의 법전을 갖다 바쳐 그를 읽고 평가
해 달라,
23 그리고 그 내용을 보고 깨우침을 달
라 하여 너희들이 짐으로 바리바리
갖다 줘도,
24 그들은 매일같이 보지도 아니할 것이
며 읽지도 아니하면서 이는 사탄이요,
마귀의 것이니,
25 너희들은 접하지도 말며 읽지도 말며
보지 말라 그리 가르침이니,
26 그 말을 믿고 보지 아니하고 깨우치
지 않는 그 백성이 지금 즐비하며,
27 그리하여 나의 법전을 손에 쥐는 그
영광의 은혜를 받은 자도 일순간에 이
를 버리며 지옥행으로 가는 그와 같
은 길을 맞다 따라가는 어리석은 백
성이니,
28 너희들이 손에 잡았던 그 영광된 것을
일순간에 놓치는 그와 같은 불행한
일을 초래하는 것이 너희들이니라.
29 종교 집단이요, 지금의 너희들을 인도
하는 전도사요, 너희들 앞에 믿음의
길을 간 백성 그들에게 너희들이 정
녕 이를 자문하고 의문함을 물으며
이 위대함을 물으며 이 위대함을 듣고
깨우치고자 한다면, 너희들은 모두가
실패함을 알라.

10,230 번째 하나님 말씀

2004년 3월 31일 23시 08분

1 사랑하는 나의 아들아!
2 "네, 아버님! 말씀하옵소서."
3 너희는 나 여호와가 기거하는 곳이요,
내가 모두를 역사하는 곳이 너희들의
손으로 지은 교회라 하며,
4 너희들의 손으로 지은 건축물 안에 나
여호와가 기거하며, 나는 너희들의 그
교회라는 명칭을 붙인 그곳을 사랑하
며,
5 내가 그들을 사랑하기에 그 모두의 은
혜와 영광이 거기에 오는 자에게 있다
그리 가르치고 있지 않은가?
6 그리하여 나 여호와가 너희들의 손으
로 지은 교회를 사랑하며, 나 여호와
가 곧 나의 집이요, 그곳이 내가 거처
하는 곳이며, 내가 너희들과 같이하여
은혜를 내린다 하여 너희들은 그와 같
은 교회를 더 웅장하고 더 화려하고
더 크게 건축하고자 하여,
7 나의 피조물 만백성들로 하여금 모든

재물이요, 그 모두를 거둬들이는 그와
같은 사기 행각을 하고 있는 것이 너
희들이라는 것을 알고 있느냐?
8 이와 같은 것은 너희들이 참진리요,
나의 성령이요, 내 뜻을 전하고 가르
치는 것이 아니라,
9 나의 집이요, 내가 기거한다는 그와
같은 너희들의 거짓된 행위로써 너희
들 종교 지도자 자신의 명성을 위하
며, 자신의 지위를 돈독히 하며 자신
을 빛내기 위한 그 행위임을 알아야
될 것이니라.
10 나는 그와 같은 교회를 짓지 말라 하
였으며, 인간의 손으로 짓는 것이 나
의 교회, 나의 복음을 전하는 장소가
아니라 하였음이니라.
11 나는 영원히 부서지지 아니하며 멸망
하지 않는 인간 너희들의 마음속에 나
의 복음이요, 나의 교회를 역사하도록
하라 하는 것을 내가 법전에 기록하고
또 기록한 뜻을 아는가?
12 성서에 또한 내가 그리 기록하여 전했
음을 너희들은 알아야 될 것이니라.
13 그러니 짓지 말라 전한 것을 너희들이
무시하고 이를 거역하며,
14 나의 피조물 만백성의 땀과 피를 다
거둬들여 너희들이 건축하는 그 교회
가 곧 나의 집이 아님을 알라.
15 그러니 나는 그곳에 거하지도 아니하
며, 내가 그와 같은 집에 존재하지도
아니하며,
16 나는 또한 그와 같이 육으로 지은 너
희들의 건물과 같은 집이 필요 없는
자요,
17 나는 천국에 존재하는 것이지, 내가
너희들의 손으로 지은 교회요, 인간의
건축물로 지은 건물 안에 나의 집이라
하여 거기에 기거하는 나 여호와가 아
님을 너희들은 알라.
18 나는 나의 아들을 통하여 너희들에게
이미 깨우쳐 주고 전했음이니, 너희들
이 이 뜻을 받아 행하도록 그리하라.
19 너희들 신도들은 거할 곳이 없으며,
신도들이 살 곳이 없으며, 너희들이
생활할 집이 없다 해도,
20 그 모두를 팔아서 너희들이 나 여호와
가 존재하는 그 교회를 건축하는 것을
더 크게 짓는 것, 더 화려하게 짓는
것, 그와 같은 역사를 하는 백성이 나
로부터 열배 백배 은혜와 축복이요,
영광을 받으니,
21 그리하여 너희들이 거할 집이 없는 자
도 있는 것 없는 것 모두를 바쳐 나 여
호와의 집을 화려하게 지어 역사하는
것이 너희들이 축복을 받으며 나에게
오르는 길이라 그리 가르치니,
22 거짓된 사기 행각을 하는 자들의 그
말을 듣고 너희들이 기거할 집이요,
너희들이 역사할 수 있는 그 모두를
다 바치며 길거리로 나앉는 형국이니,
23 너희들이 있는 것 없는 것을 다 바치
며, 너희들은 기거할 집이 없다 해도,
너희들이 나의 교회요, 나의 집이라는
것을 화려하고 더 웅장하게 지음으로
너희들은 열배 백배 은혜의 영광을 얻
으며,
24 그리 역사하는 것이 또한 너희들이 그
리 갈구하는 구원까지도 역사한다는
것이니,
25 너희들은 이와 같은 거짓된 자들의 사

기를 치는 말에 현혹되어 넘어가지 말
라.
26 교회는 나의 집이 아니며, 나는 그 집
에 있지 아니함이니라.
27 그리고 그와 같은 곳에 내가 역사하지
아니한다는 것을 너희들은 알아야 될
것이니라.
28 내가 나의 뜻이요, 내가 역사하는 것
을 사실대로 기록하여 나의 법전에 전
하거늘, 이를 읽고 깨우친 백성 너희
들이 그래도 깨닫지 못한다면 그는 너
희들의 복을 차 버리는 것이라는 것을
알라.

10,231 번째 하나님 말씀

2004년 3월 31일 23시 13분

1 사랑하는 나의 아들아!
2 "네, 아버님! 말씀하옵소서."
3 지금의 종교 집단이요, 지도자 그 밑
에서 구원을 받았다는 백성, 너희들에
게 그리 묻느니라.
4 '네 부모는 누구냐?' 그리 물음이니,
그 광란의 신도들이요, 맹종 맹신하는
그들은 무어라 하느냐?
5 저희들의 부모요, 형제는 저희들과 믿
음의 길을 같이 가는 자, 그리고 저희
들과 같은 종파 속에서 같이 신앙생
활 하는 그들이 저희들의 형제요, 부
모라 거침없이 그리 대답을 하느니라.
6 그러니 너희들은 알아야 될 것이니라.
7 낳아 주고 길러 준, 같이 생활하는 그
들이 네 부모요, 네 형제이거늘,
8 어찌하여 너희들이 그와 같이 종교 집
단이요, 너희들과 같이 역사하는 백성
이요, 같은 신앙생활 하는 자가 네 부
모요, 네 형제라 그리 말하는가?
9 지금의 종교 집단이요, 지도자들이 얼
마나 사악하고 간교한 방법으로써 제
낳아 준 부모의 은혜도 모르며, 형제
지간의 우애도 모르며,
10 낳아 주고 길러 준 부모와 형제 그들
이 엄연히 너희들의 부모요, 형제이거
늘,
11 그 관계마저 무너트리며, 그들을 사랑
하는 마음까지도 박탈하여 저희들에
게 순종하게 하고 저희들에게 굴복시
키는 그와 같은 사악한 행위를 한단
말이더냐?
12 그리하여 믿음이요, 같은 신앙을 가는
자가 저희들의 형제요, 부모라 그리
거침없이 말할 수 있도록 지금 가르쳤
으며, 그리 대답하는 것이 지금 미쳐
날뛰는 그 신도들이 하고 있는 짓이
아니냐?
13 너희는 알아야 될 것이니라.
14 네 부모요, 네 형제는 너희를 낳아 주
고 길러 주며 손발이 저리도록 보살펴
길러 준 자가 네 부모요, 그리고 너희
들과 같이 생활하며 너희들과 같이 존
재하는 자가 바로 너희들의 형제이니
라.
15 너희들은 알아야 될 것이니라.
16 너희들이 지금 믿음의 길을 같이 가는
자, 그리고 같이 역사하는 자, 같은 신
앙생활을 하는 자, 그들이 네 형제요,
부모가 아님을 너희들은 알라.
17 다만, 너희들이 나의 뜻에 의해 살아
가고자 노력하는 자, 나의 뜻에 의해
순종하며 살고 가는 그 백성, 나의 계

명 위에 살아가고자 노력하는 그들이
있다 하면,
18 너희들과 같은 생각이요, 같은 신앙생
활이요, 믿음의 길을 가는 자, 그가 내
뜻을 따라 진정한 참진리의 길을 가는
백성이 있다면,
19 그들을 너희들은 네 부모처럼, 네 형
제처럼 같이 사랑하고 소중히 여기고
가면 되는 것이니, 그것이 너희들이
갈 길이요, 믿음의 길을 가는 자들이
할 행위이니라.
20 그러나 지금의 모든 종교 집단이요,
지도자들은 뭐라 말하느냐?
21 그 부모와 형제까지도 무시하며 그를
인정하지 아니하며, 그저 저희들의 종
교 집단이요, 같은 믿음의 길을 가는
자만을 인정하며,
22 길러 주고 낳아 준 저희들의 부모요,
형제까지도, 그 천륜의 관계요, 인륜
의 관계까지도 다 저버리는 자들이요,
그를 무시하는 자들이요,
23 그를 저버리고 저희들에게 순종하고
맹종하도록 가르치고 이끄는 것이 오
늘의 종교 집단이요, 지도자이니,
24 그들이야말로 얼마나 간교하고 사악
한 자들인가?
25 그들은 인간도 아니니라, 절대 그들은
인간이 아니니라.
26 그리고 너희들을 낳아 준 부모와 형제
가 부모가 아니고 형제가 아니라 하는
자, 그는 인간도 아니며 그리 가르치
는 자도 인간도 아니니,
27 그들은 나에게 순종하는 자도 아니요,
나를 경배하는 자도 아니요. 내 뜻을
따라서 살아올 수 있는 백성도 절대
아님을 알라.
28 구원이라는 큰 것을 얻을 수 있기에
나를 찾고 내 뜻에 순종하는 체하나,
그것이 없을 때 그들은 언제 그랬냐
하며 나에게 침 뱉고 발길질할 자들이
니라.
29 그러니 그들은 인간의 자세가 되지 아
니하였으니, 그들은 인간도 아니요,
나의 뜻에 따라 순종하며 내 뜻과 같
이 역사할 자도 아니라는 것을 그들에
게 전하라.

2004년 4월

10,232 번째 하나님 말씀

2004년 4월 1일 06시 18분

1 사랑하는 나의 아들아!
2 "네, 아버님! 말씀하옵소서."
3 인간의 한 생명이 세상에 태어남도 그
어미의 산고의 고통을 겪고 나서 그
한 생명이 세상에 태어남이니,
4 지금 너희들이 이 세상을 살면서 너희
들이 쓰러질 대로 쓰러졌으며, 무너질
대로 무너진 자들이요,
5 그리고 너희들의 보이는 그 형상이 내
가 만든 아름다운 모습으로써 만들어
지지 아니한 백성이요, 너희들이 죄를
지은 것만큼 그 형상이 무너졌다 그리
하였음이니라.
6 그리 무너지고 쓰러진 너희들이 새로
운 생명으로 거듭나는 그 역사를 겪음
이,
7 과연 어미가 한 생명을 세상에 낳는
그 산고의 고통만큼도 겪지 아니하고
너희들이 거듭나는 그 역사의 은혜요,
영광을 얻을 수 있다 생각하는가?
8 너희들은 그보다 몇 배 더한 고통이
요, 시련을 딛고 일어서는 그와 같은
삶이 아니고는 결코 거듭날 길이 없음
을 알아야 될 것이니라.
9 정녕 너희들이 거듭나는 그 삶의, 거
듭나는 인생의 역사함을 다시 한 번
돌이켜 생각한다면,
10 오늘의 너희들의 삶이요, 오늘의 그
시련은 너희들이 결코 고통이 아니며,
너희들이 거듭나는 것에 비했을 때,
시련도 아님을 알아야 될 것이니라.
11 지금 나로부터 나의 아들을 통하여 내
리는 나의 법전이요, 새로운 성경을
접하지 아니하며 그 강론을 듣지 아니
하여 너희들이 네 마음을 다스리지
못하며, 네가 변하는 그 삶을 겪지 아
니하였다면,
12 과연 너희들은 어떠한 길을 갈 것이
며, 어떠한 역사를 얻을 것인가?
13 이를 너희들이 생각해 보면, 오늘의
너희들의 삶은 어떠한 시련과 고통이
있다 해도 너희들이 거듭나는 그 길을
보는 것이요, 영광을 얻는 것에 비할
것이 없음을 알아야 될 것이니라.
14 반드시 너희들의 산고의 고통보다 더
어렵고 힘든 너희들의 거듭나는 그 삶
의 길을 너희 스스로 이기고 견디고
오는 자만이 나에게 오를 수 있으며,
거듭날 수 있는 백성으로서 영광을 얻
을 수 있다는 것을 잊어서는 아니 될
것이니라.
15 나 여호와는 공의의 하나님이요, 모든
천사와 사탄이요, 그 모두가 다 제가
이루고 겪은 만큼 모두가 역사하는 그
와 같은 것이 나의 하늘의 법도이니,
16 너희들 또한 그와 같은 영광이요, 은
혜의 축복을 얻기 위해서는 너희들이
스스로 산고보다도 더 어려운 고통과
시련이 없이는 모두를 이룰 수 없으며
거둬질 수 없다는 것을 너희들은 알아
야 될 것이니라.

17 그러기에 하늘에 오르는 길이 어려운
것이며, 너희들이 거듭나는 것이 어려
우며, 그리하여 너희들이 하늘에 오르
는 길이 정녕 어떠한 길이라 하였더
냐?
18 인간 너희들의 생각이요, 인간의 노력
으로써는 올 수 없는 길이며, 그리고
역사할 수 없는 길이라 하였음이니라.
19 그러니 너희들이 그 길을 올 수 있는
것은 오로지 너희들이 나의 성령으로
써 거듭나는 삶이요, 나의 성령을 부
을 수 있도록 너희들의 육의 삶이요,
생각을 모두 바꾸지 아니하면 아니
되며, 너희들이 역사할 수 없다는 가
르침을 깊이 새겨야 될 것이니라.
20 그러면 또한 내가 너에게 뭐라 말하였
느냐?
21 너희들의 모든 성령이 임하는 것, 너
희들이 역사하는 것은 너희들이 생각
을 바꾸며 생각 하나를 바로잡으면 될
수 있다 그리하였음이니,
22 너희들이 그 생각 자체를 다스리지 못
하며 너희 마음 자세를 다스리지 못하
여 무너지는 것은 모두가 다 너희들에
의하여, 너희 자신에 의하여 역사하는
것이라는 것을 절대 잊지 말라 그리
전하라.
23 너희들이 거듭나지 아니하면 아니 됨
이니라.

10,233 번째 하나님 말씀

2004년 4월 1일 06시 23분

1 사랑하는 나의 아들아!
2 "네, 아버님! 말씀하옵소서."
3 모든 백성 너희들이 지금까지 살아온
그 삶에서 반대의 길을 간다는 것은,
진정 너희들이 거듭나는 그 삶의 길이
어렵다 하였음이니,
4 자식을 잉태하여 새 생명을 태어나게
하는 그 산모보다도 더 어렵고 힘든
것이 너희들이 거듭나는 길이요, 지금
의 삶에서 반대의 길을 가는 것이라
내가 그리하였느니라.
5 그러니 모든 백성이요, 믿음의 길을
가는 백성들이 그 반대의 길이요, 거
듭나는 고통의 길을 외면하며 그를 피
해 가는 자요, 그리고 쉽고 간단하게
그 구원이요, 믿음의 길을 가고자 하
니,
6 그리하여 나의 아들 예수의 보혈로써
구원을 받았다 하며, 종말론이라 하는
것이 또한 이 세상에 나와 나의 피조
물 만백성을 혼돈케 하였으니,
7 너희들이 믿음의 길을 간단히 쉽게 가
고자 하는 것, 대중적으로 편하게 갈
수 있다 생각하는 그 백성들, 그들로
하여금 종말론이요, 이 세상이 이리
혼란케 되었음이니라.
8 너희들이 나의 아들 예수의 보혈로써
간단히 구원을 받을 수 있다는 그와
같은 잘못된 가르침이요, 그리하여 종
말론이라는 것이 세상에 생겼으니, 이
것이 바로 이단이요,
9 그리고 너희들이 그 신비한 형태로써
나의 피조물 만백성을 우롱하는 그와
같은 모든 종파가 이 세상에 생겼으
며, 수많은 교파가 이 세상에 생기는
이와 같은 현실이 되었음을 너희들은
알아야 될 것이니라.

10 너희들의 신앙의 목적이 나 여호와가
이루고자 하는 그것과는 전혀 관계없
는 신앙이요, 믿음의 길로 왜곡된 종
파의 길을 가 이 세상을 덮는 이와 같
이 웃지 못할 세상이 되었음이니,
11 이것은 바로 너희들이 쉽게 역사하는
것, 대중적으로 믿음의 길을 가면 구
원을 받을 수 있다는 것,
12 그리하여 그와 같이 너희들이 종말론
이나 기타 등등 그와 같은 것이 생김
으로 이 백성들이 혼란 속에 빠지는
이와 같은 형국에 이르렀음을 너희들
은 알아야 될 것이니라.
13 너희들 모두가 성서를 알지 못하며 성
서의 가르침을 모르니, 너희들이 이와
같은 신비의 사상이요, 신비스러운 너
희들의 종파라는 것, 그리고 너희들이
만들어 낸 그 모든 것이 이 세상을 지
배하는 형국이 되었음이니,
14 서로가 이단이요, 사탄이라 하며 공격
적인 자세로써 살아가는 이 세상이 되
었으니, 너희들이 하나가 될 수 없으
며, 내 뜻을 위하여 한 형제가 될 수
없는 이와 같이 너희들이 찢어지고 부
서진 모든 형국이 되었음을 알아야 될
것이니라.
15 그러니 이 왜곡된 속에서 생긴 수많은
종파요, 그 교파를 누가 바로잡고 하
나로 만들어 역사할 수 있겠느냐? 누
구도 그를 이룰 수 없음이니라.
16 그러니 오로지 나의 법전이요, 하늘에
오르는 길이요, 새로운 성경, 이 책을
가지고 너희들이 그들을 다스리고 깨
우치는 길밖에 없음을 알라.
17 그러니 삐뚤어지고 왜곡된 오늘의 믿
음을 바로잡는 그 역사를 너희들이
해야 됨이니라.
18 그러니 한 길을 가기도 어렵고 힘든
나의 선택된 아들을 따르는 제자 너희
들이 한 손으로써는 너희 자신을 다
스려 거듭나는, 산고보다도 더 어렵고
힘든 그 고통을 이기고 가야 될 것이
며,
19 그리하여 또 한 손으로는 너희들이 많
은 백성을 구원하는 그와 같은 형국이
되어 있는 것이니,
20 그 두 길을 양손에 잡고 가는 백성 너
희들이 얼마나 어렵고 힘들고 고통스
러운지 아느니라.
21 그러나 너희들은 그것을 넘고 넘으며
견디고 이겼을 때, 너희들이 이룰 수
없는 거듭나는 은혜요, 그 영광이요,
나의 나라에 와 나와 영원히 존재하는
그 상을 받을 수 있다는 것을 절대 잊
어서는 아니 됨이니라.
22 그것만이 너희들이 견딜 수 있는 길이
니, 양손에 하나씩 지고 힘에 겨운 그
것을 깨우치고 이끌어 나가 너희들이
견디는 그 인내가 없이는 이룰 수 없
다는 것을 알라, 사랑하는 나의 아들
딸들아!

10,234 번째 하나님 말씀

2004년 4월 1일 06시 30분

1 사랑하는 나의 아들아!
2 "네, 아버님! 말씀하옵소서."
3 나의 백성 너희들이 성령으로 임하지
않은 백성은 구원의 길을 볼 수 없으
며, 구원의 역사를 이룰 수 없다 하였

음이니라.
4 그리하여 나의 피조물 만백성 너희들
을 위하여 사랑하는 나의 아들 예수는
성령을 받아 그 성령으로 만백성을 깨
우쳐 그들이 성령을 받는 백성으로 역
사하게 하기 위하여 그의 귀한 생명을
그리 고통스럽게 던져 그 역사를 이루
려 하였다 하였음이니라.
5 그러니 지금 나의 아들을 따르는 제자
들이요, 나의 법전을 읽고 깨우치는
만백성 너희들이 얼마나 은혜와 영광
된 속에서 역사하는 것인지 알겠는가?
6 나는 2천 년 만에 나의 아들을 통하여
나의 성령이요, 내 모두를 태워 세상
에 내려보내니, 나의 법전을 읽고 접
하는 백성 너희들이야말로 무엇이더
냐?
7 너희들이 성령으로써 변화되는 그 은
혜를 입는 백성이요, 그 속에서 변하
는 길을 가고 있는 것이라면, 과연 너
희는 그 은혜요, 축복됨을 무엇으로
보답할 수 있으며, 무엇으로써 너희보
다 더 크고 위대한 것을 얻을 수 있다
생각하는가?
8 그러니 너희들이 위대하며 소중하며
너희들이 은혜 입음을 생각해야 될 것
이니 그리 알라.
9 모든 하늘의 뜻과 나 여호와가 역사
하는 것, 내가 이루고자 하는 것, 그리
고 성서를 세상에 전하는 것,
10 그 모두는 인간인 너희들의 지혜요,
너희들의 노력으로써는 결코 그를 알
수 없으며, 해석할 수 없도록 되어 있
는 것이 바로 나의 성경이요, 또한 나
의 법전이니, 너희들은 이를 알아야
될 것이니라.
11 하늘의 뜻과 내가 역사하는 것, 내가
새로 내리는 나의 법전의 그 모두를
너희들이 읽어 아는 듯하나,
12 진정한 나 여호와의 뜻이요, 내가 역
사하는 뜻은 인간의 지혜로써는 알지
못하며 깨닫지 못하도록 되어 있으며
성서가 그리 만들어졌으며, 나의 법전
또한 그리 전하여짐을 너희들은 알아
야 될 것이니라.
13 그러니 성령으로 임한 백성이 아니면
이를 알 수 없음이니, 성령으로 임하
지 아니한 백성은 거듭날 기회와 영
광을 얻을 수 없는 것이 하늘의 법도
요, 하늘의 뜻으로써 이루어졌음을 알
라.
14 그러나 지금 내가 나의 아들을 통하여
성령을 내림이니, 너희들이 그를 바로
듣고 그 강론을 들으며 깨우쳐 너희
스스로 변하는 그와 같은 삶을 살고
있는 것,
15 너희 자신이 너희 몸이요, 너희들 가
슴속에 새로운 새싹이 트는 그와 같은
너희들의 마음이요, 어린아이 마음으
로 돌아가고자 하는 너희들의 그 삶이
라는 것이 바로 무엇인 줄 알겠느냐?
16 하늘은 어린아이들 것이며, 어린아이
의 마음을 가지고 사는 자가 하늘의
것이라 하였음이니,
17 바로 너희들이 그리 변하는 것이요,
너희들이 그와 같이 역사하는 삶을 살
지 않느냐?
18 그것이 바로 성령이 너희들에게 임하
는 증거요, 너희들에게 성령이 임하기
시작한 것이요,

19 그러니 나의 아들을 따르는 제자들이
요, 나의 법전을 읽는 백성이요, 그리
고 강론을 들어 깨우침을 얻는 너희들
이야말로 성령이 임하는 그 길에 들어
선 백성들이니,
20 너희들이야말로 성서를 이해할 수 있
으며 하늘의 뜻의 모두를 다 이해할
수 있는 그 지혜를 나로부터 받으며
나의 아들을 통하여 너희들이 지금 역
사하고 있다는 것,
21 그것이 너희들이 얼마나 큰 은혜요,
영광인지 항상 가슴에 안고 생각하도
록 그리하라.
22 이 은혜요, 이 감사함을 모르면 너희
들이 어찌하겠는가?
23 너희 자신이 너희들의 살을 한번 문
질러 보라, 감각이 있을 것이니라.
24 너희들이 그 감각이 있는 것이 살아
있는 것이요, 그 감각이 없어질 날이
머지않았음이니라.
25 너희들이 네 살을 만져 보며 네 살을
꼬집어 보아 아프고 감각이 있는 것,
그것이 없을 때 너희들이 죽음이라는
것이니,
26 그와 같이 너희들이 감각이 없고 꼬
집어서 아프지 않음을 느낄 때가 머지
않았음이니, 그러니 너희들은 그 머지
않은 삶을 위하여 모두를 바쳐 지금
살아가는 백성들이니라.
27 거기에서 너희들이 거듭나는 뜻이요,
하늘의 비밀을 알며, 하늘의 뜻을 듣
고 이해하며 그 길을 가는 백성,
28 그것이 바로 너희들이 감각이 없는 그
육신이 죽어 가는 그때 너희들이 나에
게 오는 영광을 얻을 수 있으며, 축복
을 얻을 수 있는 그 성령이 지금 서서
히 너희들에게 임하고 있다는 것을 너
희들은 알아야 될 것이니라.
29 이를 알지 못하는 백성들이야말로 얼
마나 불행한 백성들이더냐?
30 그러니 인간의 지혜로써는 알 수 없는
성경을 갖다가 너희들이 마음대로 해
석하며 깨닫고 너희 마음대로 생각하
기에, 종말론이 생겼으며, 각종 종파
가 이를 빙자하여 세상을 덮어 이와
같이 어지러운 세상이 되었음이니라.
31 그리고 혼란의 혼란 속에 빠져 있는
것이요,
32 이 동양의 작은 나라를 내가 표현하기
를, 이 세상에 너희들이 사고 파는 물
건이라는 것이 없는 것이 없는 그 백
화점이라는 것과 같이, 모든 종파가
동양의 작은 나라를 지배하며 이를
덮고 있다 하였음이니라.
33 그러니 이곳에서부터 모두를 역사하
며, 이곳에서부터 그 모두를 다 태우
고 쓸어버려야 되며,
34 그러니 이곳에서 태어나 사는 백성,
그리고 나로부터 선택된 백성, 너희들
이 그 어렵고 힘든 걸 태우고 쓸어버
리고 뽑아 버리는 그 역사를 해야 될
것이니라.
35 그러니 내가 너희들에게 성령이 임할
수 있는 기회를 주었으며, 그리하여
너희들에게 구원의 길을 올 수 있도
록 하였음이니,
36 너희들은 그 모두를 지금 쓸어버리는
그와 같은 역할을 하지 아니하면 아
니 되며, 그것이 너희들이 나에게 기
쁨이요, 나에게 너희들이 모든 은혜

에 보답하는 길이라는 것을 깨닫도록
그리 전하라.

10,235 번째 하나님 말씀

2004년 4월 1일 06시 35분

1 사랑하는 나의 아들아!
2 "네, 아버님! 말씀하옵소서."
3 성경이라는 것은 너희들이 뭐라 했느
냐?
4 인간의 지혜를 가지고 너희들이 알 수
없으며, 그를 헤쳐 볼 수 없도록 그리
만들어졌다 하였으며, 그리 전해지고
있다 하였느니라.
5 그러나 성경이 또 때가 되면 내가 모
두를 열어 주며 너희들에게 줘 너희들
이 바로 깨달음을 역사할 수 있는 그
때가 있음이니라.
6 그리하여 나 여호와가 지금까지 그때
를 기다렸다 그리하지 아니하였더냐?
7 너희들의 지혜로는 알 수 없는 그 성
경을 오로지 나 여호와가 열어 주며
헤쳐 주었을 때 너희들이 그를 알 수
있음이니,
8 그를 알고 열어 주는 것은 또한 때가
있으니, 그때를 내가 기다리고 있다
하였음이니라.
9 그러나 그때가 되지 아니하여 내가 열
어 주지 아니한 그 성경을 모든 지금
의 나의 피조물 만백성, 교만하고 무
례한 그들이 제 의지대로 제 마음대로
함부로 해석하고, 제가 해석한 것을
가르치고 또 저희들이 전하니, 이것이
모든 종파가 생긴 것이요, 모든 종파
가 세상에 생김이니,
10 내가 너희들에게 참진리요, 그 성경의
뜻을 아직 때가 되지 아니하여 열어
주지 아니한 것을 너희들이 조용히 기
다리는 그와 같은 백성의 믿음이 아니
요, 무례하고 오만한 그 백성들이 제
마음대로 해석하고 저희 마음대로 이
해하여 지금 가르치고 전하니,
11 이 동양의 작은 나라에 너희들이 종교
의 백화점이라 한 그 뜻이 그와 같이
세상이 어지럽고 혼란하게 되었음을
너희들은 알아야 될 것이니라.
12 그러니 때가 되어 열어 주려 한 성경
을 무례하고 오만하고 교만한 자들이
저희들이 해석하여 전하고 전하기 때
문에 모든 종파가 생겼는가 하면,
13 모든 종파는 나 여호와의 뜻이요, 참
진리의 길이 아니라, 저희들이 나와
관계도 없는 그와 같은 길을 가고, 그
와 같은 길로써 나의 피조물 만백성을
구원한다 하여 그들을 모으며,
14 그들의 집단의 힘으로써 세상에 과시
하며, 그것으로써 너희들이 하늘에 오
르는 길이라 보여 주고 가르치는 그
와 같은 형국이 되어 버렸으니,
15 그리하면서 너희들은 그 대가를 거둬
들였으며 그 대가를 거둬들이는 그것
으로써 얼마나 너희들이 나의 종이요,
만백성의 종이라는 그 자체를 잊어버
리고 모든 종교 집단이요, 우두머리들
이 지금 살아가는 형국이 되었는가?
16 그러니 모든 종파가 다 실패된 백성이
요, 모두가 다 너희들이 패자가 되었
으며 무너진 자요,
17 정녕 창조주 나 여호와와는 관계도 없
는 길을 가는 것이 오늘의 너희들의

믿음이요, 너희들의 신앙생활이라는
것을 알아야 될 것이니라.
18 나 여호와가 나의 아들을 통하여 모두
가 패자요, 모두가 실패한 오늘의 종
교, 종파라 그리 말하나, 저희들은 그
걸 인정하지 않으려 할 것이니라.
19 그러나 나의 아들을 따르는 제자들이
요, 나의 법전을 읽고 공부하는 너희
들, 그리고 성령이 임하기 시작한 그
백성들은 지금 내가 나의 아들을 통하
여 전하는 그 의미요, 그 뜻을 알 것이
며,
20 너희들은 깨달음 속에서 세상을 보니
그들이 얼마나 다 실패자요, 무너진
자요, 패자의 길을 가는 것인가를 알
고 있을 것이니라.
21 그러니 사랑하는 나의 아들딸 너희들
을 통하여 그들을 바로잡고 그들을 깨
우쳐 주며 거듭나게 하고자 하는 것이
나 여호와의 뜻이니,
22 모든 백성을 구원하는 데 너희들이 최
선을 다하도록 그리하지 아니하면 아
니 됨이니라.
23 너희들이 어떠한 백성을 얼마만큼 구
원하고 역사했느냐에 따라서 너희들
이 나에게 오를 때 그 백성들이 너희
들을 따라 오름이니,
24 그것으로써 너희들이 나에게 와서 할
말이 있을 것이며, 너희들이 나에게
와서 모두를 보여 줄 수 있는 것은 그
것으로써 증거함이니라.
25 너희들에게 거기에 따른 상이 있을
것이며, 거기에 따라 너희들이 소중하
고 귀히 쓰임이 있음이니 그리 알라,
사랑하는 나의 아들딸들아!

10,236 번째 하나님 말씀

2004년 4월 1일 13시 48분

1 사랑하는 나의 아들아!
2 "네, 아버님! 말씀하옵소서."
3 나의 법전을 가슴에 안고 정독하는
자, 반석 위에 서서 하늘에 오르는 찬
란한 빛을 보게 됨이니, 이는 바로 무
엇이더냐?
4 너희들이 인간 세상의 그 삶의 경지를
벗어나 하늘에 오르는 참진리요, 나에
게 오르기 시작한다 하지 아니하였더
냐?
5 그러니 너희들이 인간 세상을 벗어나
그 반석 위에 찬란한 빛을 보며 하늘
에 오르는 그 길을 역사하는 것은 무
엇이라 하였느냐?
6 나의 법전을 가슴에 안고 정독하여 모
두를 통달하는 백성이라 하지 아니하
였더냐?
7 그러니 나의 법전을 과연 어찌해야만
그 백성들이 가슴에 안고 정독을 할
수 있겠느냐?
8 지금 내가 너에게 성령을 내림이니,
그 성령을 받아 이를 기록하고 만드는
너의 제자들이요, 그리고 나로부터 선
택된 백성, 너희들이 아니면 그 법전
을 누가 가슴에 안고 정독하겠느냐?
9 그러니 내가 내리는 그 성령이요, 그
를 받아 기록하는 제자들이요, 그리고
그를 만드는 너희들이 얼마나 귀하고
소중한 백성인 줄 알겠느냐?
10 너희들 손으로써 대혁명을 이루며, 인
간 세상의 모든 혁명을 이루고,
11 오늘의 믿음이요, 종교 집단이요, 너

희들이 말하는 백화점과 같이 없는 것
이 없는 종교들이 지금 이 세상을 더
럽히고 있으며, 이 세상을 썩게 만들
고 있으며, 이 내 아름다운 세상을 병
들게 만들고 있음이니라.
12 나 여호와가 너희들에게 내려 준 이
아름다운 강산이 병들어져 가며 썩어
져 가는 그와 같은 형국이 되어 있음
이니,
13 너희들이 오물을 버리며 자연을 훼손
하는 것만이 썩는 게 아니라, 모든 종
파들이 다 저희들이 옳다, 저희들 것
이 무엇이라 하여 소리 지르고 악을
쓰는 것, 그리고 그를 빙자하여 추하
고 더러운 행위를 하는 것,
14 그들이 이 자연의 아름다운 세상을 썩
고 썩게 만드는 것이 더 무섭게 병들
게 하고 있느니라.
15 그러니 너희들이 혁명이요, 그들을 다
스려 그 모두를 다 개혁하며,
16 그리고 인간의 삶의 본연에까지 모두
가 삐뚤어졌으며 육의 삶을 위하여 달
려가기에 다 나와는 관계없으니, 이미
45도 이상이 기울어져 있는 그와 같
은 것을 바로잡는 대혁명이요, 대개혁
을 이루어야 함이니, 그것이 너희들의
손에서 이루어진다는 것을 알라.
17 그러니 너희들이 얼마나 나에게 귀한
아들딸이며, 너희들이 얼마나 소중한
사람이요, 그러니 너희들이 삶을 어찌
살아야 되는 것인가를 너희 스스로 깨
우치도록 그리하라.
18 아무리 내가 나의 아들을 통하여 '나
의 법전을 가슴에 안고 정독하는 자,
반석 위에 서서 하늘에 오르는 빛을
본다.' 해도,
19 너희들이 그를 기록하여 책으로 만들
어 세상에 전하지 아니하면 그 누가
볼 수 있겠는가?
20 아무도 볼 수 없지 않으냐?
21 너희들이 만들어 내는 그 여건 속에서
그들이 이루어짐이니, 너희들이 만드
는 그 고통이요, 만드는 것은 더 말할
것 없이 소중하고 귀한 것이요,
22 그리고 그 길을 가는 너희들이 어렵고
힘들다 하여도 너희들의 작은 손으로
써, 너희들의 작은 몸으로써 대혁명을
이루며, 천 년에 걸쳐서 나 여호와가
원하는 이 아름다운 지상의 세상이 이
루어짐이니,
23 모든 백성들이요, 너희들의 후예가 너
희들의 어린 손이요, 그 작은 가슴으
로 모두를 만들어 역사하는 것으로써
구원을 받으며, 하늘에서 이루어진 것
같이 지상의 낙원이 이루어진다면,
24 얼마나 너희들이 소중하고 귀하며, 너
희들이 얼마나 보람 있는 일을 하며
뜻있는 일을 하는 것이더냐?
25 나는 너희들에게 말하고자 함이니라.
26 지금의 모든 종파요, 믿음의 길을 가
는 그들을 너희들이 들여다보며 그 실
상을 볼 때,
27 정녕 그들이 하늘에서 이루어진 것같
이 천국을 지금 이루었으며, 그들로
하여금 이 세상이 천국처럼 지상의 천
국이 이루어어질 수 있다 하면,
28 너희들이 그리 역사하지 아니해도 내
가 말하지 아니할 것이니라.
29 스스로 너희들이 봐도 그는 잘못되었
으며, 지금의 모든 종파요, 믿음의 길

을 가는 그와 같은 자들이 잘못되었으며,
30 너희들의 형제도 잘못된 비진리를 따라 하늘에 오르는 길이라 하여 울고불고 그리 달려가지 않더냐?
31 그러니 잘못되었다면, 누군가는 이를 바로잡아야 되고 누군가는 이를 바로 세워야 되지 않겠느냐?
32 바로 잘못 가고 잘못 흘러가는 그 모든 종파를 다스리며 지파를 다스리며, 지옥 불에 가는 것이요, 벼랑으로 떨어지면서 하늘에 오르는 길로 간다는 그 불쌍하고 가련한 백성, 그들을 바로잡고 인도해야 되는 것이 너희들이니라.
33 그러니 너희들의 수고요, 너희들의 공을 내가 아니, 너희들이 얼마나 귀한 백성인가를 스스로 생각하도록 그리 하라.
34 그리고 너희들의 그 공이 얼마나 위대한 것인가를 알라.
35 그러니 내가 너희들에게 흐트러짐이 없이 바르고 곧게 살아, 만백성을 구하는 그 역사에 낙오자가 되지 말라 함이니라, 사랑하는 나의 아들딸들아!
36 내가 다시 너희들에게 말하느니라.
37 내가 십계명에 한 계명을 더 내렸음이니, 나의 법전을 가슴에 안고 정독하는 자, 이 새로 내리는 이 성경을 가슴에 안고 정독하는 백성이 모두를 통달하며, 하늘에 오르는 빛을 볼 수 있으며, 그 빛을 봐야 너희들이 그 길을 따라 올 수 있지 않더냐?
38 모든 백성들이 하늘의 빛을 따라 올라올 수 있도록 하는 것은 너희들 손으로 만든 그 법전이 전해지지 아니하며 그것이 만들어지지 아니하면 아니 되니,
39 이를 만드는 너희들이 모든 개혁이요, 혁명의 시초요, 너희들 손으로써 이루어진다는 그것을 알도록 그리하며,
40 너희들이 오늘에 어렵고 힘들다 하여도 너희들로서 천년만년 영원히 이 자연이요, 지구가 존재하는 한, 나 여호와가 존재하는 한, 그 많은 백성들이 구원의 길에 오를 수 있으며,
41 여기서 너희들이 천사와 같은 백성으로 살다 하늘로 그대로 오는, 그 아름다운 하늘과 땅의 나의 권세요, 나의 품 안에 모두가 역사하는 백성으로서 이루어지도록 그 모두를 이루는 것이 너희들이니,
42 오늘의 잘못 가는 지파요, 종파요, 그들을 보고 정녕 너희들은 나의 뜻이 진실이요, 내 뜻이 나 여호와의 뜻이요, 나의 아들을 통하여 내리는 것이 나의 성령이라는 것을 가슴 깊이 새겨,
43 한 점의 부끄럼이 없는 그와 같은 삶을 살아가도록 그리하라, 사랑하는 나의 아들딸들아!

10,237 번째 하나님 말씀

2004년 4월 1일 14시 05분

1 사랑하는 나의 아들아!
2 "네, 아버님! 말씀하옵소서."
3 너를 따르는 그 사랑하는 제자들이요, 그리고 나의 법전을 읽고 깨우친 만백성 너희들은 알아야 될 것이니라.
4 너희들이 나의 법전을 읽고 깨우쳐 그

속에서 깨달음이 있으며, 하늘의 이치
요, 나의 뜻을 안다면, 나 여호와가 이
루고자 하며 역사하고자 하는 것이
무엇이더냐?
5 바로 너희들이 성령이 임한 백성으로
서 사랑의 꽃이요, 사랑을 실천하는
그와 같은 백성으로서 거듭나라 함이
니라.
6 그러니 너를 따르는 제자들이요, 나의
법전을 읽고 깨우친 만백성 너희들은
모든 백성에게 사랑의 꽃을 파는 사
람이 되어야 하는 것이니라.
7 너희들이 아무런 대가도 받지 아니하
며 그 사랑의 꽃을 무한정 끝도 한도
없이 파는 사람이요, 그리고 너희들은
모든 백성들에게 희망을 파는 사람으
로서 존재해야 될 것이며,
8 그리고 너희들은 나의 피조물 만백성
이 지금 썩어져 가며, 그리고 참진리
의 길이라며 울고불고하는 그들이 비
진리에 매달려 사탄의 앞잡이에게 가
서 그들이 천사요, 나의 뜻의 나의 목
자인 줄 알고 목매며 그들 앞에서 오
금을 펴지 못하며 떨고 살아가는 그
가련한 백성,
9 그들에게 참진리요, 진리의 진실된 믿
음의 길이 무엇인가, 그 믿음을 너희
들이 팔고 전해 주는 그와 같은 사람
이 되어야 하는 것이니라.
10 그러니 너희들은 나의 뜻을 파는 사람
으로서 거듭나야 되며, 그와 같이 역
사를 하지 아니하면, 이 세상의 많은
백성들을 구원할 수 없고, 그들이 돌
이킬 수 없는 그와 같은 길을 가는 것
을 막을 수가 없음이니라, 사랑하는
나의 아들딸들아!
11 다만, 너희들이 반드시 지키고 행해야
될 것은, 너희들이 무엇을 팔든 어떠
한 것을 전하든 그 대가를 받는 사람
이 되어서는 아니 되며, 그리 너희들
이 살아서는 아니 된다는 것을 깊이
깨우쳐 그리 행해야 될 것이니라.
12 어떠한 것을 던져 주든, 어떠한 것을
전하든, 어떠한 것을 팔든, 어떠한 것
을 그들의 가슴에 안겨 주든,
13 너희들은 그 대가를 받는 그와 같은
삶을 살아서는 아니 됨이니, 그리해서
는 아니 되는 것으로써 너희들의 삶을
영위하도록 그리하라.
14 이제 나의 법전을 깨우친 만백성 너희
들만이 내가 피우고자 하는 그 아름다
운 사랑의 꽃을 전할 수 있으며, 그리
고 희망을 줄 수 있으며, 참진리의 길
을 줄 수 있으며, 하늘에 오르는 뜻을
볼 수 있으며, 하늘에 나 여호와가 역
사하는 내가 원하고자 하는 것이 무엇
인지 내 뜻을 알 수 있음이니,
15 그 모두를 너희들이 알고 갖고 있는
그 모든 상품을 다 팔며 다 전해 주도
록 그리하라, 사랑하는 나의 아들딸들
아!
16 모두를 팔아 버리는 너희들이 되어야
함을 잊지 말라.

10,238 번째 하나님 말씀

2004년 4월 1일 14시 10분

1 사랑하는 나의 아들아!
2 "네, 아버님! 말씀하옵소서."
3 너를 따르는 지금의 깨우친 그 백성들

이요, 그 제자들이 무엇이더냐?
4 하늘의 나 여호와의 뜻을 받아 그들이
전함이니, 하늘의 선생으로서 거듭나
는 것이요, 내 뜻을 역사하는 전사로
서 거듭나는 것이요, 그와 같은 은혜
를 받은 사람들이니라.
5 그러니 너희들은 지금의 종교 집단의
지도자처럼 복음을 전한다 하여 사람
을 모으려 하지 말며, 모아서 가르치
려 하지 말며,
6 나의 백성들이 모인 곳을 찾아가서 너
희들이 가르치는 그와 같은 역사로써
나의 뜻을 그 가슴에 심도록 그리하라.
7 너희들은 모아서 가르치며, 모아 놓고
너희가 권위 있는 장소에서 나의 설법
이요, 내 뜻이라 하여 강론하고 설교
하는 그와 같은 방법으로 하지 말며,
8 나의 백성들이 모여 있는 곳, 그저 많
은 사람들이 상주하는 곳, 그곳을 찾
아가 너희들이 나의 뜻을 전하며,
9 몸소 실천하며, 변화된 그 삶을 삶으
로 인하여 모든 백성들이 너를 보고
따르도록 해야 될 것이며 너희들을 보
고 따르게 해야 할 것이니라.
10 너희들이 강론을 하며 나의 뜻을 가르
친다 하여 장소를 만들고, 그 장소를
만들기 위하여 건물을 짓고, 그 건물
을 지어서 만백성을 끌어모아 가르친
다며 평생 재물을 거둬들이는 그 행위
를 해서는 결코 아니 됨이니라.
11 너희들이 그와 같이 해서는 나의 백성
들을 구할 수 없는 것이요, 그리 구한
다 해서는 아니 됨이니라.
12 너희들이 나의 백성을 깨우치고 전한
다 하여 너희들이 상주할 집을 만들
며, 너희들이 사람을 모을 장소를 만
들어 거기에서 너희들이 물건을 사고
파는 그와 같은 형국이 아님이니라.
13 나 여호와가 너희들에게 팔라는 것은
사랑의 꽃이요, 희망의 꽃이요, 너희
들이 가지고 있는 그 모두를 다 팔며,
내 것을 다 모두 팔며 전하라 했으니,
14 너희들이 과연 사랑의 꽃이요, 희망이
요, 기쁨이 보이더냐?
15 이는 무게도 없는 것이니, 너희들이
이 상품을 팖에 있어서 너희들이 파
는 장소요, 상품을 진열하는 가게를
만들어 놓고 판다 하는 그 어리석은
짓을 하지 말라.
16 지금의 모든 종교 집단이요, 교회요,
성당이요, 법당이요, 그와 같은 데서
너희들이 파는 것이 무엇이며, 나의
백성들에게 전하는 것이 무엇이더냐?
17 너희들이 산나물처럼 보이더냐, 잡곡
처럼 보이더냐?
18 너희들이 서로 팔고 거래하는 그 인간
세상에서 사용되는 모든 잡동사니들
이 보이는 것처럼 과연 너희들이 그리
놓고 팔더냐?
19 생선이 보이기에 생선을 놓고 너희들
이 팔더냐, 무엇을 파느냐?
20 파는 것이 아무것도 보이는 것이 없
음이니라.
21 그러니 보이지 않는 것을 파는 것이
종교 집단의 지도자요, 나에게 선택된
백성이요, 나로부터 역사하는 백성들
이니,
22 너희들이 보이지 않는 것을 팔고 전하
면서, 어찌하여 너희들이 가게를 만들
며 팔 수 있는 상품을 진열하는 그와

같은 성전이요, 교회라는 것을 만들
어, 너희들이 상품을 진열해 놓고 파
는 것처럼 그와 같은 흉악한 짓을 하
고 있더냐?
23 나의 물건은 보이지도 아니하며 무게
도 없으며, 내 것을 파는 것이 나의 백
성이요, 나의 목자요, 나로부터 선택
된 너희들이요, 그리고 하늘의 뜻을
가르치는 하늘의 선생인 너희들이거
늘,
24 너희들은 보이지도 않는 그 물건을 가
게를 차려 놓고 거기에 너희들이 인간
세상의 물건을 파는 것처럼 진열해 놓
고 흥정하여 파는 그와 같은 행위를
해서는 아니 되며, 그와 같이 할 수도
없는 것이니라.
25 그러니 이제 내가 너희들에게 명함이
니, 나의 상품을 파는 것이 나의 백성
이요, 지도자요, 선택된 백성이요, 목
자라 함이니, 보이지 않는 물건을 팔
면서 너희들이 진열해 놓는다 하여 교
회요, 성당이요, 그 상점을 짓지 말라
그리 전하라.
26 그것이 나 여호와의 뜻이니, 너희들은
무게도 없고 보이지 않는 나의 상품을
너희들의 가슴에 그득히 안고 살아 나
의 피조물 만백성에게 팔며 깨우쳐 주
며 전하라.
27 그것이 너희들이 가는 것이요, 나 여
호와의 뜻이라는 것을 잊지 말도록 그
리하라.
28 보이지 않는 물건을 판다고 그와 같이
나의 피조물 만백성들 앞에 하는 자,
그들이 사탄이요, 사악한 자들이니 그
리 알라 전하라.

10,239 번째 하나님 말씀

2004년 4월 1일 14시 13분

1 사랑하는 나의 아들아!
2 "네, 아버님! 말씀하옵소서."
3 정녕 나의 상품을 팔 수 있는 그 자격
을 가진 자, 그가 나로부터 선택된 백
성이요, 나에게 부름을 받은 자요, 그
들이야말로 전사요, 하늘의 선생이라
는 것을 너희들은 알라.
4 그러니 나의 상품을 팔고 전하는 너희
들은 정녕 움직이는 장사요, 움직이
는 곳에서 나의 뜻을 전하는 그와 같
은 역사를 해야 될 것이며,
5 또한 너희들은 나의 귀하고 소중한 그
상품을 전함에 있어서 한 점의 부끄럼
이 없는, 어떠한 대가도 받지 아니하
는 것, 그것이 하늘의 뜻이요, 하늘의
상품이요, 나 여호와가 내리는 것을
너희들이 팔고 전하는 것이라는 것을
잊지 말라, 사랑하는 나의 아들딸들아!
6 너희들은 움직이면서 나의 뜻을 전하
느니라.
7 움직이면서 필요한 사람에게 나의 귀
하고 소중한 그 상품을 전해 주고 파
는 그 역사를 함이니,
8 너희들은 항상 모범적이고 스스로 행
동함에 있어서 한 점의 부끄럼이 없는
삶이 되어야 하는 것이며,
9 그것이 바로 나의 상품을 팔 수 있으
며 나의 상품을 전해 주는 전사요, 선
생이라는 것을 잊지 말도록 그리하라.
10 그러면서 그들의 어렵고 힘든 길이요,
모든 백성들의 고난은 다 너희들이
떠맡을 수 있도록 행동해야 될 것이

며,
11 어렵고 힘든 자, 너희들 앞에 오라, 그
리고 너희들이 그들을 위하여 사랑으
로써 다스리며, 사랑으로써 역사하며,
사랑으로써 지도하고 인도하는 그와
같은 자가 되어야 함을 절대 잊지 말
라, 사랑하는 나의 아들딸들아!
12 나의 아들 예수만 무거운 짐을 진 자,
어려운 짐을 진 자, 고통의 짐을 진
자, 나의 아들 예수 앞에 오라 그리 부
르짖을 수 있는 것이 아니요,
13 진정 나의 상품을 파는 자요, 나의 사
랑의 꽃을 전하는 너희들이야말로 모
든 백성들이 너희들 앞에 와 모두를
다 털어놓을 수 있도록 하고, 그들의
고통을 덜어 줄 수 있도록 그와 같은
마음 자세로 가야 됨이니라.
14 그러기 위해서는 너희들이 모범적인
사람이 되며, 스스로 행동함에 있어서
하늘을 향하여 한 점의 부끄럼이 없는
삶을 사는 자,
15 그와 같은 백성들에게 모든 백성의
어렵고 힘든 것을 풀어 주고 답을 내
릴 수 있는 지혜를 나 여호와가 임하
도록 할 것이니,
16 너희들은 주저하지 말라 그리 전하라,
사랑하는 나의 아들아!

10,240 번째 하나님 말씀

2004년 4월 1일 14시 18분

1 사랑하는 나의 아들아!
2 "네, 아버님! 말씀하옵소서."
3 인간 세상에서 너희들이 살아가면서
무에서 유를 창조하며 또한 무에서 무
엇인가를 역사한다 그리 말하느니라.
4 그러나 나의 아들을 따르는 제자들이
요, 선택된 너희들은, 만백성의 삶을
개혁하며, 지금의 모든 종교 집단이
요, 그 모두에게 개혁으로써, 불 칼로
써 그들을 다스리는 대명을 받은 너
희들은,
5 무에서 유를 창조하든, 유에서 무가
이루어지든, 그 모두가 다 하나라는
것을 알아야 될 것이니라, 사랑하는
나의 아들딸들아!
6 너희들은 무에서 유든, 유에서 무든,
그 모두가 다 하나라는 그와 같은 이
치를 깨달으며, 하늘의 높은 뜻이요,
깊은 의미를 알아 너희들이 그와 같은
삶을 살아가도록 그리하라, 모두는 다
하나인 것을.
7 그러니 지금의 믿음의 길을 가는 지도
자요, 그리고 그 믿음의 길을 가는 백
성들, 그 모두는 너희들이 무엇을 믿
고 가느냐?
8 보이는 것에 집착하며 보이는 것에 연
연하며, 그리고 보이는 것에 의한 믿
음으로 가고자 하는 것이 그들이니라.
9 그러니 보이는 것에만 집착해서 살아
가는 그 백성들이 보이지 않는 세상을
알겠느냐?
10 너희들이 예수의 보혈로써 구원을 받
았다며 몸부림치는 것, 그것도 무엇
인 줄 알겠느냐?
11 그 보이는 믿음으로 가는 것이요, 너
희들이 확실한 근거가 있는 믿음으로
가고자 하는 것이라는 것을 잊지 말라.
12 그러니 그것이 믿음을 보고자 하는 마
음이요, 너희들이 보이는 것에 집착하

는 그와 같은 믿음으로 가는 백성들
이니,
13 보이지 않는 세상의 아름다움을 너희
들이 고개를 들고 봐야 될 것이니라.
14 따뜻한 봄이 되니, 모든 밀알이 대지
를 뚫고 고개를 내미는 것, 그들이 고
개를 내미는 그 정성이요, 그 노력의
고충이 어떠하던가?
15 너희들은 그보다도 더 강한 힘으로써
이 대지 위에 고개를 들고 나오는 그
밀알처럼 강하고 단단하게 밀고 나와
나의 피조물 만백성을 다스리며 그들
을 깨워 주는 것,
16 거기에 너희들이 온갖 정성을 다하며
너희들의 모두를 다 바치는 그와 같은
삶을 살아야 될 것이니라.
17 누가 뭐라 해도 지금 나의 법전을 읽
고 깨우친 나의 아들을 따르는 제자들
이요, 그리고 나의 법전을 읽고 깨우
쳐 거듭나고자 하는 백성들은,
18 따뜻한 그 봄날, 길고 긴 겨울을 지난
밀알이 고개를 들고 일어난 그 힘찬
모습보다도, 그 위대한 역사보다도 강
한 역사요, 강한 위대함으로써 너희들
이 굳건히 고개를 밀고 세상에 나오고
있음이니라.
19 그러니 머지않아 그 밀알은 자라서 성
장할 것이며 또 열매를 거둘 것이니,
그때가 되면 너희들이 오늘의 고충이
요, 오늘의 역사함을 알 것이니라.
20 너희들을 따라 고개를 내미는 밀알이
그 자리를 지키는 것, 그것이 이 세상
을 덮는 날이 머지않았을 것이니,
21 그것이 너희들이 바로 나에게 받을 수
있는 상이요, 너희들이 나에게 올 수
있는 기반이요, 나에게 올 수 있는 영
광이라는 것을 잊지 말도록 그리하라,
사랑하는 나의 아들딸들아!

10,241 번째 하나님 말씀

2004년 4월 1일 14시 23분

1 사랑하는 나의 아들아!
2 "네, 아버님! 말씀하옵소서."
3 나의 전사요, 나의 성령의 내 뜻에 따
라 모두를 역사하며 하늘의 나의 뜻을
가르치는 하늘의 선생이라는 너희들,
과연 너희들은 어찌 살아가며 어찌
역사해야 되는가?
4 너희들은 너희 자신이 없으며 너희
자신이 존재하지 아니하는 그와 같은
마음을 갖고 살라 내가 그리하였음이
니라.
5 그러니 과연 너희들이 얼마나 그를 행
하고 지금 살아가고 있는가?
6 너희들이 너희 자신의 감정을 통제하
지 못하고 있지는 아니한가?
7 너희들이 너희 감정을 통제하지 못하
며 다스리지 못했다면, 너희들은 결코
나의 법전을 읽고 깨우친 자요, 하늘
의 전사요, 하늘의 선생으로서 자격이
없으며, 그 모두를 스스로 반납하는
자임을 알아야 될 것이니라.
8 너희들이 살아가면서 나 여호와의 사
랑의 꽃을 전하는 것, 그리고 너희 자
신의 희생도 중요하며, 그리고 너희들
이 사랑의 실천을 누구보다도 잘 지키
며 역사하는 것, 네 모두를 던져 그 모
두를 베푸는 그와 같은 삶을 사는 것,
그 모두도 중요하고 귀하니라.

9 그리고 공정한 마음이요, 정의로운 마
음이요, 한 점의 흔들리는 마음이 없
는 깨끗한 그와 같은 마음으로 살고
존재하는 것, 그 모두도 다 귀하고 소
중하니라.
10 그러나 나의 아들을 따르는 제자들이
요, 나의 뜻을 따라 역사하는 하늘의
선생이요, 전사 너희들은 너희 자신의
감정을 통제하는 것이 가장 우선이며
중요함을 알아야 될 것이니라.
11 너희들 자신의 감정을 통제하지 못하
는 그와 같은 백성이라면 모두가 너희
들이 무너짐이니라.
12 너희들 자신의 감정을 통제하지 못하
기 때문에 오늘 너희들이 열 개를 깨
달았으면 내일 다섯 개를 잃으며, 너
희들이 또 깨달은 만큼 그보다 더 잃
는 것, 그와 같은 고통 속에서 너희들
이 지금 살아감이니,
13 너희들은 감정을 통제하는 그와 같은
훈련에 이제 돌입하도록 그리하라.
14 나로부터 선택된 너희들은 감정이 없
으며, 너희들의 모두는 존재하지 아니
하다 하였거늘,
15 어찌하여 너희들이 너희 자신의 감정
하나를 다스리지 못하며 통제하지 못
하여, 오늘 너희들이 열을 깨달으며
그다음에 다섯을 잃는, 그리고 모두를
다 잃는 그와 같은 속에서 허덕이고
있단 말이더냐?
16 그러니 진흙탕에서 아직도 벗어나지
못한 백성이 되었음이니, 진흙탕 속에
서 나오지 못한 자가 어찌하여 그 속
에 있는 백성들을 구원하며 그들을 건
져 낼 수 있단 말이더냐?
17 이제 나의 아들을 따르는 제자 너희들
은 네가 없으며 너희 자신이 존재하지
않는다는 그 귀한 뜻을 깊이 가슴에
새겨,
18 너희 자신의 감정을 다스리며 감정을
통제하는 그와 같은 훈련으로써 돌입
하도록 그리하여,
19 감정을 억제하며 통제할 수 있는 그와
같은 백성으로 거듭남이 중요함이니
그리 전하며, 그 훈련에 돌입하도록
그리 전하라.
20 그리하여 너희들이 그를 마치고 그를
다스릴 때, 내가 너희들에게 또한 다
음의 명을 내려 줄 것이니 그리 전하
라.

10,242 번째 하나님 말씀

2004년 4월 1일 14시 28분

1 사랑하는 나의 아들아!
2 "네, 아버님! 말씀하옵소서."
3 오늘의 나의 아들을 따르며 나의 법전
대로 모두를 실천하고 행하며 역사하
며 살아가고자 하는 너희들을, 너희들
의 이웃의 형제요, 가장 가까운 너희
가족이요, 부모 형제와 너희 주변에
있는 모든 백성들이 그리할 것이니라.
4 저희들이 지금까지 살아온 경험이요,
지금까지 살아온 그 삶의 토대로 볼
때, 저희들이 살고 있는 그 현주소로
볼 때,
5 한 점의 부끄럼이 없는 삶을 살 수 없
으며, 모두를 버리고 놓는 그와 같은
삶을 살 수 없으며,
6 너희들 입을 통하여 전해지는 그 무섭

고 두려운 말은 감히 저희들이 지키고
살 수 없는 그와 같은 것이기에, 그들
은 그를 지키고 따라 행하려 하지 아
니하며 너희들에게 그리 말할 것이니
라.
7 어찌하여 제 아들이요, 제 형제요, 제
남편이요, 제 아내가 지금 꿈속에서
헤매고 꿈을 꾸는 세상에 빠져 헛소리
를 하는 그와 같은 어리석은 백성으로
되어 있는가 하며 너희들을 그리 평할
것이며, 그 이상한 눈으로 너희들을
볼 것이니라.
8 그리고 너희들이 시행하는 것은 다 불
가능한 것을 말하며 이룰 수 없는 것
을 말함이니,
9 바로 너희들이 사탄이요, 만백성을 지
옥으로 이끌어 가는 잘못된 자들이라
그리 말함이니,
10 너희들을 이단이라 하며 너희들과 더
불어 접하기를 싫어할 것이며, 너희들
과 상대하기를 싫어하며, 너희들과 대
화하기를 꺼려하며,
11 너희들을 이상한 백성으로서 보고 그
리 다스리고, 그와 같은 마음을 가슴
에 안고 너희들과 대화하는 그것이 오
늘의 네 형제요, 부모요, 이웃의 모든
백성들이 너희들을 보는 그 눈일 것이
니라.
12 정녕 그러하니라.
13 너희들이 까마귀 노는 곳에 백로가 가
있음이니 백로가 잘못된 것이요,
14 내가 나의 법전에 너희들에게 뭐라 말
하였느냐?
15 너희들이 기형아만 있는 세상에 정상
적인 사람이 나올 때, 정상적인 사람
이 바보요, 잘못된 것이라 하듯이,
16 그들이 모두 볼 수 없으며 귀가 열리
지 아니하였으며 눈이 뜨지 아니하였
으니,
17 너희들이 어떠한 보배보다 귀하고 소
중하고 무엇과도 바꿀 수 없는 하늘의
가르침이요, 창조주 나 여호와의 뜻을
그들에게 전해 주니 그들은 듣지 못하
며,
18 그걸 꿈속에서 헤매는 백성이요, 꿈을
꾸고 있는 자요, 헛소리하는 자라 하
며 어리석은 백성이라 하며,
19 결국 너희들은 사탄에게 현혹되어 너
희 모두를 다 저버리고 지옥으로 갈
것이라 그리 말하니, 이를 만백성을
현혹게 하는 사탄이라 말하느니라.
20 그러니 너희에게 지금 꿈을 꾸고 있다
하며 꿈속에서 헤매이고 있다 하는 것
을 알아야 될 것이니라.
21 모든 백성들이 지금 어찌 가고 있는가?
22 내가 세상을 거꾸로 봐야만 바로 볼
수 있는 세상이라 하였으니, 모두가
다 뒤집어지고 거꾸로 된 세상이 아니
더냐?
23 그러니 너희들이 꿈을 꾸고 있다고 말
을 듣는 것, 꿈속에서 헤매고 있다는
것, 그들이 말하는 꿈속에서 헤매고
꿈을 꾸고 있다는 것을 너희들은 현실
로 이루어야 되며, 현실로써 그 결과
를 거두는 그와 같은 역사를 하지 아
니하면 아니 됨이니라.
24 그들이 꿈이라는 것, 꿈속에서 헤매이
는 것이며, 감히 그 누구도 이룰 수 없
는 헛된 짓을 하고 있다는 것,
25 그와 같이 너희들을 말하는 것을 너희

들은 이루어야 되며, 그 꿈을 현실로 만들어야 되며, 그 꿈은 이 세상에 실현되고 지켜져야 되는 것이니라.
26 그 현실에서 너희들이 모두를 역사하기 위해 나로부터 존재된 백성이요, 나로부터 부름을 받은 백성이요, 나로부터 선택된 귀한 백성이라는 걸 알라.
27 다시 내가 너희들에게 말하느니라.
28 모든 백성들이 너희들이 비정상이요, 꿈속을 헤매며 꿈꾸는 자들이요, 그리고 헛소리만 하는 자들이라 그리 말하는 것,
29 그 헛소리가 진실로 나타나야 될 것이며, 꿈을 꾸고 있는 것이 현실로 나타나야 되며,
30 꿈속에서 헤매이는 너희들의 그 작품이 현실로 나타나 모든 백성들이 그를 보도록 역사하는 것이 너희들이니, 그 길이 과연 얼마나 힘들고 어려운 길이더냐?
31 그러니 그것이 하늘에 오르는 길이요, 하늘의 이치를 아는 것이라 함을 잊지 말라, 사랑하는 나의 아들딸들아!
32 너희들을 사랑하며, 너희들이 있기에 나 여호와의 기쁨이 있으며, 너희들이 있기에 그 꿈이 현실로 이루어질 것이며, 꿈꾸는 것이 현상으로써 나타날 것이며, 모두를 역사할 것이며,
33 바보 천치라 하는 너희들이 진정한 나의 백성이라는 것을 그들은 알게 될 것이니 그리 알라.

10,243 번째 하나님 말씀

2004년 4월 1일 14시 30분

1 사랑하는 나의 아들아!
2 "네, 아버님! 말씀하옵소서."
3 이제 사랑하는 나의 아들을 따르는 제자들이요, 그리고 법전을 읽고 깨우친 너희들은, 나의 아들이 지금 적진을 향하여 두 주먹을 쥐고 달려감이니, 그러니 너희들은 물러남도 없으며 좌절함도 없다는 것을 알라.
4 너희들은 포기함이 있어서도 아니 되며, 너희들은 좌절하려야 좌절도 할 수 없는 것이요, 오로지 너희들에겐 희망만이 존재하는 백성이라는 것을 너희들은 알라.
5 그리고 앞으로 밀고 나가는 백성이라는 것을 너희들은 알라.
6 대지의 흙을 뚫고 나오는 그 어린 싹보다도 더 강하고 힘찬 모습으로써 이 뜻을 역사하는 전사로서, 하늘의 선생으로서 너희들은 힘차게 밀고 나가는 그것밖에 없음을 알라.
7 너희들은 도망갈 수도 없으며, 돌이켜서도 안 되며, 좌절해서도 안 되며, 뒤로 물러나는 것은 너희들 앞에는 없느니라.
8 그리고 어떠한 환경이요, 어떠한 여건에서도 너희들은 좌절은 없으며, 오로지 희망과 앞으로 나아가 모두를 역사하는 그것만이 남아 있을 것이니,
9 너희들이 죽기 아니면 살기로 가는 자는 살 것이요, 두려워하며 무서워하는 자는 영원히 다시 태어나지 못하는 그 죽음의 길로 갈 것이니라.

10 인간 세상의 너희들도 어떠한 것을 역사하기 위해 제 몸을 사리며 목숨의 죽고 삶을 먼저 계산하는 자는 목숨을 잃으며,

11 죽음을 두려워하지 않으며 최선을 다할 때, 그 사지에서 구원의 빛을 보며 구원을 얻을 수 있다 그리 너희들이 하는 말이 있지 않으냐?

12 노력하는 자에게 하늘의 뜻이 있으며, 너희들이 그리하여 '하늘이 무너져도 솟아날 구멍이 있다.'는 그와 같은 말을 하지 않느냐?

13 '하늘은 스스로 돕는 자를 돕는다.'는 말을 너희들은 하지 않느냐?

14 너희들은 그러하니라, 좌절은 결국 없음이니라.

15 희망만을 가지고 나의 피조물 만백성을 이끌어 깨우치는 데 최선을 다하는 것이 너희들의 존재의 이유요, 너희들이 숨을 쉬고 있는 이유요, 너희들이 지금 살아 있는 이유라는 것을 절대 잊지 말라, 나의 아들을 따르는 귀하고 소중한 나의 아들딸들아!

10,244 번째 하나님 말씀

2004년 4월 1일 14시 37분

1 사랑하는 나의 아들아!

2 "네, 아버님! 말씀하옵소서."

3 네가 너의 제자들에게 그리 말하였느니라.

4 인간의 그 심리를 알 수 없으며, 인간의 그 마음을 알 수 없으며, 인간의 그 상태를 알 수 없다 네가 그리 말하지 아니했느냐?

5 너희들이 체중을 빼고자 하는 자가 음식을 계속 탐하며, 체중을 줄이겠다 말하는 자가 음식을 계속 탐하고 계속 먹음이니, 그것이 이치에 맞지 않는다 네가 그리하지 아니하였더냐?

6 너희들이 구원을 받으며 하늘에 오르겠다는 그 백성들이 죄는 죄대로 계속 지으면서 저희들이 나에게 오르며 구원을 받으며 하늘에 오겠다는 그와 같은 욕심을 가지고 사는 것이 인간 너희들의 상태이니, 그 심성을 알 수 없으며 그를 이해할 수 없다 하였음이니라.

7 사랑하는 나의 아들아!

8 그 모두를 순리적으로 돌려놓고 순리적으로 다스리고자 하는 것이 나의 법전이요, 내가 역사하고자 하는 뜻이니라.

9 너희들이 체중을 줄이려는 자, 음식을 조절하며 모두를 절제하는 마음에서 행동하고 살아간다면, 스스로 모두가 역사할 것이니라.

10 너희들이 나에게 오르고자 울고불고 회개하고 그리하지 말며,

11 너희들이 나에게 오고자 하는 마음이 있다면 죄를 짓지 아니하며 아름다운 마음으로 살면,

12 너희들이 울고불고 그리 기도하고 광란의 짓을 하지 아니하여도, 재물을 바치며 시간과 모두를 다 바치지 아니하여도 나에게 오를 수 있는 것이 아니더냐?

13 그러니 그 모두를 바로잡고자 하며 그 작은 이치를 깨우치고자 하는 것이 나 여호와의 뜻이니라, 사랑하는 나의 아

들아!
14 수천 년 동안에 흘러오는 그 많은 나
의 백성들이 그 이치를 알면서도 행
하지 아니하였음이니, 그리고 알면서
행하지 아니하며, 할 수 있는 여건에
서도 하지 아니하는 것이 너희들이니
라.
15 그러니 내가 그 많은 세월 속에서 그
많은 나의 백성들을 두고 봤으나, 나
의 성령으로 임할 수 있는 백성이 없
으며 성령을 부어 넣을 백성이 없음이
니,
16 그리하여 나 여호와가 지금 너희들을
통하여 작은 나의 성전에서 적은 너
의 제자들로 하여금 나의 법전을 만들
며 대혁명이요, 대개혁의 역사를 여기
서 이루는 것은 무엇이더냐?
17 나 여호와는 이제 너희들에게 말하느
니, 나는 양보다 질을 소중히 함이니,
그리하여 내가 적은 양으로써 모두를
역사하며 지금 다스려 나가는 것임을
너희들은 알아야 될 것이니라.
18 나 여호와가 이루는 것은 양보다도 질
임을 너희들은 알아야 될 것이니라,
사랑하는 나의 아들딸들아!
19 그러니 많은 자가 모여서 많은 자가
역사하는 것보다도, 너희들이 내 뜻을
알아서 160권의 법전을 만들 수 있는
그 소수 정예의 백성이요, 정화된 백
성이요, 그리고 진리를 아는 백성이
요, 깨달음을 아는 백성이요,
20 나 여호와의 애절한 마음을 들여다볼
수 있는 너희 몇 명의 제자가 그를 만
들고 역사하면 되는 것이니,
21 너희들은 어렵고 힘들다 하지 말며,
너희들이 왜 선택되었으며 너희들이
왜 이 길을 가는가 하여 두려워하지
말라.
22 나는 너희들에게 말하니, 양보다는 질
을 소중히 함이니, 너희들이 그와 같
은 질이면 될 것이며,
23 너희들의 마음 자세면 할 수 있기에
내가 선택하여 너희들과 더불어 이 어
려운 역사요, 대장정의 힘들고 어려운
길, 그리고 모든 백성들의 변화를 얻
는 것, 모든 백성들을 바꿔 놓는 것,
모든 종파가 문을 닫으며 하나로써 거
듭나는 그 역사를 이루고자 하는 것이
나 여호와의 뜻임을 알라.
24 무요, 유를 따질 것이 없으며, 사탄과
마귀와 천사를 따질 것도 없으며, 악
과 선을 따질 수 없는, 그 모두가 다
존재하지 않는 하나의 세상을 만들고
자 함이니, 너희들은 그리 알라, 사랑
하는 나의 아들딸들아!

10,245 번째 하나님 말씀

2004년 4월 1일 14시 40분

1 사랑하는 나의 아들아!
2 "네, 아버님! 말씀하옵소서."
3 너를 따르는 제자들이 자신을 통제하
지 못하며 감정을 다스리지 못하며 제
마음을 억제하지 못하거든, 이 세상의
자유로움이요, 그 위대한 자연의 이치
를 보라 그리 전하라.
4 자연 속에서 움직이는 그 오묘함을 보
면 너희들이 자연히 너희 감정을 다스
릴 수 있을 것이며,
5 너희들이 얼마나 미미한 존재며, 너희

들이 어떠한 것인가를 알 수 있음이니,
6 너희들이 자신을 통제하지 못하며 제
감정을 다스리지 못하는 것도, 제가
귀한 자요, 제가 존재하며 제가 먼저
라는 그와 같은 생각이기 때문에 너희
들이 그 감정을 통제하지 못함이니,
7 너희들이 그와 같은 마음을 나의 법전
을 읽고 읽어도 다스리지 못할 때, 자
연의 위대함을 보라.
8 백사장에 가 바위에 부딪치는 그 파
도 소리를 들으며, 자연의 움직이는
것을 보며, 그 오묘함을 보며,
9 너희들의 모두가 시작이 있고 끝이
있거늘,
10 너희들이 마시고 마셔도 그 끝이 없이
내려 주는 그 산소요, 그 공기의 위대
함이요, 그리고 달과 별과 해가 변하
지 않고 역사하는 것, 그들이 존재하
지 아니하면 너희들이 잠시도 살아갈
수 없는 그와 같은 것을 내가 무상으
로 끝도 한도 없이 너희들에게 내려
주니,
11 이 귀중하고 소중한 것들에 대하여 너
희들이 감사하는 마음을 갖고 자연의
위대함을 보며 자연의 흐름 속을 본
다면,
12 너희 감정을 다스릴 수 있을 것이며,
너희 마음을 누그러트릴 수 있으며,
너희 마음을 달랠 수 있음이니라.
13 그러니 나의 법전을 읽고 깨우쳐 너
희들이 정녕 힘들고 어렵거든, 자연
속으로 뛰어들어 너희 머리를 식히며
자연의 위대함을 보라.
14 그리고 너희들이 정 알고자 한다면,
내가 무상으로 주는 이 산소, 마시고
마셔도 끝이 없는 것, 그것이 얼마나
귀중하고 소중한 것인가?
15 그러니 그 소중함을 모르고 살던 너
희들이 그 소중함을 알며, 그가 귀한
것을 알며, 과연 누가 무상으로써 이
렇게 마시지 아니하면 아니 되는 것을
줄 수 있는가 너희들이 한번 생각해
보라.
16 모든 것은 한계가 있거늘, 너희들의
생명을 유지하는 가장 귀한 것에는
또 너희들에게 한계가 없이 나 여호와
가 이 세상에 창조하여 내려보냈으니,
17 그 위대함 속에서 그 감사함을 너희들
이 느낀다면, 너희 감정이요, 너희 자
신을 다스릴 수 있는 길이 또한 거기
에 있을 것이니,
18 자연 속에서 더불어 너희들이 깨우치
도록 그리하라, 사랑하는 나의 아들딸
들아!

10,246 번째 하나님 말씀

2004년 4월 1일 22시 07분

1 "너는 나 외에는 다른 신들을 네게 있
게 말지니라.
2 너를 위하여 새긴 우상을 만들지 말
고, 또 위로 하늘에 있는 것이나 아래
로 땅에 있는 것이나 땅 아래 물속에
있는 것의 아무 형상이든지 만들지 말
며, 그것들에게 절하지 말며 그것들을
섬기지 말라.
3 너는 너의 하나님 여호와의 이름을 망
령되이 일컫지 말라.
4 안식일을 기억하여 거룩히 지키라.
5 네 부모를 공경하라.

6 살인하지 말지니라.
7 간음하지 말지니라.
8 도적질하지 말지니라.
9 네 이웃에 대하여 거짓 증거하지 말지
니라.
10 네 이웃의 집을 탐내지 말지니라.
11 나 여호와가 존재함을 믿는 그 자체가
구원의 길에 들어서는 기본이요 근본
이며, 나의 법전을 가슴에 안고 정독
하는 자, 반석 위에 서서 하늘에 오르
는 찬란한 빛을 보게 되는 영광을 얻
게 됨이니라."
12 사랑하는 나의 아들아!
13 "네, 아버님! 말씀하옵소서."
14 너는 과연 나의 법전을 기록하여 전하
며, 네가 지금에 어떤 경지요, 네가 무
엇을 생각하고 사는가?
15 "네, 아버님! 저는 법전을 받아 기록
하여 책으로 만들며, 오늘의 제 깨달
음이요, 제가 느끼고 있는 그것을 아
버님께 감사드리고 있사옵나이다.
16 제가 멀리 있는 곳을 그리며 멀리 있
는 곳을 생각할 때, 여기에 앉아서 그
모두를 볼 수 있으며, 그 흐름을 볼 수
있으며,
17 새들의 울음소리를 들을 수 있으며,
물이 흐르는 것을 들을 수 있으며, 그
산천의 환경을 볼 수 있으며,
18 저의 제자들이 어느 곳에 가서 무엇
을 하든 그 모습을 제가 볼 수 있으며,
제가 그와 대화하면서 그가 지금 어디
에 있든지 그대로 느끼며,
19 그의 고통이요, 그의 즐거움이요, 그
가 보는 자연의 아름다움이요, 흐르는
하천이요, 그 모든 역사하는 것을 제
가 볼 수 있다는 것,
20 그와 같은 그 깨달음이요, 그 무서움
을 아버님께 감사드리고 있사옵나이
다.
21 제가 저의 제자들과 떨어져 있으나,
그와 대화하며, 그가 처해 있는 환경
이요, 그가 무엇을 역사하며 무엇을
하고자 하는지, 그와 같은 것을 제가
느끼고 볼 수 있는 것, 그가 바라보는
모든 자연의 그대로 제가 여기에 앉
아서 볼 수 있는 것,
22 그리하여 제가 움직이지 아니하여도
자연 속을 다녀올 수 있으며, 제가 여
기에 있으면서도 자연의 모든 흐름을
볼 수 있으며, 제 마음을 달랠 수 있으
며, 저 자신을 삭일 수 있으며, 저 자
신이 자연 속에 가 앉아 즐기고 돌아
올 수 있는 것, 그리고 자연과 대화를
하고 올 수 있는 것,
23 가 보지 아니하여도 그곳에 가서 있으
며, 가 보지 아니하여도 그곳을 알 수
있으며, 가 보지 아니하여도 그 모든
향기로움을 느낄 수 있는 것, 그와 같
은 은혜를 아버님께서 내려 주신 것을
감사하게 생각하고 있으며, 또한 저
자신이 두려움을 알고 있사옵나이다.
24 과연 저만이 그와 같은 은혜의 영광을
받을 수 있는 것인가 하는 것을 제가
다시 한 번 생각하고 있사옵나이다.
25 아버님! 정녕 저는 그와 같은 것을 느
끼고 있으며, 그 모두가 아버님께서
내리신 영광의 은혜라 그리 생각하옵
나이다."
26 사랑하는 나의 아들아!
27 "네, 아버님! 말씀하옵소서."

28 가서 보는 것만이 보는 것이 아니니
라.
29 내가 무어라 했느냐?
30 너희들이 무에서 유를 역사하든, 유에
서 무를 역사하든 그 모두는 다 하나
며, 그는 구분되는 것이 아니라 하지
않았느냐?
31 그 경지에 오르고 그를 깨닫게 되면,
너희들의 마음이 비워지고 비워지면
너희들이 모두를 다 볼 수 있으니,
32 앉아 천리를 볼 수 있으며 앉아 천리
의 역사하는 것을 볼 수 있다 하지 않
았느냐?
33 오늘의 나 여호와의 기쁨이 그러하니
라.
34 네 마음이 바로 서며 네 마음이 다스
려져 가며, 내가 역사하고자 하는 것
을 네가 지금 잘 가고 있음이니, 그것
이 나 여호와의 기쁨임을 알라, 사랑
하는 나의 아들아!

10,247 번째 하나님 말씀

2004년 4월 1일 22시 10분

1 사랑하는 나의 아들아!
2 "네, 아버님! 말씀하옵소서."
3 네가 직접 가 보는 그 자연의 아름다
움보다 네가 여기 앉아서 보는 것이
어떠하더냐?
4 "네, 아버님! 가서 보고 느끼는 것보
다 더 아름다우며, 더 귀하고 소중함
을 느끼고 있사오며, 그리고 더 화려
하고 아름다움을 느끼고 있사옵나이
다."
5 그러니라, 네가 가서 그 자연의 아름
다움을 보지 아니하고, 직접 보는 사
람보다도 네가 여기서 더 아름다운 자
연을 볼 수 있는 것, 그리고 거기서 맡
는 꽃 냄새를 네가 여기에 앉아서 그
보다 더 향기로운 꽃 냄새를 맡는 것,
그리고 더 화려하고 아름다운 꽃을 네
가 볼 수 있는 것,
6 그러니라, 그것이 네가 마음이 비워진
것이며 내가 너에게 내린 상임을 알라.
7 "네, 아버님! 그리 알고 있사옵나이
다."
8 모든 백성들이 직접 가서 보는 사람보
다 네가 더 아름답게 보며, 그 정경을
네가 더 황홀하게 보며, 네가 그 소중
함을 더 느끼며,
9 그 물소리며, 그 새소리요, 그리고 바
람 소리까지 네가 모두를 더 아름답게
느끼고 있다는 것을,
10 너의 제자들이 세월이 지난 다음에
그를 알게 될 것이며, 그를 알게 될 때
너의 제자들 또한 마음이 비워진 백
성일 것이니 그리 알라.
11 그러니 너의 제자들이 그와 같은 것
을 느끼고 그와 같은 깨달음으로 그와
같은 경지에 오르도록 그리하라.
12 한 단계 한 단계 너희들이 오름으로써
너희들이 내가 역사하는 것, 내가 이
루고자 하는 것을 알 것이며 내 뜻을
알게 됨이니,
13 너희들의 마음이 굳어질 것이며, 자세
가 더 굳어질 것이며,
14 그리고 오늘의 마음보다 열배 백배
더 너희들이 전진하는 마음으로 변할
수 있을 것이니,
15 스스로 너희들이 변하는 경지에 오르

도록 그리 가르치라, 사랑하는 나의
아들아, 그리고 그리 전하라.

10,248 번째 하나님 말씀

2004년 4월 1일 22시 16분

1 사랑하는 나의 아들아!
2 "네, 아버님! 말씀하옵소서."
3 지금의 믿음의 길을 가는 그 백성이
요, 그 신도들, 너희들의 신앙생활이
야말로 불타는 불꽃보다도 더 무서우
며,
4 믿음의 광적인 행위는 너희들이 감히
감당키 어려운 그와 같은 열정을 가지
고 정신없이 그 믿음의 길을 그리 달
려가느니라.
5 그리고 그와 같은 광적인 너희들의 믿
음은 누구도 감당할 수 없을 만큼 너
희들의 열정이 무서움이니라.
6 그러나 너희들은 알아야 될 것이니라.
7 너희들이 가장 중요한 창조주의 근본
을 모르고 지금 가는 그 믿음의 길에
맹종하고 맹신하니,
8 그것이 나의 백성이 아니요, 사탄의
백성이 되어 사탄에게 힘을 실어 주는
그와 같은 행위를 하고 있음을 알라
하였음이니라.
9 너희들 자신이 타오르는 그 불보다도
더 무서우리만큼 강렬한 신앙이요, 목
숨을 걸고 믿음의 길을 가고자 하며
그 믿음을 지키고자 하며 너희들이 그
와 같은 열정을 가지고 있으나, 여기
서 알아야 될 것이니라.
10 너희들은 자기 자신을 위하는 믿음이
요, 자기 자신을 위한 그 중심을 버리
지 못하고 있느니라.
11 '나'를 버리지 못하며 '나'를 내려놓지
못하며 '나'를 중심으로 '나'를 위한 이
기주의로써 모두를 너희들이 이루고
가느니라.
12 그러니 너희들이 하는 짓이요, 너희들
이 하는 그 믿음은 나에게 오르는 백
성으로서 하는 길이 아니요,
13 천사의 길을 위하여 너희들이 천사와
동행하여 나에게 오르고자 하며 그들
과 더불어 변화되는 그와 같은 삶을
사는 것이 아니요,
14 사탄의 행동을 따르며 사탄과 동행하
는 그와 같은 삶을 살고 있음이니, 너
희들이 어찌 나에게 오를 수 있으며
나의 백성이라 그리 말할 수 있겠느냐?
15 그러니 지금의 믿음의 길을 가는 백성
들이 얼마나 자기 중심으로 자기 위주
로 가는가?
16 너희들이 지금 갖고 있는 믿음이요,
그 신앙과 같지 아니하며 뜻이 같지
아니하면 절대 받아들일 수 없으며,
받아들이지 않는 것이 너희들이요,
17 그리고 너희들은 싫은 것을 용서하고
받아들이는 그와 같은 심성이 아니라,
싫은 것은 싫은 것대로 계산하여 모두
를 끝내 버리는 것이 지금의 종교 집
단이요, 지도자 너희들이 하고 있는
행위가 아니더냐?
18 지금의 종교 집단과 지도자들, 너희들
은 복음이요, 그리고 나의 백성을 위
하여 나 여호와의 뜻을 전하는 그와
같은 역사를 한 것이 아니라,
19 너희들이 '남이 어떻게 되든, 남이야
죽든 살든 그저 나만 관계없으면 된

다.'는, '남이 어찌 되든 나는 알 바가
없다, 남이야 죽든 살든 나는 모르겠
다.'는 그와 같은 복음을 전했으며, 그
마음을 나의 피조물 만백성에게 너희
들이 심어 주지 아니하였더냐?
20 너희들은 어린아이가 물에 빠져 죽든
말든, 그들이 생명을 잃든 말든, 어떠
한 위험 속에서 생명을 잃든 말든, 너
희들은 그들을 위하여 너희 모두를 던
져 역사하는 그와 같은 백성이 아니
요,
21 그저 '나'와는 관계없으며 제가 피해
없으면 되는 것이요, '남의 자식이 죽
어 가든 말든 나와는 관계없으니, 나
는 알 바 없다.'는 그와 같은 너희들의
복음으로 역사하며,
22 그와 같이 양심이 없는 마음 자세를
길러 내는 데 모두를 다 바쳐 역사한
것이 지금까지 너희들이 역사했다는
복음의 사업이며,
23 그게 복음 사업의 근본이요, 그를 위
하여 너희들이 역사했다는 것을 잊지
말라.
24 사랑하는 나의 아들딸들아, 그들에게
그리 전하라.

10,249 번째 하나님 말씀

2004년 4월 1일 22시 24분

1 사랑하는 나의 아들아!
2 "네, 아버님! 말씀하옵소서."
3 지금의 믿음의 길을 가는 그 백성 너
희들은 작은 무엇인가를 하나 이루고
역사했을 때, 그 재물이요, 명예요, 작
은 하나를 얻었을 때도 나 여호와의
뜻이라 하여 감사하며 울고불고 그와
같은 행위를 하느니라.
4 그리고 축복의 은혜를 받았다 그리 말
하느니라.
5 그러니 내가 너희들에게 말하고자 함
이니라.
6 사랑하는 나의 아들딸, 그리고 나의
법전을 읽고 깨우친 만백성 너희들은
들으라.
7 너희들이 작은 것을 얻음으로써 그것
이 나에게 은혜요, 나에게 감사하다
하여 눈물 콧물을 흘리는 그와 같은
백성이 되지 말라.
8 너희들은 나로부터 무엇을 주고도 살
수 없는 귀중한 생명을 준 것, 그리고
너희들이 세상에 존재하도록 한 것,
9 어떠한 것을 주고도 얻을 수 없으며
구할 수 없는 너희들의 영혼이요, 생
명을 내가 너희들에게 내려 주었음이
니,
10 그 내려 준 것에 대해 너희들이 감사
할 줄 아는 백성이 되어야 될 것이니
라.
11 그리고 이 세상의 그 모두를 다 내가
너희들에게 주었으며, 내가 너희들에
게 내려 주지 아니한 것이 없음이니,
그 모두에 감사하는 그와 같은 마음을
가지고 살라.
12 그러면 너희들이 나의 율법이요, 나의
십계명이요, 나의 법전을 지킨다 지
키지 못한다 시시비비를 할 수 없는
것이 아니던가?
13 그러니 너희들이 원하든 원하지 않든
나 여호와는 너희들에게 모두를 내려
주었으며,

14 너희들이 편히 살며 존속할 수 있도
록 모두를 내려 주었거늘, 거기에는
너희들이 감사할 줄 모르며,
15 작은 것 하나 이루어지고 얻었을 때
너희들은 울고불고 눈물을 흘리며 콧
물을 짜며 나에게 감사를 드림이니,
16 이것이 얼마나 너희들이 모순된 것이
며, 큰 것은 모르고 작은 것에 연연하
는 어리석은 백성이요, 그 신앙으로
가는 백성들인 줄 알겠느냐?
17 너희들에게 생명을 주었으며 영혼을
주었으며 그 모두를 다 주었거늘, 세
상 것을 내가 너희들에게 다 주었거늘,
18 그중에서 모래알만 한 것을 하나 얻
을 때 울고불고 감사하고 기도하니,
나머지는 그러니 너희들이 나에게 감
사할 줄을 모르며 은혜를 모르는 자들
이니,
19 너희들이 사탄에게 넘어지며 너희들
이 마귀로서 지옥으로 가는 그와 같
은 삶을 사는 것이 오늘의 너희들의
실정이니, 그러니 얼마나 어리석고 불
쌍한 백성들이라 하느냐?
20 너희는 감사함을 모르는 것이니라.
21 어찌하여 작은 것에 대하여만 울고불
고 감사하며, 너희들이 정녕 큰 은혜
요, 큰 축복에 대한 감사하는 마음을
갖고 살지 않는가?
22 이제 나의 아들을 따르는 제자들이요,
나의 법전을 읽고 깨우친 만백성 너희
들은 모두를 나에게 감사하는 마음으
로 그리 살도록 하라, 사랑하는 나의
아들딸들아!
23 너희들이 나로부터 얼마나 많은 것을
받아 가지고 살아가는가, 그와 같은
이치를 한번 생각해 보고 돌아보도록
그리하라, 사랑하는 나의 아들딸들아!
24 그러니 나로부터 받은 것이 너희들이
그 육신으로부터 그 모두가 어찌 은혜
를 받아서 너희들이 나로부터 그 은혜
의 축복을 받았으며,
25 또는 그러니 나로부터 모든 은혜의 영
광이요, 세상을 지배하고 다스릴 수
있는 온갖 것을 다 준 나 여호와이니,
그리고 너희들 자신을 내가 세상에 탄
생케 하지 않았더냐?
26 너희들이 육을 가지고 세상에 태어났
으며, 너희들이 영혼을 가지고 세상에
태어나 오늘의 그 삶을 사는 것이니,
27 바로 너희들이 가지고 있는 그 육이
요, 영혼을 어찌 썼느냐에 따라서 너
희들이 나에게 와 심판을 받는다는 것
을 알아야 될 것이니라.
28 그러니 행함이 아니라는 것이 얼마나
어리석은 백성들인 줄 알겠느냐?
29 사랑하는 나의 아들아, 내가 너희들에
게 육을 만들어 주었으며, 아름다운
모습으로 너희들을 만들어 세상에 내
보냈으며, 영혼을 내가 너희들에게 심
어 놓아 너희들이 생각하고 판단할 수
있는 그와 같은 지혜를 높이 주었거늘,
30 너희들은 바로 그것을 어찌 사용하고
내가 준 것을 어찌 썼느냐 하는 그것
으로써 심판을 받는다는 것을 알라,
사랑하는 나의 아들딸들아!
31 내가 너희들에게 눈을 주었음이니, 네
눈을 가지고 얼마나 아름다운 것을 보
며, 곱고 아름답게 썼느냐 하는 것이
중요한 것이며,
32 내가 너희에게 입을 주었음이니, 네가

그 입을 얼마나 아름다운 말이요, 고
운 말로써 남을 즐겁게 하며 남을 용
서하는 말을 하며 남을 행복하게 하
고 살았느냐 하는 그것이 중요함이니
라.
33 너희들의 귀가 또 무엇이더냐?
34 그 귀로 어떠한 것을 거르고 어떠한
것은 버려, 너희들이 듣고 선별하는
것이 아니요,
35 악한 것과 선한 것 중에 너희들이 그
저 선한 것보다 악한 것을 더 즐겨 듣
지는 않았는가,
36 너희들이 그 귀도 어찌 듣고 어찌 행
하느냐 하는 것이 중요한 것이니라.
37 너희들의 손은 또한 어떠하더냐?
38 너희들의 손이 어찌 쓰이며 어찌 살
아왔으며 어찌 활용했느냐 이것이 중
요함이니라.
39 너희들의 발도 그러하니라. 너희들의
발이 어떻게 쓰였으며 무엇을 위해서
쓰였느냐 하는 것, 그것이 바로 너희
들에게 나에게 와서 심판을 받는 그
결과임을 알라.
40 너희들의 생각이요, 지혜요, 그 양심
을 과연 어찌 썼느냐에 따라서 너희
들의 그 모두가 다 나로부터 심판을
받는 그 원인이요, 결과라는 것을 알
라 그리 전하라.
41 너희들은 과연 나로부터 받은 그 소중
하고 귀한 육신의 눈을 남을 시기하
는 것, 사악한 것만을 보지 않았는가?
42 그리고 너희들의 입은 남을 음해하고
질투하는 말, 그리고 남을 욕하는 말,
남을 모함하는 말, 남을 거짓 증거하
는 말, 남을 무너트리는 말을 하는 그
와 같은 입으로써 사용하지 않았는가?
43 너희들의 귀는 선한 것은 접어 두고
악한 것만을 듣고 전하는 것으로써 사
용하지는 않았는가?
44 너희들의 손은 살인 무기로서 도둑질
하는 데 쓰지 않았는가?
45 너희들의 다리는 도둑질하는 데 너희
들이 그를 지탱하고자 쓰며, 도둑질하
는 데 너희들이 먼저 가서 그 모두를
보호하는 것에 너희들의 발을 쓰지
아니하였는가?
46 너희들의 지혜는 과연 어찌 썼는가?
47 양심은 너희들이 어찌 썼는가?
48 너희들이 그와 같이 어찌 썼느냐에
따라서 그것으로 너희들이 심판을 받
는다는 것을 절대 잊지 말라.
49 그러니 이제 나의 법전을 읽고 깨우치
는 백성들이요, 나의 아들을 따르는
제자들이요, 만백성 너희들은 들으라.
50 너희들의 육신 하나하나가 다 어찌
쓰였으며 어찌 썼느냐에 따라서 너희
들의 그 모두가 나에게 와 심판의 근
본이요, 심판을 받게 되는 기본이라는
것을 절대 잊지 말라 그리 전하라.
51 너희들이 좋고 아름답게 썼을 때 나에
게 오를 수 있는 길이요, 좋고 아름다
운 것이 아니라 그를 거역하고 사탄
이요, 사악한 짓이요, 남을 괴롭히는
것이요, 남을 음해하는 것에 그와 같
이 네 육신의 부분적인 정신까지 썼다
면,
52 그것이 바로 너희들이 두 번 다시 가
면 오지 못하는 지옥으로 가게 되는
너희들의 짐이라는 것을 알라, 사랑하
는 나의 아들딸들아!

10,250 번째 하나님 말씀

2004년 4월 1일 22시 51분

1 사랑하는 나의 아들아!
2 "네, 아버님! 말씀하옵소서."
3 나의 아들을 따르는 제자들이요, 나의 법전을 읽고 깨우친 만백성 너희들 하나하나 나로부터 모두를 다 받아 나갔음이니,
4 너희들은 나로부터 받은 모든 것에 대해, 그 이름 하나하나에 대하여 얼마나 감사하며, 너희들이 정녕 은혜로운 마음을 가지고 사는가?
5 내가 너희들에게 물어보고자 하느니라.
6 너희들의 뇌를 보호하며 머리를 보호하기 위하여 너희들의 신체에 있는 머리카락이라는 것, 그 머리카락의 쓰임에 대해서 너희들은 과연 한 번이라도 감사하다는 생각을 했는가?
7 너희들에게 빗물이 흘러드는 그 눈을 보호하기 위하여 있는 그 눈썹 하나에 대해서도 너희들은 과연 감사하다는 생각을 해 봤으며, 내 은혜에 대하여 고맙다는 생각을 해 보고 사는가?
8 너희들의 눈은 또 어떠하더냐? 이 자연의 모두를 볼 수 있으며 너희들에게 모든 것을 안내하며 오고 갈 수 있는 길잡이라는 그 눈에 대해서 너희들은 감사한 생각을 얼마나 해 봤는가?
9 너희들의 코라는 것은 무엇이더냐? 너희들에게 무한정으로 준 자연의 산소를 마음대로 호흡하고 들이쉴 수 있는 그 코에 대해서 너희들이 그 앞에 고마운 생각을 했는가?
10 너희들의 입은 또 무엇이더냐? 모든 음식의 맛을 알며 너희들의 입을 통하여 너희들의 신체를 보호할 수 있는 모든 음식의 쓰고 달며 그와 같은 너희들의 기호에 맞는 모든 음식을 거둬들이는 것이 또한 너희들의 입이 아니더냐?
11 그리고 너희들이 귀는 또한 어떠하던가?
12 너희들이 상대방과 의사소통을 할 수 있으며, 세상에 자연의 아름다운 소리를 들을 수 있는 그 귀에 대해서 너희들이 그 이름 앞에 얼마나 감사한 생각을 했는가?
13 너희들이 자유자재로 움직일 수 있으며 무엇인가를 만들고 역사할 수 있는 너희들의 손이요, 또 손가락이요, 그리고 너희들이 달리고 걷고 가고 오고 마음대로 할 수 있는 그 다리에 대해서는, 또 팔에 대해서는 너희들이 과연 얼마나 감사하게 생각했는가?
14 너희들의 육신이요, 너희들의 신체의 하나하나 그 부분에 달려 있는 그 기능을 가지고 너희들이 거기에 대하여 감사함을 느껴도 한이 없을 것이니,
15 너희들이 이 자연을 내가 너희들에게 취하여 관리하고 살아갈 수 있도록 모두를 내려 준 그 이름 하나하나를 과연 알고 있는가?
16 너희들에게 필요한 내용이요, 너희들에게 필요하기에 존재하는 것을, 그리고 너희들 자신을 다스릴 수 있는 모두를 지니고 있는 그 특성을 과연 하나하나 너희들에게 나열한다 할 때,

17 너희들은 그 감사한 마음을 갖지 아니
할 수 없을 것이거늘, 어찌하여 너희
들이 그 모든 것 하나하나에 대한 감
사하는 마음을 갖지 못하는가?
18 이제 모든 백성들이요, 믿음의 길을
가는 백성, 그들이 어찌하든, 나의 아
들을 따르는 제자들이요, 나의 법전을
읽고 깨우친 백성 너희들은 너희들의
신체 부분의 하나하나에 대하여 너희
들이 그 이름 앞에 감사함을 느낀다
면,
19 대자연 속에 있는 모든 미물이요, 동
식물이요, 그 모두가 다 너희들을 위
해 존재하고 그들이 살아가는 것을 너
희들이 안다면, 얼마나 너희들이 나로
부터 감사한 마음이요, 은혜로운 마음
을 가지고 살겠는가?
20 그와 같은 마음으로써 너희들의 마음
을 다스려 가는 그와 같은 백성으로서
세상을 볼 수 있도록 그리하라, 사랑
하는 나의 아들딸들아!

10,251 번째 하나님 말씀

2004년 4월 1일 22시 56분

1 사랑하는 나의 아들아!
2 "네, 아버님! 말씀하옵소서."
3 예수가 세상에 나왔을 때, 너희들이
가고 있는 행위요, 믿음의 길을 가는
그 백성들이 얼마나 잘못 가고 있으
며, 그리고 그 성전에서 얼마나 사악
한 짓을 했으며, 너희들의 지금의 교
회보다 더 사악한 행위를 어찌했는
가, 너희들은 그와 같은 것을 봐야 될
것이니라.
4 몇천 년 전에 너희들의 성전 자체도
오늘의 교회요, 성막에서 하는 것에
못지않은 사악한 짓을 했기에, 나의
아들 예수가 그 성전을 헐어 버리고
사흘 만에 다시 짓겠다 그리 말하지
아니하였더냐?
5 그러니 나의 아들이 3일 만에 그 성전
을 헐고 다시 짓겠다 한 그 말을 가지
고 너희들은 정신 나간 자요, 미친 자
라 그리 말하였음이니라.
6 그러니 너희들이 나의 아들 예수가 성
전을 허물고 3일 만에 짓겠다는 그 의
미가 무엇인가를 알았더냐?
7 그를 알지 못하는 백성이었음이니라.
8 나의 아들 예수가 그리 말할 수 있는
것은, 나의 아들 예수의 육신 자체가
성전이 되어 있음을 너희들에게 그리
말하여 그 뜻을 알려 준 것이며,
9 나의 아들의 육신이 성전으로 되어 있
기에 그 성전으로 되어 있음을 그 비
유의 뜻으로써 그리 전하고 알려 주었
건만,
10 그 시대에 믿음을 조정하고 이끌어 가
는 그와 같은 너희들의 지도자들이 어
떠한 짓을 했던가?
11 너희들의 그 사악한 행위요, 모든 종
파 너희들이 지금까지 했던 너희들의
죄상이요, 그 치부가 드러나는 것이
두렵고 감당키 어려우니,
12 너희들이 그 비유를 들어 전한 것도
듣지 아니하였다 하며, 너희들이 그
비유로써 전한 그것을 가지고 그 말
한마디를 얼마나 악용했던가?
13 너희들은 그를 가지고 예수를 욕하며
비방하였으며, 이단이요, 사탄이라 그

리 규정하였으며, 얼마나 그를 조롱하
고 우롱했던가?
14 그것으로도 부족하여 결국은 나의 아
들의 그 한마디 한 말로써 그를 근거
로 하여 죽음으로까지 몰고 가도록 악
용한 것이 그 당시 믿음의 길을 가는
백성들이요, 대제사장이요, 그와 같은
자들이 한 짓이 아니던가?
15 그러니 지금의 너희들의 교회요, 성전
이요, 성막을 지어 놓고 너희들이 하
는 그와 같은 추한 행위요, 거기에 버
금가는 나의 아들 예수의 그 시대에도
믿음의 길을 가는 자들이 성전에서 얼
마나 사악한 짓을 했으면 그를 헐고
사흘 만에 지을 것이라 그리 말했겠는
가?
16 그러니 그 당시에 그와 같이 잘못 가
는 성전이요, 추악한 모습으로써 역사
했던 그 성전이 지금까지 너희들이 교
회라는 그 안에서 그와 같이 험악한
짓을 하고 있으며 사악한 짓을 자행하
고 있음이니, 나의 아들 예수인들 이
를 헐고 싶지 아니하겠는가?
17 그리고 나 여호와는 이를 더 이상 볼
수 없음을 너희들은 알라.
18 그리고 나는 나의 아들을 통하여 절대
그와 같은 인간의 육으로써 짓는 건물
이요, 그 성전을 짓지 말라 하였거늘,
너희들이 그 뜻을 거역하며 그를 짓고,
19 나의 아들 예수가 헐고자 했던 그 추
악한 성전보다도 더 너희들이 그에 못
지않은 짓을 지금 하고 있지는 아니한
가?
20 너희들은 너희 자신을 들여다보도록
그리해야만 될 것이니라.

10,252 번째 하나님 말씀

2004년 4월 1일 23시 02분

1 사랑하는 나의 아들아!
2 "네, 아버님! 말씀하옵소서."
3 종교 집단이요, 지도자요, 그리고 광
분하는 그 신도들이 뭐라 하느냐?
4 저희들이 성경책을 들고 말하느니라.
5 이 성경에는 한 자도 더하고 빼서도
아니 되며, 한 획도 고쳐서도 아니 되
는 것이라 너희들이 그리 말하며, 그
와 같은 행위를 하는 자, 사탄이요, 마
귀라 너희들이 그리 말하느니라.
6 그러니 성서를 가지고 한 획도 고쳐서
도 안 되며 한 자도 더 넣고 빼도 안
되며 한 줄을 더 넣고 삽입해도 안 되
며 빼도 안 된다고 너희들이 그 고집
을 피우는 것이 무엇인 줄 알겠느냐?
7 모든 종교 집단 너희들이 그리 말하는
것이니라.
8 성서라는 것은 너희들이 그저 문자대
로 그대로 읽고 그대로 보면 되는 것
이지,
9 거기서 비유의 뜻이요, 거기에 숨어
있는 비밀이요, 거기에 위대한 비사의
뜻 그 모두를 알려 할 필요도 없는 것
이라 그리 가르치는 자들이 아니더냐?
10 그러니 성서는 비밀로써 인봉되었다
하였거늘, 너희들이 마음을 다스리고
너희 모두를 다스려 숨겨져 있는 그
비밀을 봐야 되는 것이 하늘의 뜻이
요, 깨달음을 얻는 것이거늘,
11 너희들은 그와 같은 것을 더 생각해서
도 아니 되며, 연구해서도 아니 되며,
너희들이 숨겨져 있는 그 비밀을 알려

할 것도 없으며, 너희들이 그 가르치
고자 하는 뜻을 알 것도 없다 그리 말
하니, 결국 너희들은 무엇이더냐?
12 나의 귀하고 소중한 그 성경이요, 비
유의 뜻으로써 전해지는 모든 성경을
그저 문자대로 있는 그대로 읽고 글자
대로 그대로 소리 내어 읽으면 될 것
이라 그리 가르치는 자들이 아니더냐?
13 그러니 너희들이 무엇이더냐?
14 성경을 문자대로 읽고 그대로 보면 된
다 고집스럽게 아집을 피우고 있으니,
그 주장을 내세우고 있는 것이 무엇이
더냐?
15 너희들이 모든 믿음에 행함이 없으며
죽은 믿음으로써 지금 이끌어 가고 있
는 자들이요, 그리고 너희들 스스로
죽음의 그 믿음의 길을 가고 있는 자
들이라는 걸 알아야 될 것이니라.
16 나의 아들 예수는 너희들에게 뭐라 말
하였느냐?
17 창조주 아버지께서 성서에 너희들에
게 가르치는 것은 비유의 뜻이요, 비
유가 아니면 말씀을 하시지 아니하며,
18 때가 되면 그를 개봉하니 그때를 위하
여 모두를 비유의 뜻으로써 전한다 했
음이니,
19 너희들은 예수가 나의 뜻을 전한 것이
하늘의 뜻이라 믿느냐, 그렇지 않으면
너희들의 종교 집단 지도자들이 주장
하는 그것이 위대한 가르침이요, 하늘
의 뜻이라 그리 말하느냐?
20 성경은 비유의 뜻으로써 기록되었으
니, 너희들이 그를 알기 위해서는 노
력하고 연구해야 되거늘,
21 너희들이 그와 같은 것은 필요도 없으
니, 한 자도 더하거나 빼지도 말며, 더
연구도 하지 말며, 있는 그대로만 보
고 소리 지르고 깨우치고 가면 된다
그리 가르치니,
22 과연 나의 아들 예수가 전하는 것이
나 여호와의 뜻이요, 하늘의 뜻이던
가, 인간 너희들의 종교 집단이요, 지
도자들이 주장하고 가르치는 것, 그것
이 하늘의 뜻이더냐?
23 이제는 너희가 옳고 그름을 판단할 때
가 되었음이니, 이를 판단하지 아니하
면 아니 될 것이니라.
24 그러니 너희들에게 이와 같이 살아가
라는 것, 그리고 이와 같이 행하라는
것, 그 뜻을 모르고 역사하고 가르치
기에,
25 너희들은 가는 길이 막히며, 너희들이
길잡이로서, 안내자로서 그 직분을 다
하지 못함이니라.
26 그러니 너희들이 하늘의 뜻을 모르고
가르치다 보니 너희들의 끝이 나오게
되며 말문이 막히게 됨이니,
27 그리하여 너희들이 그 백성들이요, 그
따르는 신도들 앞에 기도라는 것으로
써 중언부언하여 위협적으로 나의 피
조물 만백성을 다스리며, 기도라는 것
으로써 나의 피조물 만백성에게 군림
하고 있으며,
28 모든 백성들의 말을 막고 있는 것이
오늘의 종교 집단이요, 지도자 너희들
이 가는 길이니라.
29 기도로써 은혜를 내려 주며, 기도로써
축복을 주며, 기도로써 생명을 연장해
주며, 모두를 다 역사하는 것처럼 너
희들이 기도를 중언부언하며 생각나

는 대로 그와 같은 말로써 나의 피조
물 만백성을 통제하고 이끌어 가며,
30 그들의 재물을 갈취하며, 그들을 지옥
으로 인도하며, 저희들의 소유물인 것
처럼 관리하는 것이 오늘의 종교 집단
너희들의 그 사악한 죄라 하였음을 잊
지 말라.

10,253 번째 하나님 말씀

2004년 4월 1일 23시 09분

1 사랑하는 나의 아들아!
2 "네, 아버님! 말씀하옵소서."
3 성서에 기록하여 전했느니라, 나의 아
들 예수는 그 제자들이요, 그 백성들
에게 그리 말하여 전했느니라.
4 '너희들에게 말하노니, 이 세대가 지
나가기 전에 모두가 이루어질 것이라'
그와 같이 나의 아들 예수가 너희들에
게 깨우치고 전했음이니라.
5 그러니 너희들이 이 세대에 있는 그
모두가 다 이를 이룰 것이며 볼 것이
라 하였음이니,
6 너희들은 인간의 상식이요, 인간의 생
각으로써 과연 그와 같은 것을 어찌
받아들이며 어찌 생각해야 되겠는가?
7 인간의 도리로써, 인간의 법도로써는
내가 나의 아들 예수를 통하여 내린
그 말이 맞지 아니함이니, 너희들은
어찌 설명할 수 있겠는가?
8 이것이 다 비유의 뜻이라는 것을 너희
들은 알아야 될 것이니라.
9 너희들은 수천 년 전 역사가 지나면서
예수의 재림이요, 종말이요, 그 어느
것도 이루어진 것이 없지 않더냐?
10 그러니 그때 그 백성들은 이미 다 죽
었으며, 그들은 한 사람도 존재하는
사람이 없으며 다 심판을 받아 그 죄
를 치르고 있음이니, 너희들이 이를
어찌 설명하는가?
11 2천 년 동안 예수의 재림이요, 종말이
라는 것이 정녕 없었으며, 그리고 그
시대의 백성들은 다 죽어 갔음이니,
12 그 백성들에게 어찌하여 '너희들의 세
대가 지나기 전에 모두를 이룰 것이며
이를 볼 것이라' 그리 언약했겠는가?
13 그러니 이 모두가 비유의 뜻이라는 것
을 너희들은 알라.
14 너희가 육의 세상에서 육의 가르침으
로써, 육의 계산법으로써 깨우쳐서 생
각한다면, 도저히 그는 알 수 없는 것
이요, 말이 되지 않는 것이며, 나의 언
약은 맞지 않는 것이니라.
15 그러니 이것이 다 비유의 뜻이요, 하
늘의 가르침이라 함이니라.
16 하늘의 법도에 따라서 너희들이 계산
하고 생각해 보라.
17 이 세대의 백성이 지금도 존재한다는
것을 너희들은 알고 있을 것이며, 알
수 있음이니라.
18 그리고 모두는 다 성령으로써 임하며
성령으로 역사하는 시대가 올 것이며,
이 세대의 백성들이 다 그를 볼 수 있
다 가르치고 전했음이니,
19 하늘의 법도는 2일이 지상의 2천 년
이니, 너희들이 하늘의 법도로 따진다
면, 지금의 이 시대의 백성들이 곧 존
재한 백성들이요, 나의 아들을 따르는
백성들이요,
20 그리고 나의 법전을 읽고 깨우친 만백

성 너희들이 성서를 가지고 이 세상을
다스리며 바로 세우며, 그리고 나 여
호와가 이루고자 하는 그 역사를 이루
는 것을 너희들이 볼 수 있다 함이니,
21 이는 비유의 뜻이라는 것을 너희들이
알지 못하면, 이는 이치에도 맞지 아
니하며 육의 세상의 계산법도 맞지 않
는 것이니, 비유의 뜻이 이러함을 너
희들은 알아야 될 것이니라.
22 나의 아들 예수가 '이 세대가 지나가
기 전에 모두가 다 이루어질 것이며
본다.' 하였음이니,
23 그것이 인간의 상식으로써는 알 수 없
으며, 그 백성들은 다 죽어 갔으며 그
들은 심판을 받았으니, 그것이 맞지
않는 말일 것이나,
24 너희들은 이 비유의 뜻을 하늘의 뜻에
하늘의 법도에 비춰 본다면,
25 지금의 존재하는 백성 너희들이 이 세
대의 백성이요, 너희들이 그와 같은
역사를 하는 백성이라는 걸 알 수 있
을 것이니라.
26 그러니 이 세대의 백성으로서 나의 아
들을 따르는 제자들이요, 그리고 나의
법전을 읽은 깨우친 만백성 너희들이
증인으로서 모두를 역사하고 있음을
알라 그리 전하라.
27 그들에게 그 깨우침을 주어야 될 것이
며, 그들에게 그 깨달음을 알도록 그
리 전하라.
28 성령으로 임하여 역사하는 것, 그리고
하늘의 법도에 따라서 너희들이 생각
하고 깨닫고 그 비유의 뜻을 들여다본
다면, 이 세대가 바로 무엇을 의미하
는지 너희들은 이제 알았을 것이니라.
29 그리고 모두는 예수의 재림과 종말도
없으며, 새로운 성령으로써 내려오며,
그 새로운 성령으로써 너희들을 심판
하는 길을 안내하며, 너희들의 심판의
기준이요, 근본이 된다는 것을 너희들
에게 다시 한 번 전함이니 그리 알라.
30 지금의 나의 백성, 나의 아들을 따르
는 제자 너희들 모두가 역사함을 보이
게 될 것이며, 너희들이 증거하는 백
성이니라.
31 그러니 이 세대의 백성들이 모두를
이루고 역사할 것이라는 것은 지금 나
의 아들을 따라서 나의 새로운 성경이
요, 나의 법전을 가지고 역사하는 그
선택된 백성들이요,
32 나의 아들을 따르는 제자, 너희들이
그를 지금 행하고 있으며, 약속을 너
희들이 행하고 있으며,
33 그리하여 너희들이 증거하는 백성이
라는 것을 잊지 말라, 사랑하는 나의
아들딸들아!

10,254 번째 하나님 말씀

2004년 4월 1일 23시 13분

1 사랑하는 나의 아들아!
2 "네, 아버님! 말씀하옵소서."
3 나의 아들 예수를 통하여 성서에 기록
하여 너희들에게 깨우침을 전했느니
라.
4 '그때 사람이 너희들에게 말하되, 보
라 그리스도가 여기 있다 혹은 저기
있다 하더라도 너희들은 믿지 말라.'
5 이는 너희가 누가 온다 하는 그와 같
은 것, 그리고 나의 아들 예수가 재림

한다는 것, 그 모두를 믿어서는 아니
된다는 뜻임을 너희들은 알아야 될 것
이니라.
6 '그리스도가 여기 있으며 혹은 저기
있다 하여도 믿지 말라.'는 것은 나의
아들 예수의 재림이 없다는 것을 너
희들에게 깨우쳐 주고 전함이니라.
7 다만, 성령으로써 너희들을 깨우치며
너희들을 인도하는 그와 같은 역사가
이루어진다는 것을 여기에 기록하여
전한 의미임을 너희들은 어찌하여 모
른단 말이더냐?
8 '누가 그리스도라 하여도 믿지 말라.'
이는 예수가 절대 재림하지 아니하며
다시 보내짐이 아니라는 것을 너희들
에게 다시 심어 주는 뜻임을 알라.
9 오로지 성령으로써 역사하며, 나 여호
와의 뜻으로써 모두를 이끌어 주며 역
사하는 새로운 시대가 열린다는 것을
알아야 될 것이니라.
10 그를 모르고 너희들이 과거의 관습이
요, 그 믿음의 방법에 집착하여 벗어
나지 못하는 그와 같은 믿음으로 가
서는 절대 아니 됨이니라.
11 누가 어디서 그리스도라 하며, 나의
아들 예수라 하며 뭐라 해도 절대 믿
지 말라는 것은, 나의 아들 예수의 재
림이 없다는 것임을 너희들은 알아야
될 것이니라.
12 나의 아들 예수가 세상에 재림하여 너
희들에게 역사한다면, 그 누가 와도
믿지 말라 그와 같이 못을 박아 두었
겠는가?
13 너희들은 그 의미를 잘 깨우치고 깨달
아야 될 것이며, 성서에 기록된 그 비
유의 뜻을 알아야 될 것이니라.
14 그리하여 나의 아들에게 모두를 밝혀
너희들에게 전함이니 그리 알라.
15 그러면 '너희들은 사람들이 말하되,
보라 그리스도가 광야에 있다 하여도
나가지 말며 골방에 있다 하여도 믿지
말라.' 이는 또 무엇이더냐?
16 내가 너희들에게 어떠한 형태든 나의
아들 예수의 재림이 없으니 너희들이
현혹되지 말며 속지 말며, 그와 같이
너희들이 바른 진리요, 바른 믿음의
길을 가라 하는 것이며,
17 내가 너희들에게 명한 것을 따르고 행
하는 것이 너희들이 나에게 오르는 길
이라는 것을 다시 한 번 너희들에게
깨우쳐 주는 것임을 알라.
18 이제 다시 한 번 너희들에 전하나니,
나의 아들 예수의 재림이 없다는 것을
내가 성경에 이리 기록하여 전한 대목
을 너희들이 읽고 들었다면,
19 너희들은 이제 나의 아들 예수가 재림
하여 너희들을 구원한다는 것, 그 보
혈로써만 구원을 받는다며 울고불고
광란의 짓을 하는 그 믿음에서 너희들
이 나 여호와의 참뜻이요, 참진리요,
내가 행하라 기록한 계명이요, 나의
법전대로 살아가도록 그리하라.
20 그렇지 않으면 너희들이 나를 볼 수
없음을 알게 될 것이니라.

10,255 번째 하나님 말씀

2004년 4월 1일 23시 16분

1 사랑하는 나의 아들아!
2 "네, 아버님! 말씀하옵소서."

3 성서에 기록하여 너희들에게 전하지
않았더냐?
4 '번개가 동편에서 나와서 서편까지 번
쩍이는 것같이 인자의 임함은 그러하
니라.' 내가 그리 말하였으니, 이 뜻이
무엇이더냐?
5 너희들에게 성령이 임하는 것이 번갯
불처럼 임하게 될 것이며, 그와 같은
은혜의 역사를 너희들이 입을 수 있
다는 것을 내가 너희들에게 전하며,
6 또한 너희들은 번갯불같이 악에 빠지
며, 악의 구렁이요, 악의 유혹에 넘어
져 너희들이 무너진다는 것을 알라
하여 내가 전한 뜻임을 알라.
7 이제 나의 아들을 따르는 백성들이요,
나의 법전을 만들어 만백성을 구하는
너희들이야말로 긴장을 풀어서는 아
니 되며,
8 잠시라도 긴장을 푸는 그와 같은 너희
들의 마음 자세를 가져서는 아니 됨을
너희들은 알라.
9 지금 나의 아들을 따라 법전을 만드는
백성 너희들이야말로 만백성을 구하
고 구하지 못하는 그와 같은 얼마나
중요한 대명이 있는지 알겠느냐?
10 너희들이 나의 법전을 잘못 기록하며
게을리함으로써 많은 나의 백성들이
구원의 길을 얻을 수 없으며, 하늘에
오르는 길을 저버리는 그와 같은 형
국이 이루어짐을 너희들은 알아야 될
것이니라.
11 그러니 나의 법전을 읽고 깨우치는 너
희들이 지금 잠시도 게을리해서는 안
되며, 잠시도 긴장을 풀어서는 안 되
는 것이며,
12 너희들에게 번갯불이 스쳐 가듯이 성
령이 임한다 하였음이니, 또한 번갯불
처럼 악이 너희들에게 침투하며 너희
들을 무너트리는 그와 같은 것이 되기
에,
13 나의 법전을 만들어 만백성을 구하는,
제3의 시대에 나로부터 부름을 받은
백성들이요, 나의 아들을 따라 역사하
는 너희들에게 내가 전하고자 하여
이와 같이 성경에 기록한 뜻을 내가
오늘 나의 아들을 통하여 너희들에게
이제 다시 명함이니,
14 이 모두는 너희들이 지키고 행할 대목
이라는 것을 절대 잊지 말라.
15 성령이 임하는 것이 번갯불처럼 임하
듯이, 너희들이 악에 넘어지는 것도
그와 같이 빠름이니,
16 너희들이 긴장을 풀지 말고 나의 법전
을 만들어 만백성을 구하는 데 모두를
다 바치라 하여 너희들에게 전하는 언
약이요, 너희들에게 내리는 명령임을
알라, 사랑하는 나의 아들딸들아!

10,256 번째 하나님 말씀

2004년 4월 1일 23시 23분

1 사랑하는 나의 아들아!
2 "네, 아버님! 말씀하옵소서."
3 너희들이 '환란이 있고 난 후에 즉시
해가 어두워지며 달이 빛을 내지 못하
며, 또는 별들이 하늘에서 떨어지며
하늘의 권능이 흔들리는 이와 같은 변
화를 이룰 것이라 하였으며, 그 환란
이 그리 무섭게 온다.' 하였으니, 이는
너희들이 어찌 가르치며 어찌 알고

있느냐?
4 너희들은 알아야 될 것이니라.
5 그와 같은 환란의 역사함은 어떠한 것
이 환란이더냐?
6 참진리요, 새로운 나의 법전이요, 나
여호와의 뜻이 세상을 덮으니, 그것이
바로 너희들이 한 번은 환란이 온다
내가 하였으며 그 환란은 감당키 어렵
다 내가 너희들에게 이미 기록하여 전
했듯이,
7 바로 나의 법전이 세상에 내려오며 나
의 법전이 세상을 덮었을 때, 모든 종
교 집단이요, 그들이 그를 거부하며
뿌리치며 그를 무너트리고자 하는 그
몸부림이 바로 너희들이 해가 어두워
지며 달빛을 내지 못하며 별들이 하늘
에서 떨어지며 하늘의 권능이 흔들리
는, 그와 같이 세상이 진동하는 그 무
서운 환란이 한 번은 닥쳐 오며, 그를
너희들이 넘겨야 된다는 것을 내가 그
와 같이 비유의 뜻으로써 전했음이니
그리 알라.
8 이와 같이 무서운 환란이 난다는 것을
지금 나의 아들딸이요, 나의 아들을
따르는 제자 너희들에게 내가 깨우쳐
주며 너희들에게 전하기 위하여 내가
기록한 메시지라는 것을 너희들은 명
심하고 명심하여 받아들이도록 그리
하라.
9 나의 법전이 세상에 나오니, 너희들이
종교 백화점이라는 이 세상이요, 이
종교 집단이 한 번은 대환란을 겪어
야 되며, 그 대환란의 소용돌이 속에
서 모두가 역사하는 것이니,
10 동양의 작은 나라에서 환란의 역사를
이루며, 이 지구상의 모두가 다 그 대
환란 속에 한 번은 회오리 바람 속에
휘몰아칠 것이니,
11 그것을 비유하여 그 무서움을 내가 너
희들에게 깨우쳐 준 것이며, 그 방대
한 환란의 역사를 내가 비유의 뜻으로
이와 같이 표현했음을 너희들은 알아
야 될 것이니,
12 얼마나 지금의 모든 종교 집단이요,
종파들이 다 문을 닫으며 하나로써 역
사하며 거듭나는 그 역사가 위대한 것
이며, 위력이 대단한 것인가를,
13 바로 달과 별과 해를 비유하여 내가
하늘의 권능이 흔들림을 비유하여 너
희들에게 전했으니,
14 천지가 진동하고도 남는다는 그 대환
란이 역사하는 것을 내가 전한 것이니,
15 이는 지금 나의 아들과 나의 아들을
따르는 제자들이요, 법전을 만든 너희
들에게 내가 미리 예언하여 깨우쳐
주고 너희들에게 이를 예비하도록 하
여 내가 내린 메시지라는 것을 알라,
사랑하는 나의 아들딸들아!
16 나의 예언의 가르침이니라.
17 '그때 인자의 징조가 하늘에서 보이겠
고, 그때 땅의 모든 족속들이 인자가
구름을 타고 능력과 큰 영광으로 오는
것을 볼 것이라' 그리 말하였음이니,
18 이 또한 너희들이 하늘의 나의 아들
예수가 재림하여 너희들이 하늘의 모
든 천사요, 모든 족속들이 인자가 구
름을 타고 오는 것을 볼 수 있는 영광
이라 그리 비유했음이니, 이 또한 비
유의 뜻이니라.
19 모든 백성들이 하늘을 우러러봐 그 영

광이요, 그 큰 능력이요, 그 모두가 이
루어진다 그리 생각하니, 그와 같은
것은 없음이니라.
20 다만, 그와 같은 형국보다도 더 위대
한 성령이요, 나 여호와의 뜻이 내려
간다는 의미이니라.
21 그러니 나의 새로운 법전이라 하여 내
가 내리는 새로운 성경이 바로 그와
같은 것보다도 더 위대한 위력이요,
그보다 너희들이 더 확실히 볼 수 있
으며, 하늘의 변화되는 그 모든 역사
를 볼 수 있다는 것이요,
22 나의 아들 예수가 재림하는 그와 같은
형상보다도 더 위대하고 화려한 것이
나의 법전이라는 것을 너희들이 알아
야 될 것이며, 새로운 성경이 내려진
다는 것을 너희들은 알아야 될 것이니
라.
23 이 모두를 지금 나의 아들딸들을 위해
서 내가 예언하여 내린 것이니, 이게
모든 비유의 뜻이요, 내가 성서에 밀
봉된 것을 때가 됨이니 지금 그 모두
를 엶이니,
24 내가 지금에 여는 것은 무엇이더냐?
25 지금의 나의 아들딸들이요, 그리고 나
의 아들을 따르는 제자들이요, 나의
법전을 읽고 깨우친 백성들이요, 내
뜻에 따라서 천 년에 걸쳐 새로운 시
대를 열어 가는 너희들에게 필요한 것
이며, 너희들에게 전하고자 하였으며,
26 너희들이 깨우쳐 이를 가지고 역사하
기 위해서 때를 맞춰 지금 여니,
27 바로 내가 너희들을 위하여 내리는 메
시지요, 너희들에게 미리 준비된 나의
뜻이라는 것을 너희들은 알아야 될
것이니라.
28 이를 가지고 미친 자요, 정신 나간 지
가 말을 한다 하거든, 성서를 과연 왜
지금에 열겠는가?
29 모든 비밀을 덮어 놓았던 것을 지금
에 여는 것은 열 때 필요한 사람이 거
기에 있으며, 그를 쓸 사람이 거기에
있으며, 그를 관장할 사람이 거기에
있으며, 그를 가지고 역사할 사람이
있기 때문에 때에 맞춰 여는 것이 아
닌가?
30 그러니 모든 비밀이요, 인봉된 것을
내가 엶이니,
31 너희들에게 내리는 가르침이요, 너희
들에게 필요한 것이요, 너희들을 위하
여 내가 밀봉했던 것을 전한다는 그
뜻이 한 치도 어긋남이 없음을 알라,
사랑하는 나의 아들딸들아!

10,257 번째 하나님 말씀

2004년 4월 2일 06시 07분

1 사랑하는 나의 아들아!
2 "네, 아버님! 말씀하옵소서."
3 너를 따르는 제자들이요, 그리고 나의
법전을 읽고 깨우친 백성 너희들은 들
어야 될 것이니라.
4 너희들은 모든 백성들보다 한 발짝 앞
에 나가는 그와 같은 삶을 살지 아니
하면 아니 됨이니라.
5 남들보다 생각을 한 발짝 더 앞에 가
는 자요, 그리고 행함에 있어서 남들
보다 한 발짝 더 앞에 가는 그와 같은
삶이요,
6 부지런함에 있어서 남들보다 한 발짝

앞에 가는 그와 같은 삶을 살지 아니
하면 결코 아무것도 이룰 수 없음이니
라.
7 너희들이 선택된 백성이요, 남들을 이
끌고 남들을 깨우치는 전사요, 하늘의
선생으로서 전진한다는 것은 한 발짝
앞에 서서 무엇인가를 생각하고, 한
발짝 앞에 나가는 그와 같은 백성이
되지 아니하면 아니 됨이니라.
8 너희들이 세상사에 살아가는 상업이
요, 사업이라는 것, 너희 자신을 다스
려 나가는 것도 너희들이 모두가 한
발짝 앞에서 생각하며 한 발짝 더 먼
저 나가는, 그리고 모든 것을 생각을
앞질러 가는 그와 같은 삶을 살지 아
니하면 너희들이 결코 승자가 될 수
없는 것임이니라.
9 그러니 나의 아들을 따르는 제자들이
요, 나의 법전을 읽고 깨우친 만백성
이요, 나로부터 하늘의 성령의 그 모
두를 듣고 배우는 자, 너희들이 어찌
하여 생각을 한 발짝 앞에 나가며 삶
을 한 발짝 앞에 나가는 그와 같은 삶
을 살지 못하는가?
10 너희들이 모두를 이루지 못하며 남들
에게 뒤지는 것, 그 모두가 너희들이
늦게 일어나며 늦게 행동하며 남들보
다 쳐져서 살아가기 때문에 그러하니
라.
11 더욱이 나 여호와의 뜻을 행하며 나의
법전을 읽고 깨우친 백성 너희들은 무
엇보다도 생각도 남들보다 앞에 가야
되며, 행함도 앞에 가야 되며,
12 모든 생활에서 너희들이 한 발짝 앞에
가는 그와 같은 삶을 살지 아니하면
아무것도 이룰 수 없으며,
13 너희들은 나의 전사로서, 하늘의 선생
으로서, 내 뜻을 전하는 자로서 그 자
격을 상실함을 알라 이르라.
14 이제 너를 따르는 그 제자들에게 모두
를 한 발짝 먼저 가는 그와 같은 삶을
살도록 그리 가르치라.
15 그것을 연구하고 그것을 생각하며 그
리 삶을 살다 보면, 너희들이 지혜를
얻을 것이며 너희들이 어려움이 없을
것이며, 모두를 얻을 것이니라.
16 한 발짝 먼저 가는 그 생각이요, 한 발
짝 먼저 나가는 그 행함에 너희들이
게으른 자들이요, 그를 역사하지 아니
하기 때문이니라.
17 성서는 항상 한 가지 뜻에 두세 가지
의 그 비유가 있음이니, 너희들이 육
으로써 앞에 가는 것이요, 너희들이
육으로써 밀고 나가는 것이 아니라,
18 생각의 지혜로써 생각하고 판단하는
것이 앞에 가며, 앞에 가는 그 생각이
정립되었을 때 행동이 따르는 것이요,
19 정립되는 것이 앞에 가지 못하며 한
발짝 앞에 나가 생각도 하지 못하면서
너희들이 행동으로써 민첩하게 나간
다는 것은 그 모두가 무너짐이요, 얻
어짐이 없다는 것을 알아야 될 것이니
라.
20 육의 행동이 먼저 나가기 전에 지혜가
한 발짝 앞에 나가는 그와 같은 깨달
음 속에서, 다음에 따라가는 그 행동
이 또한 남들보다 앞에 가는 그와 같
이 역사함이 되어야 될 것이니, 이를
명심하여 가르치도록 하라.
21 모든 깨달음이요, 모든 역사함이 다른

사람보다 한 발짝 앞에 가며, 앞에 가
는 깨달음을 얻도록, 앞에 가는 행동
을 이루도록 그리하면 너희들이 이루
지 못할 것이 없음을 알게 될 것이니
라.

10,258 번째 하나님 말씀

2004년 4월 2일 06시 12분

1 사랑하는 나의 아들아!
2 "네, 아버님! 말씀하옵소서."
3 지금의 믿음의 길을 가는 그 모든 백
성들이요, 수천 년 동안 살아오면서
그 방대한 집단이요, 너희들이 보기에
화려하고 아름다운 모든 종교 집단이
요, 저희들이 모두를 역사한 것 같은
그와 같은 믿음으로 오는 백성, 그들
에게 영적인 믿음은 정녕 찾아볼 수
없으며,
4 성령이 임하는 것으로써 너희들이 나
에게 오르는 길을 역사할 수 있으나,
5 성령이 임한 믿음이 아니라 너희들이
한 발짝도 앞을 보지 못하는 캄캄하고
어두운 밤길에서 지금 헤매고 있는 그
와 같은 행위가 바로 오늘의 모든 종
교 집단, 그들이 가고 있는 형태요, 믿
음의 길이니라.
6 그러나 나의 아들을 따르는 제자들이
요, 나의 법전을 읽고 깨우친 백성 너
희들은 광명의 세상에서 하늘에 오르
는 그 광명함을 알며, 그 빛을 보고 지
금 깨우쳐 하늘에 오르는 길을 가고
있지 않은가?
7 그것으로써 너희들이 그들과 차별화
됨이니, 너희들이 살아가는 것도, 영
적인 깨달음도, 성령이 임하는 것도
항상 한 발짝 앞에 나가 남보다 먼저
모두를 역사하는 그와 같은 너희들의
노력이요, 그와 같은 삶으로써 너희
자신을 다스려 나가라 함이 나 여호와
의 뜻이니라.
8 지금의 믿음은 모두가 세속화되었으
며 모두가 상술적으로 가르치고 전하
며,
9 그리고 인간 세상의 재물이요, 부귀영
화요, 남에게 그 무엇인가를 보여 주
기 위하여, 너희들이 권위 있는 자리
를 지키기 위하여 모두가 상업적으로
장삿속으로 변질되고 변질된 것이 지
금의 믿음의 현 상태라 내가 그리 말
하나,
10 너희들의 모든 종교 집단이요, 지도자
요, 신도들은 이는 사탄이요, 마귀가
하는 말이라 그리하니,
11 너희들이 정신을 차리고 지금의 믿음
의 길을 가는 백성들의 행함을 들여다
보면 장삿속으로 상업적으로 모두가
전락되었으며, 영적인 구원이요, 영적
인 믿음은 거기에 없음이니,
12 성령이 임할 수 있는 백성이 없는 형
국이 되어 있는 걸, 너희들이 냉정한
눈으로써 바라보면 그 모두를 볼 수
있을 것이거늘,
13 어찌하여 그를 보지 못하는 나의 어리
석은 백성들이란 말이더냐?
14 너희들이 지금 무엇이 믿음이요, 무엇
이 신앙의 길이요, 무엇이 진정한 나
여호와의 뜻이요, 내가 역사하고자 하
는 것인지 그것도 구분하지 못하며,
15 사탄의 앞잡이가 되어 사탄이 가르치

는 말을 듣고 무분별하게 '아멘, 할렐
루야!' 하며 구원받았다고 그와 같이
지금 헤매고 있으니,
16 참진리와 비진리요, 선과 악이라는 그
분별력도 잃어버린 백성들이 지금 믿
음의 길을 가는 자들이니라.
17 그러니 불의와 거짓을 분별할 수 없는
혼수상태에 빠져 있는 그들을 과연 누
가 깨우치며 그들에게 누가 역사한단
말이더냐?
18 내가 법전에 일찍이 기록하여, 너희들
이 그들에게 충격을 주어야 되며,
19 그 충격에 의하여 그들이 꿈에서 깨어
나며 환상에서 벗어나 나의 법전을 가
슴에 안고 정독하며,
20 그들이 바른길이요, 그리고 그들이
감히 내가 친필로 써 내린 계명을 지
키고 살 수 없다 그와 같은 거역된 행
위를 하며 내 명령을 위반하는 행위
를 중단할 것이며, 바로 보고 바로 깨
닫는 그와 같은 지혜를 얻게 될 것이
니,
21 그들에게 충격을 주는 것은 너희들이
니라.
22 모두가 분별력을 잃고 있음이니라.
23 내가 보는 모든 그들의 믿음은 캄캄한
밤에 한 발짝도 앞이 보이지 않는 곳
에서 지금 서로가 허덕이고 얽히고설
켜 있는 것이 그들의 오늘의 상태이
니,
24 그들을 광명의 빛으로써 풀어 주며
길을 보도록 안내하는 것은 그들에게
충격을 주어 그들이 분별력이 없는 것
에서 깨어나며, 지금 혼수상태에서 깨
어나도록 그와 같이 너희들이 역사하
지 아니하면 아니 되기 때문이니,
25 그를 하는 것이 너희들의 대명이니,
나의 법전을 가지고 충격을 줄 것이
며, 나의 법전으로 그들을 깨우치도록
그리해야 됨을 알라.

10,259 번째 하나님 말씀

2004년 4월 2일 06시 17분

1 사랑하는 나의 아들아!
2 "네, 아버님! 말씀하옵소서."
3 내가 너희들에게 기록하여 전했으니,
나의 아들이 나에게 오고자 그 길을
옴이니, 너희들이 그 손에 백지장 한
장도 들고 가도록 해서는 아니 된다
했음이니,
4 그것도 하늘에 오르는 길에 무거우며
짐이 되는 것이며, 그로 인하여 견디
기 어렵다 내가 하였음이니,
5 과연 하늘에 오르는 길의 마음 자세
요, 그 행함이 어떠한 것인가 너희들
은 깨달아 알고 있을 것이니라.
6 그러나 지금의 수천 년 동안 오는 모
든 백성들의 믿음이요, 구원의 은혜를
받았다는 그 백성들이 두마음을 갖고
지금 살아가며 그리 오고 있음이니,
그러면서 너희들이 구원을 받았다, 하
늘에 올랐다 그리 말할 수 있겠는가?
7 나의 아들 자신도 깨우쳐 하늘에 오르
는 길에 하나의 백지장이요, 하나의
연필도 손에 쥐여 주지 말라 그리 너
의 제자들에게 말하였느니라.
8 그것 자체가 얼마나 어렵고 힘든 길인
지, 그로 인하여 오를 수 없는 길이라
내가 그리하였거늘,

9 너희들이 두마음을 가지고 어찌하여 구원을 받으며 나에게 오른다 그리 말하는가?
10 지금 나의 아들을 따르는 제자 너희들도 과연 두마음은 아닌가?
11 너희들이 아직도 두마음을 가지고 걸어오는 것이 아닌가를 보도록 그리하라.
12 나 여호와가 너희들에게 명했느니라.
13 너희들이 지금 세상적인 삶의 허영심이요, 그리고 부귀영화요, 공명이요, 그와 같은 것을 버리지 못했으며, 인간의 욕망과 욕심을 정녕 버리지 못하고 지금 오고 있다 하면 과연 어찌하겠는가?
14 그렇다면 나의 아들딸 너희들도 변화된 것이 없으며, 너희들도 바른 믿음이 아니요, 너희들도 나에게 버림받을 자요, 구원을 받을 수 없다는 것을 알라.
15 이제 나의 아들을 따르는 너희들이 한번 보라.
16 너희 마음이 두마음은 과연 아닌가, 그리고 너희들이 오로지 더 높고자, 더 쌓고자, 더 네 앞에 무엇을 이루고자 하는 두마음을 갖고 정녕 믿음의 길을 가지 않는가?
17 나의 아들을 따르는 제자들이요, 나의 법전을 읽고 깨우친 백성, 너희들도 아직도 두마음이 아닌가 살펴보라.
18 모든 믿음의 길을 가는 그 백성들이 두마음을 갖고 있기에 성령이 임할 수 없으며, 그들이 나와 관계없는 백성이라 하였음이니,
19 너희들이 과연 인간적인 세속의 허영심이요, 너희들이 더 이루고자, 더 아름다운 것을 취하고자 하는 욕심이요, 욕망의 그 마음을 버리고, 오로지 나의 법전에 의하여 나의 계명대로 지키고 사는 그와 같은 삶을 사는가?
20 너희들 자신을 한번 돌이켜 보고 검증하지 아니하면 아니 되느니라.
21 인간 세상의 욕심된 마음과 하늘의 참진리를 섬긴다 하니, 너희가 결국 두 남편을 섬기는 그와 같은 형국으로써 이루는 자와 똑같음이니라.
22 너희들이 지상의 세상의 욕망이요, 부귀영화요, 그 허영심을 위하여 살아가는 마음을 버리지 못했으며, 하늘을 향하여 하늘의 참진리를 깨우쳐 나에게 오르겠다 그리 행하고 살아가는 자,
23 내가 너희들에게 말하니, 두 남편을 섬기는 그 여인과 비교하여 조금도 다름이 없음을 알아야 될 것이니라.
24 그러니 그와 같은 마음이 무엇이며, 너희들이 두마음을 갖고 가는 것이 무엇이며, 두마음을 역사하는 것이 어떠한 죄며 너희들이 어떠한 형태인지를 너희들은 스스로 깨우쳐야 될 것이니, 하나를 버려야 됨이니라.
25 참진리의 길이요, 나에게 오르는 나의 법전이요, 나의 계명에 따라 모두를 너희들이 바치고 삶을 사는 것, 순수한 마음으로 너희들이 변화되었을 때, 모든 것은 너희들이 역사함이니라.
26 그러니 두마음을 가지고 살아가는 오늘의 믿음이요, 두마음을 가지고 가는 너희들은 아무것도 또한 너희들에게 이루어질 수 없다는 것을 명심하고 또 명심하도록 그리하라.

27 그러니 너희 자신이 두마음이 아닌가
항상 냉정하게 점검하도록 그리해야
될 것이니라.

10,260 번째 하나님 말씀

2004년 4월 2일 06시 22분

1 사랑하는 나의 아들아!
2 "네, 아버님! 말씀하옵소서."
3 너희들이 목적지를 향하여 출발하며
한 걸음 한 걸음 걸어 나가지 아니하
면, 너희들은 제자리에서 맴돌며 앞으
로 전진할 수 없는 것이니라.
4 나의 성경을 접하는 백성 너희들이 나
의 성경을 정성을 다하여 읽고 또 읽
는 그와 같은 마음으로 간다면, 너희
들은 성서에 비유되어 있는 그 한 가
지라도 알 수 있는 것이니라.
5 그러나 너희들은 그와 같은 정성으로
써 나의 성서를 접하지 아니하며, 참
진리의 길을 가고자 몸부림치는 그와
같은 삶이요, 나 여호와의 뜻을 들여
다보고자 하는 애절한 마음이 없이 그
리 살아감이니라.
6 그러니 수천 년 동안 그 많은 백성들
이 믿음의 길을 왔다 해도, 너희들이
성서는 비유로 되어 있음이니 그 뜻을
알 수 없는 백성이요, 그리고 그것을
아무것도 깨닫지 못한 백성이니라.
7 그러나 너희들이 나의 법전을 읽고 읽
으면 그 의미를 알듯이, 성경도 너희
들이 정성을 다하여 그 뜻을 알고자
한다면, 너희들은 그 의미를 다 알 수
는 없으나, 너희들의 그 정성에 의하
여 한두 가지는 깨달을 수 있는 그와
같은 너희들의 지혜를 얻게 되어 있음
이니라.
8 그러나 너희들이 그와 같은 방법으로
나의 성경이요, 나의 법전을 읽고 가
는 백성이 없음이니, 성서에 있는 그
비밀을 너희들은 알 수 없음이니라.
9 이제 내가 너희들에게 깨우쳐 줌이니,
너희들이 성서를 읽는 것, 나의 법전
을 읽는 것, 그와 같은 것은 너희들이
두 가지의 의미를 항상 같이 가지고
있다는 것을 알고 있어야 될 것이니라.
10 성서에는 항상 한 가지의 뜻이 두 가
지의 의미를 가지고 있음이니라.
11 그러니 그 두 가지 의미라는 것은, 너
희들이 선한 것이요, 악한 것이 항상
같이하고 있으며, 너희들에게 유리한
것과 불리한 것이 모두가 같이 있음이
니라.
12 나의 백성 너희들이 살아가는 데는
항상 그 두 가지가 같이 있다는 것을
절대 잊지 말라.
13 나의 성령이요, 나의 법전이요, 내가
나의 아들을 통하여 강론하는 그 가르
침은 너희들이 한 가지 길로써 간단
하게 생각하며, 한 가지의 생각으로써
그저 결론을 지어서는 절대 아니 됨이
니라.
14 항상 나 여호와가 명하고 내가 전하
는 것은 두 가지의 의미요, 그 이상의
의미를 거기서 가지고 있다는 것을 명
심하고 명심하도록 하라.
15 우선은 너희들이 선한 것과 악한 것의
두 가지를 구분할 수 있는 지혜를 얻
어야 될 것이며, 너희들이 이제 그를
볼 것이니라.

16 나의 법전을 읽는 것도, 성경을 읽는
것도, 내가 오늘 너희들에게 그 하늘
의 뜻이요, 비밀을 알려 줌이니, 두 가
지의 의미가 반드시 있음이니,
17 너희들이 그를 읽으면서 두 가지의 의
미를 생각한다면, 거기서 무엇인가 깨
달음을 얻게 될 것이니라.
18 그리하여 내가 법전에 기록하여 나의
아들에게 일찍이 무어라 가르쳤느냐?
19 모든 것을 생각하되 너희들에게 유리
한 쪽으로 생각하지 말며 불리한 쪽으
로 생각해서 모두를 다 너희 것으로
만들어야 되며, 너희가 그 길을 가야
한다 하였음이니,
20 이는 바로 성경이요, 나의 법전이요,
모두는 두 가지의 뜻을 가지고 있다는
그 의미를 알라 함이니라, 사랑하는
나의 아들딸들아!
21 이제 너희들이 성경을 읽으며 나의 법
전을 읽을 때, 내가 두 가지 의미를 부
여한 것을 알 것이니,
22 그중에서 너희들에게 불리한 것을 선
택하도록 그리하고, 그것을 너희 것으
로 만들어 가는 삶을 살며 행하도록
그리하라.
23 아무리 너희들이 듣고 듣는다 하여도,
배우고 배운다 하여도, 행하지 아니하
면 무가치한 것이며, 아무런 의미가
없음을 알아야 될 것이니라.

10,261 번째 하나님 말씀

2004년 4월 2일 06시 29분

1 사랑하는 나의 아들아!
2 "네, 아버님! 말씀하옵소서."
3 수천 년 동안 오는 그 믿음의 모든 백
성들이 나 여호와의 뜻에 의한 삶을
살았다면, 그리고 모든 종교 집단이
요, 지도자, 너희들이 나의 성서 그대
로 가르치고 전했더라면,
4 그와 같은 삶에 의해 너희들이 살아왔
다면 오늘의 이와 같은 현실은 없으며,
5 나의 아들을 통하여 160권이라는 새
로운 성경을 세상에 내보내, 나약하고
어린 그 제자들로 하여금 그 사탄이
요, 그 방대한 집단과 싸우는 그와 같
은 고난의 길을 가지도 아니하였을 것
이니라.
6 지금의 너희들이 나 여호와의 기쁨을
위하여, 나를 위하여 짓는 교회요, 성
전이라는 곳, 그 모두가 화려함의 극
치가 상상을 초월하며, 또한 그 웅장
함이 어떠하던가?
7 그러니 아름다움까지 그 속에 너희들
이 완벽하며 하나도 손색이 없는 그와
같은 형국으로써 모두가 이루어진 것
이니,
8 그러면서 너희들은 그곳이 나에게 기
쁨이요, 나의 집이요, 내가 거하는 곳
이라 하여 나의 피조물 만백성들로부
터 온갖 재물을 수단과 방법을 가리지
아니하고 동원하여 역사한 것이 아니
더냐?
9 그러니 그것이 나 여호와가 원하는 것
이 아니요, 나를 위하여 이루는 것이
아니요, 너희들이 나와 관계없는 짓을
하고 있다 내가 함이니,
10 과연 너희들은 그와 같은 것을 알면서
도 어찌하여 그를 바로잡으려 하지 아
니하며, 그를 계속 역사하며, 이 세상

에 나의 몸에 상처를 내는 그와 같은
행위를 하고 있단 말이더냐?
11 완벽하고 아름다움까지 거기에 너희
들이 겸비하였으며 그 화려함이 이루
말할 수 없으나, 그 자체가 나 여호와
의 뜻이 아님이니라.
12 나는 그와 같은 것을 이루는 것을 원
하지 아니하며, 너희들이 외형에 치우
쳐 그와 같이 하여 바치는 것, 나는 그
를 받을 이유가 없으며 받지 아니함이
니, 너희들이 나와 관계없는 것이니라.
13 그와 같이 너희들이 외형의 아름다움
이요, 그 웅장함이요, 너희들이 말하
기를 하나도 손색이 없는 기쁨의 전
당이요, 교회라 하여 이는 나의 것이
며 나에게 바치는 것이라 너희들이 착
각하고 있으나,
14 나 여호와는 너희들의 아름다운 마음
이요, 참진리의 길을 오는 것, 그 진리
를 위하여 너희들이 온갖 정성을 다하
여 살아가는 그 삶이요, 그리하여 너
희들이 영적인 영혼을 구원하는 것,
그리고 성령으로 임할 수 있는 것,
15 그와 같은 변화되는 삶을 사는 백성
너희들의 모습이 나에게 가장 큰 기
쁨이요, 내가 너희들에게서 느낄 수
있는 행복함이라는 것을 너희들은 어
찌 모른단 말이더냐?
16 외형에만 치우쳐 너희들이 그리 나에
게 무엇인가를 바치고 나의 집이라 하
여 이루는 것, 그곳에는 참진리가 없
으며, 나 또한 거기에 절대 같이 있지
아니함이니라.
17 그러니 지금의 모든 믿음의 길을 가는
백성 너희들은 열매를 맺고 열매를 이
루는 것이 아니라, 절대 열매를 맺지
못하며 열매를 거둬들이지 못하는, 이
파리와 가지만 무성한 그와 같은 나무
로서 지금 성장하고 있음이니,
18 열매를 맺지 못하는 나무를 더 이상
내가 보지 못하며, 그를 뽑아 유황불
에 던지는 나 여호와의 아픔을 알겠느
냐?
19 너희들이 열매를 맺어 추수 때 내가
알곡식을 거둬들일 수 있도록 해야 하
는 것이 너희들의 삶이요, 너희들의
행함이거늘,
20 정녕 너희들은 열매를 맺지 못하니,
추수 때가 되어도 내가 그 알곡식을
구하여 만백성의 양식으로 삼을 수가
없음이니, 그리고 내가 거둬들일 것이
없음이니, 너희들이 잘못되었다 함이
니라.
21 이제 나의 아들을 따르는 제자 너희들
은 외형적으로 화려하고 아름다움이
완벽한 그와 같은 교회요, 성전으로써
나에게 바침은 나의 기쁨이 아니요,
내가 그곳에 거하지 아니한다는 것을
알았다면,
22 너희들은 참진리가 물이 흐르듯이 모
든 백성들의 가슴에 내 뜻을 전해 주
는 그와 같은 역사의 삶을 살도록 그
리하라.
23 모든 복음이요, 믿음의 길을 가는 백
성들이 인간의 욕심을 위한 복음을 전
했으며,
24 너희들이 남을 사랑하는 것이 아니라,
남과는 관계없는 것이라며, 어떠한 고
통과 역경이 있어 너희가 조금만 도와
줘도 될 것도 너희와 관계없으며 나

몰라라 하는 그와 같은 복음을 전하고
가르친 것이 너희들이니,
25 지금의 나의 피조물 만백성의 가슴이
그리 삭막해졌으며, 너희들이 허황된
마음속에서 허전함이요, 공허함을 버
리지 못하고, 지금 좌우를 모르고 찾
아 헤매는 백성들이 수없이 있음이니,
26 이것이 오늘의 너희들이 복음 사업의
결과라는 것을 알라.

10,262 번째 하나님 말씀

2004년 4월 2일 06시 38분

1 사랑하는 나의 아들아!
2 "네, 아버님! 말씀하옵소서."
3 말없이 앉아 있는 네 제자요, '김정순'
그에게 너는 깨우쳐 주어 전하도록 그
리하라.
4 그는 온갖 정성을 다하여 제 정성을
다하여 인생을 살아왔으며, 제 노력으
로써 그 모두를 이루었음이니라.
5 그리고 제 저려 온 손으로써 모두를
다 이룬 아름다운 여인의 삶을 살았으
며,
6 그가 살아온 그 고초의 아픔은 그 누
구도 모르는 것이며, 그가 인간으로서
살아오는 그 마음이요, 삶을 아무도
모르나니, 나는 그를 알고 있음이니라.
7 그가 이룰 수 없는 그 모두를 이룬 것
은 그의 노력이요, 그의 정성이니, 내
가 그를 알고 있음이니라.
8 그러니 내가 그를 더 이상 사랑함이
없으며, 내가 그보다 더 소중히 생각
하지 아니함이 없는 여인이니라.
9 그러나 다만, 너는 들어야 될 것이니
라.
10 네가 그와 같이 살아온 삶이요, 네가
오늘의 그 역사함을 나는 또한 네 마
음을 아느니라.
11 그러니 너는 두려워하지 말며 겁먹지
말며, 너 자신의 마음을 이제는 좀 더
누그러트리며 마음의 창을 열고 살도
록 그리하며,
12 네가 해야 할 것은 너의 아들을, 네 자
식을 성전에 바치는 그와 같은 역사를
해야 됨이니라.
13 그것으로써 네 소명은 다하며, 네 앞
의 모두를 네가 상상할 수 없는 네 인
생의 아름다움을 알 것이니라.
14 그러니 내가 너를 사랑하기에 두 번
째로 이 말을 함이니라.
15 오늘 이후에 내가 너에게 말을 하지
아니할 것이니, 네가 살아온 과정이
요, 네 삶을 너 스스로 알듯이, 나 여
호와가 네 마음을 알며, 네 입장을 알
며, 네 모두를 알고 있느니라.
16 그러나 네가 네 자식을 성전에 바치라
내가 두 번째 말을 함이니, 이 말을 네
가 깊이 들어 이 모두를 역사하도록
노력해야 될 것이니라.
17 그것이 네가 이루어야 할 것이며, 내
가 너를 사랑하듯이, 네 아들들을 내
가 사랑하며 네 자식을 사랑함이니라.
18 네가 보기에 그들이 어떠하든, 네 뜻
을 거역하든, 네가 보기에 불만족하든
그러나 나는 너를 사랑함이니, 네 자
식들을 내가 사랑함이니, 그들을 구원
하고 구원하고자 하는 것이 나의 뜻이
니라.
19 내가 너에게 두 번째 말함이니, 더 이

상 내가 말을 하지 아니할 것이며, 이
제는 네 노력에 달렸음이니라.
20 너의 자식들이 나의 성전에 와 나에
게 기쁨을 줄 때, 모든 은혜가 있을 것
이며 영광이 거기에 있을 것이니라.
21 나로부터 은혜를 받을 자격이 없는
자에게 내가 은혜를 내릴 수 없음이
니, 너희 가정에 은혜를 받을 수 있는
그와 같은 길을 먼저 선택하도록 그
리하라.
22 누가 무어라 해도 내가 네 마음을 알
며 내가 너를 사랑함이니라. 그리고
내가 너를 믿느니라.
23 그러니 내가 너에게 내리는 상은 너의
자식들을 나의 성전에 바치며, 너희들
과 더불어 나의 강론을 들으며 나의
아들과 더불어 가는 너희들의 자식이
되어야 할 것이니라.
24 그들을 쓰고자 하나 내가 쓰지 못할
때 내가 그를 바라보는 마음이 얼마
나 아프겠는가?
25 그 아픈 마음의 저려 오는 시간이 머
지않았음이니라.
26 그리하여 내가 마지막으로 너에게 상
을 내림이니, 이를 행하도록 그리하
라, 그것이 네가 해야 할 길이니라.
27 모든 네 마음을 아느니라, 그리고 네
정성을 아느니라, 네가 살아옴을 아느
니라.
28 나는 너를 사랑함이니, 이것이 내가
너에게 내리는 상이니라.

10,263 번째 하나님 말씀

2004년 4월 2일 06시 40분

1 사랑하는 나의 아들아!
2 "네, 아버님! 말씀하옵소서."
3 내가 너의 제자들에게 부모를 구원하
라, 그리고 너희 형제를 구원하라 하
는 자, 내가 아무나 그리 명하지 아니
함이니라.
4 너희들이 나로부터 구원을 받을 자,
내 명을 따라서 행해야 할 자, 그들이
구분이 되어 있기에, 구분된 자식이
요, 구분된 부모를 내가 인도하라 함
이요,
5 내가 나의 아들을 따르는 그 많은 제
자들에게 그 부모요, 형제를 인도하라
똑같이 개인적으로 명함이 없음이니,
이것은 무엇인 줄 알겠느냐?
6 이 길을 가야 할 백성이 다른 길을 가
는 것을 볼 수 없으며, 선택된 너희들
의 아들딸이요, 선택된 부모가 그를
역사하지 아니하면 모두가 이루어질
수 없음이요, 그 환란이요, 그 파장은
너희들이 감당키 어려울 것이니라.
7 그러기에 너희들이 나에게 올 수 있는
자식이요, 나에게 올 수 있는 그 부모
를 내가 그들에게 명하도록 전하며,
그 자식에게 깨우치도록 전하는 것임
을 알아야 될 것이니라.
8 어떠한 가정이요, 어떠한 나의 아들을
따르는 제자에게 그 자식을 구원하라,
자식을 성전에 바치라 함이 없음이니
라.
9 그러니 그와 같은 의미를 너희들은 알
아야 될 것이니, 선택된 자요, 이 길을

가야 될 백성, 그리고 내가 상을 주고
자 하며 은혜를 내리고자 하는 백성,
그 은혜를 받을 자격이 있는 백성이
그 은혜의 길을 가지 아니하며 거역하
는 길을 가는 것,
10 그것이 내 마음이 아프기에 내가 나의
아들을 통하여 너희들에게 직접 명함
이니,
11 너희들이 귀하고 소중한 은혜의 축복
이라는 것을 깊이 가슴에 새겨야 될
것이니 그리 알라, 사랑하는 나의 아
들딸들아!

10,264 번째 하나님 말씀

2004년 4월 2일 06시 43분

1 사랑하는 나의 아들아!
2 "네, 아버님! 말씀하옵소서."
3 지금의 종교 집단과 지도자, 그 신도
들, 너희가 아무리 구조적인 형태에서
역사하고, 조직과 집단과 건물을 지은
모든 행위에서 위대한 것같이 보이며,
부족함이 하나도 없는 그와 같은 신앙
이요, 믿음의 길을 가는 너희들의 집
단으로 보여도,
4 그것은 나에게는 다 백사장의 모래알
보다 못한 부질없는 것이요, 내 눈에
는 그와 같은 것이 보이지 아니함을
너희들은 알라.
5 나 여호와의 눈에 보이지 아니하며 내
가 보지 아니함이니, 내가 그를 모르
는 것은 당연한 것이 아니더냐?
6 나 여호와는 그곳에 정녕 없음이니라.
7 내가 거기에 임하며 내가 기거한다 하
여 나의 피조물 만백성에게 너희들이
그리 기도하고 중언부언 가르치면서,
너희들은 그 대가를 거둬들이는 그와
같은 행위를 하니, 나를 팔아 장사하
는 것이 아니더냐?
8 그와 같은 자들이기 때문에 나의 아들
예수가 성전을 헐어 버리며 사흘 만에
그 성령으로 역사한 그 육체로써 모두
를 역사한다는 말을 하지 아니하였더
냐?
9 그러니 지금 너희들이 그보다 더한 형
국이라면 믿겠느냐?
10 나 여호와는 그곳에 있지 아니하며 나
는 그곳에 같이하지 아니함이니 너희
들은 알라.
11 그러니 내가 너희들에게 내릴 은혜가
없으며, 너희들 또한 나로부터 은혜를
받을 자격이 없는 백성들임을 알아야
될 것이니라.
12 그러니 더욱이 그곳에 있으면서 너희
들이 영적인 구원을 생각지도 말며 그
는 바라지도 말라.
13 너희들이 참진리의 성령이 임하지 않
는 백성은, 거듭나는 그와 같은 모든
역사의 변화되는 삶을 살지 않는 것으
로써는 너희들이 절대 구원받을 수 없
다 함을 알라.
14 외형적으로 보이는 행사요, 보이는 믿
음, 그것으로써 너희들은 나에게 오를
수 있다 하나,
15 거기는 다 너희들이 계산된 것이요,
너희들이 이기적으로 너희들 자신을
위해 그와 같은 모두를 역사하는 것이
니, 거기에서는 나의 뜻이요, 참진리
를 찾아볼 수 없는 것이니라.
16 이제 모든 백성 너희들은 들으라.

17 나 여호와는 그와 같이 완벽한 외형이
요, 그 아름다움을 겸비한 그와 같은
성전의 교회요, 그곳에 내가 있지 아
니하며, 그것은 나와 관계없다는 것을
알라.
18 그리하여 나의 피조물 만백성을 끌여
들여 너희들이 진리라 중언부언 가르
치니, 그것이 나의 사랑하는 백성들을
지옥의 길로 너희들이 인도하는 그와
같은 사악한 짓을 하고 있음이니,
19 그게 바로 너희들이 죄의 온상이요,
사탄의 길잡이라 함을 잊지 말라.

10,265 번째 하나님 말씀

2004년 4월 2일 11시 15분

1 사랑하는 나의 아들아!
2 "네, 아버님! 말씀하옵소서."
3 모든 백성들이 어찌 살아가든 너희들
은 너희 자신을 버리며 자신이 존재함
을 의식하지 말라 하였거늘,
4 너희들이 수없이 나 있는 그 뿔과 같
은 그 마음이요, 성격을 다스리지도
못하고 있음이니,
5 어찌하여 너희들이 나의 메시지요, 나
의 성령을 직접 듣고 만백성을 구하는
전사로 선택된 백성이라 할 수 있단
말이더냐?
6 너희들의 머리에 수십만 개의 뿔이 난
것처럼 너희들이 아직도 그를 다스리
지도 못하며 울퉁불퉁 그 뿔이 난 형
태가 그대로 있음이니,
7 이 뿔이 제 마음대로 들이받고 저 뿔
에 저리 들이받는 그와 같은 형국에서
아직도 그를 다스리지도 못하고 있다
하면, 과연 너희들이 다른 백성들과
무엇이 다르단 말이더냐?
8 너희들 마음속에 나 있는 그 수많은
뿔들을 스스로 다 다스리고 제거했을
때, 너희들 자신의 존재하는 것을 잊
고 살며, 그리고 '나'를 의식하지 아니
하고 살며, '나'를 다 버리는 사람이
될 수 있거늘,
9 너희들이 '나'를 의식하지 아니하며
'나'를 버린 사람이 되어야만 너희들
이 나의 백성이요, 하늘에 오를 수 있
다 하는 것을 알고 있으면서도,
10 너희들 머리에 뿔이 난 것처럼 마음속
에 나 있는 그 뿔도 너희들이 아직도
뽑지 못했으며, 그를 아직 다스리지도
못하는 그와 같은 형국이 되어 있다면,
11 과연 너희들은 언제쯤 너희 자신의 그
뿔을 다 뽑아 버리며 다스리고, 그리
고 너희가 존재하지 아니하며 너희 자
신을 버리고 그와 같은 삶을 살 수 있
겠는가?
12 이제 160권의 법전은 머지않아 세상
에 나올 것이며, 나의 아들은 한 송이
의 아름다운 그 꽃을 피운다 하였음이
니,
13 나의 아들이 꽃을 피움으로 인하여
그 제자들의 꽃이 만발하여 만백성이
그 화려함을 볼 것이며, 그 귀하고 소
중한 걸 볼 것이며, 그 아름다움을 볼
것이며, 그 향기를 맡을 것이라 하였
거늘,
14 어찌하여 너희들이 그 피는 꽃 중에
시드는 꽃이 되고자 하여 네 마음속에
있는 모나고 각진 것을 아직도 다스리
지 못하고 버리지 못하고 있단 말이더

냐?
15 너희들이 마음먹기에 세상사가 달렸
다 하였거늘, 어찌하여 너희들이 '나'
를 생각하며 '나'를 의식하는 그와 같
은 '나'를 버리지 못하는 어리석은 삶
을 지금도 산단 말이더냐?
16 나의 아들을 따르는 제자 너희들은 알
아야 될 것이니라.
17 마음에 난 뿔을 다 모두를 너희들이
뽑아 버리며 그를 잘라 버리지 아니하
고는 너희들이 스스로 거듭날 수 없다
는 것을 알아야 될 것이니라.
18 아직도 너희들이 마음속에 뿔처럼 삔
어나 너희들의 마음과 뜻대로 들이받
으려 대든다면, 과연 너희들은 무엇이
더냐?
19 아무것도 아님이니라, 그리고 변화된
것이 없음이니라.
20 그를 바라보는 나 여호와의 마음이 어
떨 것인가, 너희들은 과연 생각했는가?
21 마음에 나 있는 모든 뿔을 다 뽑으라.
그리고 그를 제거하라.
22 그를 뽑는 아픔과 그를 자르는 아픔이
없이는 너희들이 '나'를 버리는 그와
같은 백성으로서 거듭날 수 없음이니
그리 알라, 사랑하는 나의 아들딸들아!

10,266 번째 하나님 말씀

2004년 4월 2일 11시 20분

1 사랑하는 나의 아들아!
2 "네, 아버님! 말씀하옵소서."
3 진리는 하나요, 진리는 한 길이라 하
였음이니라.
4 그러니 진리는 하나의 길로써 모두가
역사하며 모두가 다 통하는 것이라 그
리 말하였거늘,
5 지금의 나의 피조물 만백성 중에 믿
음의 길을 가는 백성, 그리고 나의 아
들을 따르는 제자들, 또한 나의 법전
을 읽고 깨우친 백성, 너희 자신이 과
연 진리의 길이요, 참진리의 길을 가
고 있다 생각하는가?
6 너희들이 눈에 보이는 것을 위하여,
손에 잡히는 것을 위하여 그것에 네
몸과 마음 모두를 다 바쳐 그를 이루
고 얻고자 하는 그와 같은 마음을 가
지고 오늘도 너희들이 삶을 사는 것은
과연 아니던가?
7 그러니 너희들이 두마음을 가지고 나
에게 오를 수 없으며 두마음을 가지
고 역사할 수 없다 내가 그리하지 아
니하였더냐?
8 그러니 너희들이 하늘의 이치요, 영적
인 세상을 보지 못하는 그와 같은 삶
을 사니, 너희들이 한 길이요, 하나밖
에 없는 그 진리의 길에 들어서서 오
고 있다 생각하는가?
9 정녕 나의 백성들이 참진리의 길을 오
는 백성이 없다 함이 여기 있음이니라.
10 오로지 눈에 보이는 것, 손에 잡히는
것, 그 모두를 너희들이 얻고 얻기 위
하여 모두를 다 바침이니, 너희들의
영적인 변화는 죽어져 있음이라 함이
니라.
11 모든 종교 집단이요, 지도자요, 그 백
성들, 그리고 지금의 나의 아들을 따
르는 백성, 너희들도 그 인간의 보이
는 것에 의한 욕망이요, 보이는 것을
얻고자 하는 것, 그 모두를 다 아직도

버리지 못하고 있음이니,
12 인간 세상의 욕망을 버리지 못하고
너희들이 벗어나지 못하고 어찌 나에
게 오를 수 있다 말할 수 있겠는가?
13 더욱이 지금의 종교 집단이요, 지도자
들이요, 그들이 복음을 역사하는 것,
그리고 지금까지 존재한 것, 그 모두
가 저희들이 화려하게 이룬 것 같으
나, 그 모두는 다 허상이며, 백사장의
모래알만도 못한 것이니,
14 그것은 너희들이 손에 보이는 것, 눈
에 보이는 것을 얻기 위한 그와 같은
싸움이요, 그 복음이요, 그 역사함이
라는 것을, 그리고 장삿속으로써 모두
가 이루어졌다는 것을 너희들은 알아
야 될 것이니라.
15 진정한 믿음이요, 사랑을 실천해서 이
루어지는 것이 아니라는 것을 너희들
스스로도 알 수 있을 것이니,
16 그리하여 나와는 관계없다 함이니, 언
젠가는 그들이 재가 될 것이니라.
17 인간 세속의 삶 속에 얽매어 너희들이
벗어나지 못함이니, 보이지 않는 다음
세상의 움직임을 알 수 없으며, 역사
하는 것을 모르며, 다음 세상에서 바
라는 길이 무엇인가를 너희들이 모르
고 있음이니,
18 더욱이 하늘에 창조주 아버지라는 내
가 이루고자 하는 그 뜻이요, 내 마음
을 너희들이 들여다보지 못하고 있음
이니,
19 너희들이 그러한 백성이 어찌하여 하
늘에 오르는 길을 왔다 하며 너희들이
지금 깨달음의 길을 올 수 있다 하느
냐?
20 그러한 너희들은 한 발짝도 앞으로 나
가지 못한 백성이니, 너희들이 지금의
믿음이요, 신앙생활로써는 영적인 구
원의 기초도 이루어지지 아니하였다
는 것을 알아야 될 것이니라.
21 내가 160권을 나의 아들을 통하여 세
상의 이치요, 하늘의 이치요, 하늘에
통달하는 길이요, 너희들이 갈구하는
구원의 길이요,
22 그리고 너희들이 버릴 것, 얻을 것, 악
습과 너희들이 선을 선택할 수 있는
능력과 기술, 그 모두를 내가 기록하
여 전함이니, 이를 정독하고 정독하라.
23 그러면 너희들이 세상의 모두가 사방
으로 통달될 것이며, 그것만이 너희들
이 나에게 오를 수 있는 길을 볼 수 있
으며 나에게 와 역사할 수 있는 백성
이 될 수 있다는 것을 명심하고 또 명
심하도록 그리하라.
24 보이는 것에 의하여 사는 너희들의
삶에서 보이지 않는 세상을 위해 살
수 있는 그 한 계단을 너희들이 오를
수 있는 것은 오로지 나의 법전을 정
독하는 길밖에 없음이니라.

10,267 번째 하나님 말씀

2004년 4월 2일 11시 27분

1 사랑하는 나의 아들아!
2 "네, 아버님! 말씀하옵소서."
3 너희들이 물질을 생각하며 물질에 마
음이 끌리며 물질에 연연하는 그와 같
은 삶은 결코 참진리요, 나 여호와에
게 올 수 없는 마음이라 하였음이니라.
4 그러니 너희들이 물질에 의하여 움직

이는 네 마음이요, 끌리는 마음이요,
동요하는 그 마음은 무엇이던가?
5 그 모두는 너희들의 생각이요, 너희들
이 마음에 설계함으로써 그 설계에 의
하여 모든 것이 움직이는 것이라는 것
을 너희들은 알아야 될 것이니라.
6 그러니 너희들이 마음의 설계를 어찌
하느냐 하는 것이 너희들이 핍박과 고
난 속에서 벗어날 수 있는 것이며,
7 너희들이 병들어 고통스러워하는 것,
그 모두도 다 너희들이 마음의 설계를
어찌하느냐 하는 것이 중요함이니라.
8 너희들이 남들에게 뒤지는 삶이요, 남
들을 따라가지 못하는 그와 같은 오늘
의 삶을 산다는 것, 그것도 네 생각이
요, 마음의 설계가 잘못되었으며, 그
를 바로 하지 못하였기 때문에,
9 잘못된 그 설계에 의해 너희들이 모두
가 무너짐을 알아야 될 것이니라.
10 너희들이 이 세상에서 이루고 못 이루
는 그 모든 것도 다 너희들의 마음에
달렸으며, 너희들의 육체에 옮는 그
병 또한 무엇인 줄 알겠느냐?
11 너희들이 마음의 설계를 잘못하여 그
병이 발생하게 되었음이니,
12 그러니 너희들이 마음의 설계를 잘함
으로 너희들의 육에 발생하는 병을 예
방할 수 있으며, 또한 육으로써 너희
들이 그 고통스러운 병 또한 너희들의
마음의 설계로써 다스릴 수 있다는 것
을 너희들은 깨달아야 될 것이니라.
13 그러니 너희들이 마음의 설계를 바로
하지 아니하면 절대 아니 됨이니라.
14 너희들이 마음의 설계를 바로 할 수
있는 것은 '나'를 버리며 모두를 비우
며,
15 나 여호와가 말하는 사랑의 눈으로써
사랑의 꽃을 피우고자 하는 그와 같은
마음으로 세상을 볼 때, 너희들은 바
르고 곧은 그 설계를 할 수 있음이니
라.
16 그 설계를 하지 못하면 너희들이 백이
면 백 가지가 다 무너지며, 백이면 백
가지가 다 실패함을 잊지 말라, 사랑
하는 나의 아들딸들아!
17 그러니 나의 법전을 읽고 깨우친 백성
이요, 만백성을 다스리는 너희들은 마
음과 생각의 그 설계를 바로 하라.
18 그 설계만 너희들이 바로 하면 그 설
계대로 너희들 마음이 따라갈 것이며
그 설계도에 따라서 행할 것이니,
19 그렇다면 물질이요, 어떠한 것에도 너
희 마음이 움직이지 아니함이니라.
20 물질에 맞춰 너희들이 설계를 하기 때
문에 네 마음이 그리 움직이며 네 생
각이 그리 움직이며 네 육신이 물질을
따라 움직이니,
21 너희들이 구원이라는 길을 못 보고 그
물질 때문에 너희들이 영원히 거듭나
는 그와 같은 모두를 잃는 것이며,
22 두마음을 가지고 갈 수 없거늘, 두마
음을 가지고 있는 것이니,
23 너희들은 나 여호와에 대한 설계요,
나에게 오르는 설계요, 정녕 내 뜻에
의하여 사는 것, 나의 계명에 따라 사
는 것, 그리고 내가 나의 아들을 통하
여 내리는 새로운 성경에 맞춰 사는
것, 거기에 너희들의 생각이요, 마음
의 설계를 두고 그리하면 너희들이 흔
들리지 아니할 것이며,

24 물질이든, 병마든 어떠한 것에도 너희들이 무너지고 쓰러지는 것이 없으며, 인간 세상에 너희들이 이루고자 하는 것을 못 이루는 것이 없음이니,
25 너희들이 마음의 설계를 나의 십계명이요, 나의 법전에 의하여 다시 하는 그와 같은 현명함을 얻도록 하라 그리 전하라.

10,268 번째 하나님 말씀

2004년 4월 2일 11시 32분

1 사랑하는 나의 아들아!
2 "네, 아버님! 말씀하옵소서."
3 너희들의 마음이요, 생각의 설계를 잘못함으로 인하여 너희들의 마음에 동요를 이루게 되며, 그러면 너희들의 마음에 동요를 이룬다면 결국 너희들은 초조와 불안한 그와 같은 마음이 이루어지니,
4 너희들의 마음이 동요하는 마음으로써 초조와 불안한 것을 너희들이 결코 다스릴 수 없음이니라.
5 또한 나의 법전을 읽고 만백성을 깨우치려 오늘의 길을 가는 선택된 백성 너희들도 그러하니라.
6 너희들이 마음의 설계요, 생각의 설계를 바로 세워 그 설계대로 살아가지 아니하며 그 설계를 잘못 세운다면, 너희들의 믿음이 또한 동요함이니라.
7 그러니 믿음이 동요하는 자, 초조하고 불안한 그 마음에서 무엇을 이룬단 말이더냐?
8 인간 세상에서 너희들이 어떠한 일을 역사하는 것도 초조한 자, 실패하게 되며, 동요하는 자, 불안해하는 자, 아무것도 이룰 수 없음이니라.
9 정상적으로 할 수 있는 것, 평소에 너희들이 알고 있는 것, 평소 실력도 너희들이 초조하고 불안한 자는 그를 발휘할 수 없으며 그를 역사할 수 없는 것이 인간 너희들이 아니더냐?
10 그러니 마음의 동요를 이루도록 그와 같이 해서는 아니 됨이니라.
11 믿음이요, 너희들이 인간 세상에 사는 그 마음이 설계된 마음으로 그리 굳건히 살지 못하며 설계되지 아니하는 자, 마음이 동요함이니,
12 마음이 동요하는 것은 진정 시키기 어려우며 그 마음은 절대 진정시킬 수가 없음이니라.
13 너희들이 불안한 마음으로써 살아가며 불안을 멈추지 못한다면, 그 불안한 마음으로써는 너희들의 마음을 다스릴 수 없으며, 너희들의 생각을 다스릴 수 없으며, 너희들의 마음을 진정시킬 수 없음이니, 그 모두는 무엇이더냐?
14 잘못 가게 되며 무너지며 실패하게 되어 있다는 것을 너희들은 알아야 될 것이니라.
15 그와 같은 마음을 다스릴 수 있는 너희들의 그 지혜요, 그 설계를 바로 하도록 해야 될 것이니라.
16 이제 사랑하는 모든 백성 너희들은 들으라.
17 너희들이 진정한 설계요, 생각의 설계는 과연 무엇인가?
18 그리하여 내가 나의 법전을 내려보내니, 너희들이 나의 법전을 읽고 본다

면, 진정한 설계요, 바른 마음의 설계
요, 바른 생각의 설계를 할 수 있도록
모두가 그 속에 들어 있음이니라.
19 그리하여 나의 법전을 먼저 읽으라 함
이니라.
20 믿든 믿지 않든, 지금의 믿음의 길을
가는 종교의 신도들, 너희들이 모두는
나 여호와가 역사하여 세상에 내려보
내는 것이라 하여 마음을 크게 먹고
하늘의 뜻을 따라 바로 본다면, 나의
법전을 읽는 데 주저할 필요가 없음이
니,
21 나의 법전을 읽고 깨우치라.
22 그러면 그 속에 너희들이 마음의 설계
요, 인생의 설계요, 하늘에 오르는 설
계요, 그리고 사후에 사는 백성은 누
구며 사후에 사는 백성의 삶은 무엇인
지 깨닫고, 그리하여 완벽한 설계도를
거기서 그릴 수 있음이니,
23 너희들이 동요도 없으며 초조함도 없
으며 불안함도 없는 그와 같은 마음으
로써 살아갈 수 있을 것이니, 이를 명
심하고 또 명심하도록 그리하라, 사랑
하는 나의 아들딸들아!

10,269 번째 하나님 말씀

2004년 4월 2일 11시 36분

1 사랑하는 나의 아들아!
2 "네, 아버님! 말씀하옵소서."
3 나 여호와가 너희들에게 거는 기대가
큼이라 하였음이니라.
4 그리하여 너희들은 나에게 부름을 받
은 백성이요, 나에게 초청을 받은 백
성이라 내가 그리하였느니라.
5 그러니 나의 법전을 읽으며, 나의 아
들을 통하여 내리는 강론을 들으며,
그 모두를 접한 백성, 너희들을 내가
무어라 했느냐?
6 이 지상 천지의 미물서부터 동식물이
요, 인간 그 모두를 다 너희들 편으로
만들라 내가 그리하지 아니하였더냐?
7 천지 만물에 존재하는 모든 것, 무생
물까지도, 말없이 그저 부어 주는 산
소요, 말없이 비춰 주는 달빛이요, 별
빛이요, 태양의 빛까지 작은 것에서
부터 큰 것까지 하나도 남김없이 모
두를 다 너희들 편으로 만들라 했으
며, 너희들의 편이 되도록 그리하라
했음이니라.
8 과연 너희들 편으로 만들 수 있는 것
은 무엇이더냐?
9 모두를 사랑하는 것이니라.
10 그리고 모두를 사랑하며, 모두가 세상
에 존재하는 것을 감사히 생각하는
그와 같은 마음으로써 승화되면, 모두
를 다 네 편으로 만들 수 있으며 네 편
이 되는 것임을 알라.
11 너희들이 이 세상 속에 모두를 네 편
으로 만드는 그와 같은 방대한 사랑이
요, 넓고 큰 사랑을 펼쳐 갈 때, 너희
들은 감사함을 알게 되며, 그 사랑 속
에서 너희들이 존재하는 것을 알게 되
며,
12 이 자연 속에서, 이 방대함 속에서 너
희가 어떤 모습이요, 너는 무엇이며,
네가 역사하는 것이 무엇인가, 너희
자신의 존재 가치를 거기서 보게 될
것이니라.
13 그러니 너희 자신의 존재 가치를 보

게 될 때, 너희들은 그때야말로 내가
말하지 아니하여도 모두를 다 지키고
행하는 백성으로서 이미 거듭나 있음
이니,
14 너희들이 그리 원하고 갈구하는 그 구
원을 받을 것이며 나에게 오르는 백
성이 될 수 있다는 것을 알라.
15 지금 나의 아들을 따르는 제자들이요,
나의 법전을 읽고 깨우치는 소중한 나
의 아들딸 너희들은 천지간의 만물 모
두를 다 네 편으로 만들라 하였거늘,
16 너희들의 형제요, 같이 나의 성전에서
나의 법전을 가지고 공부하며, 나의
아들에게 내리는 주옥 같은 나의 메시
지를 듣는 너희들이 어찌하여 서로가
편이 되지 못하며,
17 너희 편으로 만들지 못하는 그와 같은
옹졸한 삶을 살며 불안한 삶을 사는가?
18 그것이 정녕 너희들로서 타당한 길이
며, 너희들이 내가 베푼 은혜에 대한
보답이요, 내가 내린 것에 너희들이
감사하는 마음으로 사는 백성이라 말
할 수 있겠느냐?
19 이제 내가 너희들에게 다시 한 번 명
하니, 이는 명령이니라.
20 천지 만물 모두를 다 네 편으로 만들
라.
21 그것은 네가 모두를 사랑하는 것이니
라.
22 그러니 천지 만물의 미물에서 동물까
지, 그 독소를 가진 것까지도 다 네 편
으로 만들라 하였음이니,
23 나의 성전에 와 같이 공부하고 깨우치
는 네 형제들을 네 편으로 만들지 못
한다면, 너희들은 나에게 감사를 모르
며 사랑을 모르며, 너희들은 전사로서
거듭날 자격이 없음을 알라, 사랑하는
나의 아들딸들아!
24 모두가 다 네 편이 되도록 그리하라.
25 이것이 내가 나의 선택된 백성이요,
나에게 부름을 받아 나와 더불어 만백
성을 구하는 그 기초를 다지는 너희에
게 엄히 내리는 명령임이니라.
26 명령도 내가 그냥 내리는 것이 아니
요, 엄히 내리는 명이니, 이는 반드시
지켜야 됨을 잊지 말라.

10,270 번째 하나님 말씀

2004년 4월 2일 11시 42분

1 사랑하는 나의 아들아!
2 "네, 아버님! 말씀하옵소서."
3 나 여호와는 이 세상의 모두를 덮고
있으니, 그리하여 나 여호와가 오늘은
이곳에, 내일은 저곳에 그와 같이 떠
돌아다니며 흘러다니는 내가 아님이
니라.
4 다만, 사랑하는 나의 백성, 너희들이
참진리를 깨우쳐 좁고 어려운 길을 마
다하지 아니하고 바로 섰을 때, 나는
너희들에게 성령을 부어 주어 하늘에
오를 수 있는 그 깨달음을 주며, 그 길
을 볼 수 있도록 나는 너희들에게 부
어 주고자 항상 너희들 주변에 같이
있음을 알아야 될 것이니라.
5 너희들은 울고불고 나를 부르며 나를
찾으려 하지 말며,
6 너희들이 나와 같이하며, 나를 볼 수
있으며, 내 명을 들을 수 있으며, 나를
만질 수 있으려면, 너희들은 이 세상

의 그 모두를 다 사랑하라.
7 모두를 네 편으로 만들며 사랑하는 마
음을 가지고 있다면, 나 여호와는 항
상 거기에 나타날 것이며, 너희들과
같이 있을 것이며,
8 그와 같이 변하는 백성들에게 하늘에
오를 수 있는 성령을 부어 줄 것이니
라.
9 그러니 지금 나 여호와는 너희들에게
성령을 부어 주기 위하여 너희들과 항
상 같이하고 있으며,
10 그 부음을 받을 자격을 갖춘 자, 그릇
을 깨끗이 씻은 자, 그에게 부어 주고
자 하여 내가 항상 너희들에게 같이
있으나, 이를 부음을 받을 수 있는 백
성이 없다 함이니라.
11 그러니 너희들은 나로부터 성령을 받
으며 성령이 임할 수 있는 백성으로서
거듭나야 됨이니, 그 모두는 이 세상
의 천지 만물 모두를 다 사랑하며, 그
것을 다 네 편으로 만들며 화해하며
살아가는 그 삶을 가지라.
12 그러면 항상 나 여호와는 거기에 있음
이니, 내가 너희들에게 부어 줄 것이
니,
13 너희들이 나를 볼 것이며, 내 음성을
들을 것이며, 나를 만질 수 있는 그와
같은 은혜요, 영광도 얻을 수 있다는
걸 잊지 말라, 사랑하는 나의 아들딸
들아!
14 믿음에도 너희들의 마음이 동요되며,
나의 법전을 읽는 것도 마음이 동요되
며, 나의 아들을 보는 마음도 동요되
는 그와 같은 나의 아들을 따르는 제
자들이요, 나의 법전을 읽는 백성, 너
희들은 결코 내가 너희들에게 내리는
성령을 부음의 역사를 받을 수 없을
것이니,
15 너희들은 모두를 다 사랑하며 모두를
네 편으로 만드는 데 모두를 다 바쳐
그와 같이 행하고 실천하라.
16 그러면 모두를 얻게 될 것이며 보게
될 것이니라.

10,271 번째 하나님 말씀

2004년 4월 2일 11시 50분

1 사랑하는 나의 아들아!
2 "네, 아버님! 말씀하옵소서."
3 모든 나의 백성들이 생명을 가지고 세
상에 나감이니, 너희들은 나로부터 생
명을 받아 세상에 태어나면서 나 여호
와로부터 모든 은혜를 받으며, 모두를
다 누릴 수 있는 것,
4 그리고 너희들이 살아가는 그것에까
지 하나도 손색이 없도록 내가 너희들
에게 각종 자격증을 다 부여했으며,
갖춰서 세상에 태어나게 한 것이 나의
백성 너희들이니라.
5 그러니 나로부터 너희들은 부귀와 영
화요, 재물의 소유권에 대한 것, 너희
들이 누릴 수 있는 것, 노력하면 노력
하는 만큼 얻을 수 있도록 그 모든 자
격증을 너희들의 손에 쥐여 주어 내보
냈음이니라.
6 그러나 그보다도 더 많은 자격증을 내
가 손에 쥐여 주어 내려보낸 백성이
지금 나의 아들을 따르는 백성들이요,
그리고 나의 법전을 만드는 너희들임
을 알아야 될 것이니라.

7 내가 너희들에게 내린 그 자격증은 영
광과 부귀의 자격증이 아님이니라.
8 내가 너희들에게만 특별히 더 많은 자
격증을 부여해 주었으니,
9 그 자격증은 너희들이 핍박을 이기는
자격증이요, 고난과 고통의 시련을 견
디는 자격증이요,
10 인내와 인내로써 너희들이 모두를 이
룰 수 있는 것, 아무리 고달프고 힘들
다 하여도 하늘을 보고 나를 원망하
지 아니하며, 오로지 나 여호와의 뜻
으로써 부름을 받은 것을 영광으로 생
각하는 그 독한 인내의 자격증을 주
었으며,
11 만백성에게 사랑을 베풀고 아름답게
살아가는 그 자격증을 주었으며, 각자
한 송이의 아름다운 꽃이 되어 그 향
기요, 그 아름다움을 보이는 그 자격
증을 주었으며,
12 네가 노력하여 천지 만물을 다 네 편
으로 만드는 자격증을 주었으며, 모두
를 사랑하는 자격증을 내가 너희들에
게 주었음이니라.
13 내가 너희들에게 시기하지 않는 자격
증을 주었으며, 질투하지 아니하는 자
격증을 주었으며, 나의 법전을 만드는
자격증을 주었으며, 나의 법전을 이고
지고 전하여 만백성을 구하는 자격증
을 더 주었음이니,
14 더 많은 자격증을 소유하고 세상에
태어난 것이 사랑하는 나로부터 선택
된 백성이요, 나의 아들을 따르는 너
희들이니라.
15 그러니 너희들이 다른 백성보다 더
많이 받은 그 자격증을 어떻게 사용
하며 어떻게 써야 되는지, 그 문제는
너희들이 잘 알 것이니라.
16 이 모두를 너희들이 바로 쓰고 바로
역사하지 아니하면 아니 됨이니라.
17 내가 너희들에게 무어라 말하였느냐,
너희들의 신체 구조에 감사함을 느끼
라 하지 않았더냐?
18 너희들이 눈에 대한 감사함이요, 입에
대한 감사함이요, 그 부분적인 하나하
나에도 감사함을 느끼는데, 너희들이
감사하는 눈으로써, 감사하는 입으로
써 너희들이 제 역할을 다했느냐?
19 너희들이 더럽고 추한 말을 입으로 하
고 욕했으며, 추하고 더러운 것만 찾
아서 보는 눈으로 역사했느냐, 이것은
내가 너희들에게 내려 준 것을 쓰고
사용함에 따라서 너희들이 하늘과 땅
이요, 구원을 받고 못 받는 것보다 더
무서운 차이가 있다 하였음이니,
20 내가 너희들에게 내려 준 그 자격증을
너희들은 고통이요, 두려움으로 생각
하지 말며, 기쁨이요, 영광으로 받을
것이며,
21 이 자격증을 소유한 너희들이 이게 손
색 없이 쓰여지도록, 이것이 한 점의
부끄러움이 없으며 잘못된 것이 하나
도 없도록, 이 자격증을 완전히 활용
하고 나에게 와야 되는 것이 너희들의
운명이라는 걸 알라, 사랑하는 나의
아들딸들아!
22 내가 이 많은 자격증을 너희들에게 내
려 주어 어깨에 얹어 주면서 나 여호
와의 마음도 아픔이니,
23 너희들이 이를 겪고 인내하는 이 자격
증을 잘 활용하는 것, 너희들이 부귀

영화요, 재물을 모으는 자격증만 활용
하는 것이 아니요, 내가 너희들에게
특별히 내린 이 자격증을 잘 활용했을
때,
24 너희들이 만백성의 선생이요, 만백성
의 지도자요, 전사로서 내 뜻을 이어
받을 수 있는 백성으로서 됨이니,
25 너희들에게만 내린 자격증을 기쁘게
받으라, 그리고 고통스럽게 생각하지
말라.
26 나를 원망하지 말며, 눈물을 짓고 하
늘을 보며 통곡하지 말라.
27 모두 너희에게 달렸음이니라. 네 마
음에 달렸음이니라. 네가 생각하기에
달렸음이니라.
28 이제 너희들은 세상의 천지 만물을 다
네 편으로 만들라.
29 그리고 모두가 너를 사랑하며 네가 그
들을 사랑하는 네 편으로 만들지 아니
하면, 너희들은 나를 볼 수 없다는 것
을 잊지 말라, 사랑하고 사랑하는 선
택된 나의 아들딸들아!

10,272 번째 하나님 말씀

2004년 4월 2일 11시 58분

1 사랑하는 나의 아들아!
2 "네, 아버님! 말씀하옵소서."
3 지금의 종교 집단이요, 그 믿음의 길
을 가는 백성, 너희들이 방대한 교회
요, 방대한 조직이요, 그와 같은 성전
이요, 그 모두를 지음이니,
4 지금도 너희들이 더 방대하게, 더 화
려하게, 그리고 더 웅장하게 짓고 가
꾸는 것이 너희들은 나 여호와에게 사
랑을 받는 것이며 내 뜻을 역사한다
하여,
5 그 신도들을 끌어들여 너희들이 각종
헌금을 징수하며, 헌금을 더 많이 받
아들이는 그와 같은 연구요, 그와 같
은 복음 사업을 지금까지 한 것이 아
니더냐?
6 각종 이름을 붙여 거둬들이다 보니,
너희들이 나의 믿음이요, 하늘에 오르
는 참진리의 길은 아니고, 인간 너희
들의 교회 사업이라는 것으로 모두가
다 그리 전락되었으며,
7 오로지 교회를 짓는 그와 같은 교회
사업으로써 너희들이 모두를 일관하
다 보니, 믿음의 길을 가는 백성들이
요, 종교 지도자들이 할 일은 늘어나
며, 너희들의 할 과제는 점점 늘어나
니,
8 너희들이 성경을 공부하며 참진리를
연구하는 그와 같은 시간보다도 사업
적인 것을 운영하며 늘어나는 그와 같
은 일반 업무에 따라서 거기에 매달려
있음이니,
9 너희들이 과연 진리의 길을 연구하는
지도자라 말할 수 있겠느냐?
10 이제는 너희들이 유지 관리를 하기 위
하여 그 업무가 부과됨이니, 그 유지
관리하며 운영하는 것에 너희들의 모
든 시간을 다 바치며, 오로지 그것을
역사하는 것, 그것을 빛나게 하는 것,
11 그것으로써 웅장하게 하여 그 신도들
에게 권위적이고 위압적인 모습으로
보이는 것, 그와 같은 것에 너희들이
모두를 다 바치니,
12 너희들이 참진리요, 하늘의 이치를 깨

닫는 그 어렵고 힘든 길은 이미 다 버
렸음이니라.
13 참진리는 이미 버려졌으며 이제 다
멀어졌으며, 그리고 그 교회의 방대한
집단을 꾸려 나가는 사업에만 너희들
이 모두가 빠져 있음이니,
14 이는 지도자요, 광신도들이요, 평신도
들까지 다 너희들의 믿음이 바로 그
방대한 조직을 운영하는 데 빠져,
15 너희들의 믿음이 나 여호와의 참진리
요, 진정한 신앙의 길을 오는 백성이
아니라 함을 알아야 될 것이니라.
16 그러니 참진리의 길을 가는 것은 어떠
한 것이더냐?
17 내가 너희들에게 말했으니, 두마음으
로써는 갈 수 없으며 두 발자취로 갈
수가 없으며,
18 작은 연필 하나, 종이 하나 드는 그와
같은 것도 너희들이 참진리의 길을 가
는 것이 어렵고 힘들다 하였거늘,
19 온갖 생각에 다 젖어서 가는 너희들이
과연 나의 뜻이요, 참진리로 역사할
수 있다 생각하느냐?
20 그러니 썩어져 가는 그들을 바로잡아
야 되며, 썩어져 가는 그들을 치료하
는 것이 나의 법전이요, 지금 선택된
나의 아들딸, 너희들이 해야 할 일이
니라.
21 지금은 너희들이 미비하여 환자가 오
지 아니하며, 그 환자를 치료하지 못
하나,
22 나의 피조물 만백성이 나의 법전을 읽
고 깨우침으로써 각 환자마다, 그 부
위마다 치료할 수 있는 나의 아들딸
들이 모여들 것이니,
23 너희들이야말로 그를 합쳐 완전무결
하게 진찰을 하여 치료하는 그와 같
은 결과가 있을 것이며,
24 모든 전문의가 나와 썩어져 가는 부
위를 고치며, 알코올에 썩어져 가는
자, 간음에 썩어져 가는 자, 도둑질하
는 데 썩어져 가는 자, 살인하는 데 썩
어져 가는 자, 남을 음해하는 데 썩어
져 가는 자, 남을 시기하는 데 썩어져
가는 자, 남의 잘되는 것을 배 아파하
는 그 썩어져 가는 자,
25 그 천 가지 만 가지 천태만상의 썩어
져 가는 것을 고치는 전문의들이 나
올 것이며,
26 나의 아들을 따르는 제자들이 법전을
읽고 각자가 전문의가 되어 그 어떠한
병도 치료할 수 있는 방대한 힘이요,
방대한 역사를 이룰 때가 있을 것이니,
27 지금 나의 아들딸이요, 그 모두가 전
문의의 길을 가고 있음이니 그리 알
라, 사랑하는 나의 아들딸들아!
28 모두를 종합하여 진단하여 너희들이
그를 고칠 때는 정확히 그들을 다 구
제할 수 있으며, 거듭날 수 있으며, 그
들을 살릴 수 있는 은혜를 얻는 그와
같은 백성으로 다스려질 때까지 지금
의 너희들이 어렵고 힘들며 초라함이
나,
29 전문의가 완벽하게 되었을 때, 너희들
이 그 전문의의 실력을 모아 하나하나
너희들이 어떠한 병도 잡아 가지 못하
는 것이 없으며, 썩어져 가는 것을 치
료하지 못하는 게 없으며, 썩어져 가
는 그 백성들을 바로 깨우치지 못하는
자가 없는, 위대하고 방대한 그때가

올 것이니 그리 알라.

10,273 번째 하나님 말씀

2004년 4월 2일 12시 02분

1 사랑하는 나의 아들아!
2 "네, 아버님! 말씀하옵소서."
3 모든 믿음의 길을 가는 백성들이 저희
들에게 필요한 영양을 공급하는 그와
같은 믿음이 아니요, 그저 불필요한
영양을 공급하는 그와 같은 것이 오
늘의 믿음이니,
4 이와 같은 자들이 제자리를 찾지 못하
며, 저 자신이 썩어 가는 것을 모르며,
그러니 제 직분을 다하지 못하는 어리
석은 백성들이니라.
5 그러니 그들을 바로 세우고 바로잡기
위하여 내가 나의 아들을 통하여 나의
아들을 따르는 제자들로부터 전문의
가 필요한 세상에 전문의를 만들고
있으며,
6 그리하여 그 전문의들이 그들의 불필
요한 부분을 도려내며 그 노폐물을 다
뽑아내는 기술과 그것을 그 백성들에
게 가르쳐 줘 그들이 변화되는 길을
갈 수 있도록 하고자 하는 것이 나의
뜻이니라.
7 그러니 완벽한 전문의들이 이 세상에
태어날 때까지 너희들은 지금 잘 참고
인내하며, 160권의 법전을 세상에 만
들어 내는 데 최선을 다해야 될 것이
니라.
8 전문의가 완벽하게 되었을 때, 이제
모든 백성들이 너희들을 찾을 것이니,
그들을 이끌어 내어 너희들이 썩은 것
을 도려내며 잘못된 것을 고쳐 주며,
9 불필요한 영양을 섭취하기에 어념이
없는 그 어리석고 불쌍한 백성들에게
그가 필요한 양식의 공급이 무엇인지
깨우치고, 간단한 방법으로써 저를 다
스려 나갈 수 있는 이와 같은 이치를
깨우쳐 줄 것이니, 이게 곧 무엇이더
냐?
10 하늘에 오르는 길이요, 참진리의 길을
너희들이 간단하게 볼 수 있으며, 그
이치를 간단히 깨달아 반석 위에 서
서 하늘에 오르는 그 찬란한 빛을 봐
그 빛을 따라올 수 있는 은혜를 받을
수 있는 백성들이 이루어질 것이니,
11 이제 지금의 법전을 만드는 제자들이
요, 지금 어렵고 힘든 너희들이 조금
만 참고 인내하라.
12 너희들이 만드는 그 법전을 보고 완벽
한 전문의들이 세상에 나올 것이니,
13 그 전문의를 누구도 당하지 못할 것이
며, 그들이 치료하는 그 능력을 누구
도 따라가지 못하는 위대한 시대가 열
릴 것이니, 이제 머지않았음이니라.
14 나의 법전 160권이 세상에 나왔을 때
너희들은 그를 알게 될 것이니라.

10,274 번째 하나님 말씀

2004년 4월 2일 22시 02분

1 사랑하는 나의 아들아!
2 "네, 아버님! 말씀하옵소서."
3 나의 법전을 만들어 만백성을 구하는
이 역사가 무엇이라 하였느냐?
4 대혁명이요, 너희들이 이 세상에 이보
다 더 큰 환란이요, 더 큰 혁명은 없다

내가 그리 말하였음이니라.
5 모든 백성들이 구원의 길이요, 하늘에
오르는 길이라 하여 저희들이 지금 평
생 동안 믿고 왔던 그 믿음이요, 그리
고 저희 조상들 또한 그리 흘러왔던
그 관습이요, 그 모두가 잘못되었으며,
6 그것이 나 여호와의 뜻이 아니요, 하
늘에 오르는 길이 아니라 지금 부르짖
는 자가 이 세상에 있다면, 과연 누가
이를 놔둘 것이며, 누가 이를 인정할
것이며, 이를 믿겠느냐?
7 2천 년 전에 나의 아들 예수가 나의
아들로서 세상에 나감이니, 성령으로
써 내 뜻을 가지고 참진리만을 가르치
고 전하는 그 아들을 믿어 준 자가 없
으며,
8 그를 핍박하여 죽음으로 몰고 갔던
그와 같은 자들, 그들보다도 더 사악
하며 그들보다도 더 잔인한 방법으로
써 너희들의 모두를 다 무너트리려
할 것이며, 잠식시키려 할 것이니라.
9 그것이 지금의 믿음의 길을 가는 너희
들의 그 숫자의 방대한 조직이요, 그
리고 너희들이 가지고 있는 그 힘일
것이니라.
10 그러나 이를 가지고 너희들을 그대로
놔둘 수는 없음이니라.
11 나의 사랑하는 백성, 너희들이 하늘에
오르는 길이라 하면서 지옥의 길을 가
고 지옥으로 떨어지는 그를 보고 더
이상 이를 방치할 수 없으며 더 이상
이를 놔둘 수가 없음이니,
12 그 누군가는 반드시 이를 다스리고 역
사해야 될 것이니라.
13 너희들이 나로부터 은혜를 받는 것,
축복을 받는 것도 너희들이 잠자고 나
니 나 여호와가 너희 머리맡에 재물이
요, 금화를 놔뒀으며, 너희들에게 명
예의 영광을 내가 내렸더냐?
14 나는 그와 같이 너희들에게 전한 것이
없으며, 오로지 너희들에게 은혜의 축
복을 내가 내리지 아니한다 해도,
15 내가 너희들 인간을 통하며, 네 이웃
을 통하며, 너희 형제를 통하여 모두
역사하는 것이 나 여호와의 법도요,
하늘의 법도이니,
16 지금 나의 법전이요, 새로운 성경을
전하는 그것도 나의 아들을 통하여 너
희들을 깨우치고 전하는 것은 당연한
순리요, 하늘의 법도임을 너희들은 알
아야 될 것이니라.
17 그리하여 지금 나의 아들을 통하여 나
의 이 160권의 법전으로써 모든 잘못
가는 것을 내가 하나서부터 열까지 상
세히 기록하여 너희들이 읽는 자 깨우
칠 수 있도록 그리 전하여 내리거늘,
18 너희들이 이를 두려움을 모르고, 이
영광이요, 축복을 모르고,
19 이를 사탄이요, 마귀가 하는 것이라
하며 무너트릴 것이니, 그 너희들의
잔혹성이요, 잔인한 것은 상상할 수가
없음이니라.
20 그러나 너희들은 알아야 될 것이니라.
21 어떠한 환란과 고통의 그 시련이 있다
해도 너희들은 이 모두를 역사해야 된
다는 것을 알라.
22 나의 아들은 물론이요, 나의 아들을
따르는 제자 너희들은 모든 백성들이
받은 그 자격증 위에 너희들이 몇 개
의 자격증을 나로부터 더 받았다 하지

않더냐?
23 나의 아들을 따르는 제자들이요, 나에
의해 선택된 백성, 너희들이 차별화되
는 것은 너희들이 고통의 자격증이요,
인내의 자격증이요, 그리고 너희들이
견디는 자격증이요, 남을 시기하고 질
투하지 않는 자격증이요, 모두를 사랑
하는 그와 같은 자격증을 나로부터 너
희들은 몇 개씩 더 가지고 나간 백성
이라 하였음이니,
24 그를 받아 나간 백성, 너희들이 오늘
의 모든 종교 집단들이 너희들에게 그
환란이요, 핍박을 준다 하여, 내가 이
미 그리 대비하여 너희들에게 내려 준
그 자격증을 활용하지 못하며, 그들에
게 반납하며, 그들에게 압수당하는 그
와 같은 형국이 되어서는 아니 된다는
것을 알라.
25 너희들은 어떠한 핍박과 어떠한 환란
이 있다 해도, 인간을 통하여 내가 내
린 은혜요, 내가 역사하는 그와 마찬
가지로, 오늘의 나의 아들을 따르는
제자들이요, 나의 법전을 읽고 깨우친
백성, 너희들로 하여금 내 뜻을 이루
며 내 뜻을 펴고자 함이니,
26 선택된 너희들이 두려워하지 말며, 너
희들의 목숨이요, 너희들이 그 무엇도
던지지 못함이 없는 그와 같은 굳은
마음의 의지로써 역사하지 아니하면
아니 됨을 내가 너희들에게 다시 한
번 심으니 그리 알라.

10,275 번째 하나님 말씀

2004년 4월 2일 22시 08분

1 사랑하는 나의 아들아!
2 "네, 아버님! 말씀하옵소서."
3 너희들이 성서의 그 깨달음이요, 참진
리의 길을 오는 것은 너희들이 나로부
터 완벽하게 한 그릇의 물을 채우는
것처럼 그 한계가 있는 것이 아니며
채워지는 것이 없음을 너희들은 알라.
4 너희들이 그릇에 무엇을 담으니 그 그
릇이 그득히 참으로써 더 이상 담을
수 없듯이,
5 너희들이 성령이요, 너희들의 그 깨달
음이 바로 내가 한번에 그릇에 채우듯
이 부어 주며 채워 줄 수 있는 것이라
면, 너희들은 변화되는 그와 같은 믿
음으로 갈 수가 없으며 갈 필요도 없
느니라.
6 내가 믿음이란 무어라 하였느냐?
7 너희들이 초등 학문을 거쳐 중등 학문
이요, 고등 학문을 거치는 그와 같은
역사 속에서 모두가 이루어지며, 그와
같은 변화 속에서 행해지는 것이 참진
리요, 나 여호와의 뜻이라 그리하였음
이니라.
8 이는 곧 무엇이더냐?
9 나 여호와가 내리는 진리의 그릇을 너
희들이 채우고 채워도 끝이 없기 때문
이요,
10 한 번에 그 모두를 물건을 채우듯이
그 그릇에 채울 수 없는 것이 나 여호
와의 뜻이요, 하늘의 뜻이요, 진리이
니, 너희들이 그 진리를 한 번에 채울
수가 없는 것이라는 것을 알아야 될

것이니라.
11 그러기에 너희들이 모두를 변화되는
그와 같은 깨달음을 얻어야 될 것이니
라.
12 지금의 너희들이 변할 필요가 없는 것
이며 오로지 이것만을 가지고 간다는
것, 너희들이 지금의 설교하는 것, 너
희들이 배우는 강론으로써 그 모두를
가지고 하늘의 이치요, 하늘의 뜻을
알며,
13 변화되는 그와 같은 삶이요, 변화되는
역사를 이룰 필요가 없다는 자, 너희
들은 모두가 성령으로 채워졌으며, 너
희들의 그 그릇이 다 채워졌다 그리
말하나, 너희들은 여기서 알라.
14 하늘의 뜻이요, 나 여호와의 뜻은 너
희들이 그릇에 일순간에 채우는 것처
럼 채울 수도 없으며, 그리 채워지는
것도 아니요,
15 너희들이 죽을 때까지 받아들이고 채
우고 채워도 나 여호와의 뜻을 채울
수 없다는 것을 알라.
16 그것이 진리이니라.
17 끝이 있으며 모두를 담는 것이 그릇
에 담듯이 끝나는 것이 있으면 그는
결코 진리가 아님이니, 너희들은 알라.
18 그러니 진리는 변화되는 것이며 변화
되는 역사 속에서 모두가 이루어지느
니라.
19 너희들이 얼마나 어리석고 교활한 백
성이던가?
20 오죽하면 성서는 한 획도 너희들이 더
넣지도 빼지도 말며, 고치지도 말며,
한 줄도 더 넣지도 말며, 손을 대서는
절대 안 되는 것이다,
21 그러니 너희들은 문자 그대로 읽고 그
대로 해석하고 그대로 가면 되는 것이
라 하니, 그것이 얼마나 어리석은 백
성들이더냐?
22 어리석고 성서를 알지 못하는 그 백
성, 지도자들이 다른 사람이 이 비유
의 뜻을 알며, 이 가르침을 알고 제 앞
에 나가는 지도자가 될까 봐, 제 앞에
나가는 선두 주자가 될까 봐 너희들이
그 모두를 훼방하는 자요, 그와 같은
변화의 길을 막고자 하는 자요,
23 너희들이 어리석고 미련하여 깨우치
지 못하는 것을 다른 백성들이 성서의
비유의 뜻을 알며 그 뜻을 알고 만백
성에게 그를 전하는 역사가 이루어진
다면, 너희들은 대환란이 이루어질 것
이며, 너희들이 설 자리가 없다는 것
을 알기 때문에,
24 그 어리석고 간교한 백성들이 그와 같
은 구실을 붙여 너희들이 변해야 되는
것, 그리고 배워야 되는 것, 그리고 전
진해야 되는 것, 그 모두를 틀어막는
자들이 되었음을 알라.
25 변화되는 것을 변하지 못하도록 한 것
이, 바로 성경은 있는 대로 그대로 읽
으며 너희들이 깨우치려 해서도 아니
되며 변화되어서도 아니 된다는 것이,
한 획도 고치지 말며 한 줄도 손대서
안 된다는 것이 바로 그 간교한 자들
속에서 나온 뜻이라는 것을 너희들은
알라.
26 모든 것이 비유요, 비밀로 기록되어
있으니, 지금의 너희들이 어떠한 백성
인들 그것을 알겠느냐?
27 그리하여 내가 나의 아들을 통하여 새

로운 성경으로 만백성을 구하는 시대
가 이리 이루어지며, 또한 이와 같이
역사하는 것,
28 160권의 법전이 내려오는 것, 새로운
성령이요, 새로이 보혜사가 세상에 내
려와 만백성을 구하는 그 시대가 올
것이라는 것, 그것 또한 너희들이 오
늘의 역사하는 것을 내가 성서에 미리
기록하여 전한 대목이 있음이니,
29 너희들은 이를 보지 아니하며, 봐도
이를 믿지 아니하며, 시인하지 않으려
는 것이 오늘의 믿음의 길을 가는 그
집단이 아니더냐?
30 너희가 알지 못함이니, 너희들이 인정
하려 하지 않는 자요, 그러나 너희들
이 이를 인정하지 아니한다 해서 이
역사가 중단되며, 이루어지지 아니할
수도 없으며,
31 너희들이 아무리 그리한다 해도 이는
모두가 나 여호와가 미리 예언한 것
이며, 예약된 그 모두를 지금 전하며,
그와 같은 역사가 이루어진다는 것이
모든 성서에 그리 기록되었음을 너희
들은 알아야 될 것이니라.
32 미리 예언하여 기록된 내용이 지금 실
현되는 것이며 그를 실천하고 있다는
것을 너희들은 알아야 될 것이니 그리
전하라.

10,276 번째 하나님 말씀

2004년 4월 2일 22시 14분

1 사랑하는 나의 아들아!
2 "네, 아버님! 말씀하옵소서."
3 너희들이 인간 세상에 말하여 전하기
를, '돼지라는 그 동물에게 너희들이
귀하고 소중한 진주를 던져 준들 무엇
하느냐?' 하는 말이 있지 않더냐?
4 지금 너희들이 그와 같은 말을 함이
니, 모든 종교 집단이요, 지도자요, 그
리고 믿음의 구원을 받았다며 울고불
고하는 백성, 그들에게 나의 성경이
요, 나의 법전이요, 나의 십계명은 너
희들이 돼지라는 동물 앞에 진주를 던
져 주는 그와 같은 형국이요, 그와 같
은 꼴이 지금 되어 있음을 너희들은
알아야 될 것이니라.
5 나의 성경이요, 나의 십계명이요, 또
한 나의 법전까지 모두 짓밟히는 그와
같은 형국이 되었음을 너희들은 알아
야 될 것이니라.
6 너희들은 아니라 말하나, 나 여호와가
보는 오늘의 믿음의 길을 가는 백성,
너희들이 성서의 의미를 알지 못하며
비유의 뜻을 알지 못함이니,
7 너희들이 성령으로 임한 백성이요, 천
사와 같이 변한 백성이 없으니, 그 비
유의 뜻을 아는 자가 없으며, 내가 원
하는 그 뜻을 알 수 없음이니,
8 아무리 읽고 읽어도 깨우치지 못하는
너희들이니, 바로 나의 성경을 읽고
너희들이 성령으로 임하는 백성으로
거듭나지 아니하여 그 내용을 모른다
면,
9 과연 이 귀하고 소중한 예언의 책이
요, 미래의 너희들의 모두를 알려 주
는 책이요, 현재를 깨우쳐 주는 나의
성경이 바로 무엇이더냐?
10 돼지라는 동물에게 던져 준 진주와 같
은 그와 같은 꼴이 되고 말았으니, 이

는 엄연한 사실임을 너희들이 알아야
될 것이니라.
11 아무리 너희들이 부정하고 아니라 말
해도 이 모두는 현실적으로 그와 같은
형국이 되었음을 알라.
12 그러니 귀하고 소중한 나의 성경이 지
금 어찌 되었느냐?
13 이를 바라보는 내 마음이 아픔을 너희
들은 알아야 될 것이니라.
14 내가 너희들에게 성서의 그 내용을 비
유로 모두를 전했음이니, 너희들은 이
를 정독하지 아니하면 결코 알 수가
없으며, 나의 뜻을 알려 해도 알 수가
없다 함을 알아야 될 것이니라.
15 그러니 나의 법전을 가슴에 안고 정독
한다는 그 뜻을 알아야 될 것이니라.
16 나의 법전 속에 들어 있는 것이 하늘
의 뜻이요, 하늘에서 이루고자 하는
그 모든 역사가 그 속에 들어 있음이
니,
17 너희가 자세히 정독하여 그 내용을 읽
지 아니하면 알 수 없으며, 정독하는
자만 그를 알 수 있다는 것을 알아야
될 것이니라.
18 그러니 내가 너희들에게 내리는 모든
나의 성경이요, 그리고 나의 법전 이
모두는 너희들이 정독하지 아니하면
알 수 없다 하였음이니 이를 알라.
19 그러니 정독하지 아니하면 알 수 없다
는 것은 너희들이 아무리 헤쳐 보고
또 헤쳐 본다 해도, 너희들이 모든 마
음을 다 바쳐 읽지 아니하면 그 뜻을
알 수 없으며 해독할 수 없는 것이 나
의 뜻이라는 것을 너희들은 알아야 될
것이니라.
20 지금의 모든 믿음의 길을 가는 백성,
너희들이 정녕 성령으로 임한 백성이
없으며, 내 뜻을 알 수 없으며, 내가
너희들에게 원하고 바라는 것을 알 수
없으니, 나와 관계없는 그와 같은 길
을 가는 백성들이요,
21 너희들이 말하는 돼지라는 짐승 앞에
너희들의 귀하고 귀한 보석을 던져 준
것처럼, 나의 법전이요, 나의 성경이
요, 나의 십계명이요, 나의 율법의 그
모두가 그리 진흙탕에 짓밟혀지는 그
와 같은 형국이 되었음을 알라.
22 그리하여 이것을 내가 바로잡고자 하
여 그 뜻을 알 수 있는 그 백성을 선택
했음이니, 그게 나의 아들을 따르는
제자 너희들이니라.
23 너희들이야말로 변화요, 천사와 같은
삶을 살고자 함이니,
24 나의 법전을 너희들이 나의 성령이라
하여 가슴에 안고 정독하며, 나의 성
령을 가슴에 안고 정독하는 백성, 너
희들이 성서에 비유된 그 뜻을 알 수
있으며, 거기에 숨겨져 있는 비밀의
내용을 앎이니,
25 이를 아는 백성이 있을 때, 너희들이
있으며 너희들이 지금 읽는 이것이 내
가 기다린 때이니, 오늘의 너희들의
그와 같은 때를 기다려 지금까지 내가
비밀의 성경으로써 지켜 왔음이니,
26 이를 기록한 백성도 알지 못하도록 내
가 엄히 비밀을 유지하며 비유로써 가
르친 뜻을 이제 너희들에게 넘겨줌이
니,
27 너희들은 나의 법전과 나의 성경 속에
숨어 있는 그 뜻을 찾아 깨우쳐 한 치

의 오차도 없이 그와 같이 행하며, 그와 같은 길을 역사하는 것이 너희들이 가야 할 길이며 너희들이 이루어야 할 대명이라는 것을 잊지 말라 전하라.

10,277 번째 하나님 말씀

2004년 4월 2일 22시 21분

1 사랑하는 나의 아들아!
2 "네, 아버님! 말씀하옵소서."
3 너희는 오늘의 그 종말론이요, 너희들이 웃지 못할 그와 같은 사기극을 벌이는 자, 그리고 저 자신만이 육신이 그대로 들림을 받겠다 울고불고하는 자, 그 어리석은 백성들이 어찌하여 그와 같은 형국이 생겼느냐?
4 성서에 기록하여 너희들은 하늘에 데려감을 당한 백성이 있다는 것, 이 한 구절을 가지고 너희들이 이 말을 유전으로 전함으로써 종말론이라는 것이 생겼으며,
5 너희들이 그 종말론으로 하여금 얼마나 웃지 못할 희비애락이 교차하는 그와 같은 너희들의 형국이 생겼더냐?
6 너희들은 종말론자들이 인간 너희가 육체의 형태 그대로 하늘로 올라가는 것으로 알고 있으며 그리 믿고 있는 것이 아니더냐?
7 그리고 결국 너희 자신이 그리 이루어질 것이라는 것, 네가 그 죄요, 더덕더덕 묻어 있는 그 무겁고도 무거운 짐이 하늘에 들려지는 그와 같은 은혜를 입겠다 너희들이 울고불고 그리하는 자들이 아니더냐?
8 그리하여 너희들은 가정을 등지며, 모두를 다 버리며, 자신만이 있는 그대로 들림을 받아 고통 없이 하늘에 오르겠다는 그 허황된 생각으로 너희들이 얼마나 가련한 백성들로서 한때 이 세상에 나의 피조물 만백성을 울렸으며, 너희들이 또한 그 웃지 못할 그와 같은 촌극이 연출되었던가?
9 그것이 다 너희들이 미련하고 어리석은 것이요, 하늘의 비유요, 성경의 비유의 뜻을 모르며 내 뜻을 전혀 알지 못하는 백성이니, 지금도 설마 그것이 있으면 제가 그리되지 아니할까 하는 그 미련을 버리지 못하는 어리석은 백성이 너희들이 아니더냐?
10 그것이 지금 너희들의 실상이요, 믿음의 길을 가는 백성, 너희들의 현주소이니라.
11 이는 곧 너희들이 성경의 비유의 뜻을 모르기 때문이요, 내가 역사하고자 하는 뜻을 알지 못하는 무지에서 이와 같이 어리석은 결과가 생겼음을 알아야 될 것이니라.
12 너희들은 여기서 들으라.
13 너희들이 하늘에 데려감을 당했다는 것, 그것이 너희들이 육신의 형태로 하늘에 오르는 것이 아니요, 너희들이 휴거된다는 것이 아님을 알아야 될 것이니라.
14 나의 사랑하는 백성 너희들이 정의롭고 바르고 곱게 살아 성령이 임할 수 있는 자격을 가지고 있는 백성이요, 자격을 딴 백성, 그와 같은 백성에게 성령이 임하는 것이요, 성령이 임한 백성들이 거듭나게 됨이니라.
15 그러니 성령이 임하여 너희들의 마음

이 사랑하는 마음으로 변화되는 자,
그리고 새로운 마음으로 새로운 세상
으로써 바뀌는, 너희 자신이 그와 같
은 역사를 이루는 것, 그게 너희들이
은혜를 받음이니,
16 그 모두에게 감사하는 마음으로써 너
희들이 나 여호와에게 진심으로 감사
를 드리는 마음으로, 그리고 너희들이
하늘을 향하여 한 점의 부끄러움이 없
는 삶을 살아갈 수 있도록 우뚝 섰을
때,
17 그것이 바로 성령에 의한 너희들이 들
림을 받는 것이요, 그와 같은 백성이
나에게 들림을 받는 것이라는 그 비유
의 뜻이거늘,
18 너희들이 그저 일하다 한 사람은 들림
을 받았으며, 또 믿음의 길을 가는 자,
들림을 받았다 그리 말함이니,
19 너희들은 성령으로 임하는 그 역사를
이루는 것이 들림을 받는 그 비유의
뜻임이니, 육으로써 들림을 받는 것이
아님을 알라.
20 너희들이 죄에 대하여, 의에 대하여,
심판에 대하여 나의 뜻에 의한 길을
오며, 그와 같은 나의 뜻에 의해 살아
가는 백성, 곧 너희들이 그와 같이 살
아가는 백성으로 확고히 변화되었을
때 너희들이 나의 백성이 됨이요, 그
것이 바로 성령으로 임하는 백성이니,
21 그게 바로 너희들이 하늘에 데려감이
요, 들림을 받는 것이라는 것을 어리
석고 불쌍한 그 백성들에게 이제 성경
의 비밀을 열어 내가 가르쳐 줌이니,
22 성경의 비유의 뜻이요, 나 여호와가
역사하며 너희들에게 가르치고자 하
는 뜻이요, 너희들이 하늘로 데려감을
들림을 당했다는 것이 성령으로써 너
희들이 임하는 것이라는 것을 그들에
게 깨우쳐 주며,
23 어리석은 그 백성들이 두 번 다시 저
자신이 육신의 고통 없이 하늘에 들림
을 받는다 생각하지 말라 하라.
24 너희들은 육신이 아니라도 너희들의
영혼도 쥐고 있는 그 죄의 쇠사슬 때
문에 휴거될 수 없는 것이 너희들이라
는 것을 알라, 사랑하는 나의 아들딸
들아! 그리 전하라.

10,278 번째 하나님 말씀

2004년 4월 2일 22시 26분

1 사랑하는 나의 아들아!
2 "네, 아버님! 말씀하옵소서."
3 지금까지 모든 종파요, 교파요, 지파,
너희들이 교회요, 성당을 짓고 나의
뜻을 부르짖으며 나 여호와가 존재함
을 알렸음이니,
4 그 모든 종교요, 종파 너희들이 지금
까지 존재한 것은 악순환 속에서 악순
환을 거듭하는 그와 같은 너희들의 믿
음으로 지금 왔음이니라.
5 그러니 악순환 속에서 악순환으로 연
속되는 너희들의 그 믿음이 참진리요,
하늘에 오르는 길이 아님이니라.
6 그러나 너희들은 나 여호와가 존재함
을 세상에 알렸으며 만백성이 나 여호
와를 찾도록 하였음이니,
7 그리하여 또한 너희들이 나의 뜻을 알
리고자 노력했으며, 너희들의 그 공이
있음을 나 여호와는 아느니라.

8 그러나 모든 종교 집단, 너희들은 이
제 너희들의 그 소명이요, 대명이 다
끝났으며, 너희들이 모두를 다 거둘
때가 되었다는 것을 스스로 알아야 될
것이니라.
9 나는 나의 아들 예수를 통하여 너희들
에게 무어라 전하였느냐?
10 부분적인 것을 너희들이 역사하고 있
으나, 완전한 것이 옴으로 그 모든 부
분적인 것은 폐하게 될 것이라 내가
기록한 그 내용을 알지 않느냐?
11 지금의 모든 종교 집단, 너희들이 나
여호와를 알리며, 나의 뜻이 무엇인가
를 깨우쳐 전하고자 한 노력, 그는 내
가 알고 있으며 그를 인정함이니,
12 곧 너희 스스로 부분적인 것을 가지고
나의 피조물 만백성을 깨우치고 역사
하고자 했던 것이니,
13 이제 나의 법전이 세상에 내려오며 완
전한 것이 세상에 내려옴이니, 그 모
두를 폐하게 될 것이니,
14 스스로 너희들이 그와 같은 것을 알아
정리하는 현명한 마음으로써 거듭나
지 아니하면 아니 될 것이니라.
15 내가 모두를 다스리고 그를 폐할 때,
너희들은 그 어렵고 힘든 고비를 당해
야 될 것이며, 그 고비를 넘지 아니하
면 아니 되는 것이 너희들의 운명이니,
16 스스로 너희들이 모두를 폐하기를 바
라는 것이 나 여호와의 뜻이니라.
17 절대적인 나의 새로운 성경이 세상에
내려지고 있지 않으냐?
18 이제 그 누구도 불변이요, 그 누구도
고칠 수도 없으며 더할 수도 없으며,
19 그리고 이보다 너희들에게 더 자세히
상세하게 가르치고 내리는 것이 없음
이니, 이는 나의 법전이요, 새로운 성
경이 절대적인 것임을 너희들은 알라.
20 그러니 그 모두를 내가 내려보내는 것
은 나의 아들딸 너희들을 사랑함이요,
너희들을 지키고자 하는 것이 나 여호
와의 뜻임을 알아야 될 것이니라.
21 이제는 너희들이 알지 못했던 그 모든
의문이요, 너희들이 알지 못했던 그
모든 것들이 이 책 속에 있으며 나의
법전 속에 있음이니라.
22 너희들이 알지 못하며 의구심으로써
남아 있는 그 마음을 해결해 주지 못
하며, 그 뜻을 너희들이 나의 법전 속
에서 찾지 못한다면, 이는 나 여호와
의 성령이 아니요, 내가 내린 것이 아
님을 알라.
23 너희들이 그리 소원하고 구원하고 바
라는 것, 너희들이 구원이라는 그것을
위해 모두를 다 바침이니, 그 자체도
또한 이 속에 다 들어 있으며,
24 어떠한 것이 나에게 오를 수 있으며,
너희들이 갈구하고 갈망하는 그 소원
이 이루어지는 것인가도 나의 법전 속
에 모두가 들어 있으며 기록되어 있음
을 너희들은 알라.
25 나의 법전이 너희가 나에게 오르는 길
이요, 거듭남의 영광을 얻는 그 길을
볼 수 있는 기본이 여기 있음이니라.
26 그리하여 나의 참진리요, 나의 성경이
라 함이니라.
27 그러니 참진리요, 나의 성경을 너희들
이 보지 아니하고 듣지 아니하고 읽지
아니하고는 결코 하늘에 오르는 영광
의 빛을 볼 수 없으며, 그 빛을 볼 수

없음이니,
28 너희들이 그 빛을 따라 하늘에 오르는
것을 이룰 수 없는 것이라 함을 알라,
사랑하는 나의 아들딸들아!

10,279 번째 하나님 말씀

2004년 4월 2일 22시 34분

1 사랑하는 나의 아들아!
2 "네, 아버님! 말씀하옵소서."
3 나의 피조물 만백성, 너희들이 참진리
의 길을 알고 깨우침이 있도록 하기
위해서는 너희들이 어찌해야 되느냐?
4 모든 백성들이 지금 반대의 길을 가
며, 하늘에 오르는 길이 아니요, 지옥
의 길이요, 참진리의 길이 아니요, 비
진리의 길을 가고 있음이니라.
5 그러니 그와 같이 사랑하는 백성, 너
희들이 어떠한 것을 역사해야 되겠느
냐?
6 그들을 깨우치고 바로잡는 것은 지금
먼저 깨우친, 선택된 나의 아들딸, 너
희들이 충성과 열과 성의를 다 가지고
나의 법전을 만들고,
7 만든 그 법전을 가지고 너희들이 만백
성에게 전하는 그와 같은 역사가 아니
고는 아무것도 변화되고 이룰 수가 없
음이니라.
8 그러니 먼저 선택된 백성들이요, 나의
법전을 만들고 전하는 너희들은 인간
세상의 향락이요, 인간 세상의 삶이
요, 그 모두를 접어 두지 아니하면 바
로 갈 수 없음이니라.
9 나의 아들 또한 그러하니라.
10 너희들이 인간의 만남이요, 그리운 사
람의 만남이요, 인간 세상의 사람들이
향락을 즐기는 그곳에 너희들이 그 모
두를 외면하지 아니하며, 그를 버리지
아니하며, 그 속에 너희들이 합류해서
는 모든 것을 이룰 수 없으며, 결코 갈
수 없으며, 역사할 수 없는 것이라는
것을 알라.
11 너희들이 인간 세상에 남들이 즐기며
희비애락 속에 살아가는 그 모두를 접
어 둬야 되며, 사랑하는 마음도 지워
야 되며, 사랑하는 사람의 이름도 지
워야 되며, 사랑하는 사람들의 얼굴도
지워야 하는 것이 너희들이요,
12 인간 세상에 즐기고 살아가는 그 모든
잡기요, 오락이요, 그것도 다 너희들
은 기억도 해서는 아니 되며 행해서도
아니 되는 것이니,
13 너희들이 얼마나 인내하고 지키고 살
아가는 그 삶이 힘들고 어려운 길이더
냐?
14 나 여호와는 알고 있음이니라.
15 그러나 먼저 선택된 백성, 너희들이
그리 가지 아니하면 아무것도 이룰 수
없으며, 나의 백성들을 구할 수가 없
음이니라.
16 그러니 먼저 선택된 백성, 너희들이야
말로 충성과 열성과 모두를 다하여 나
의 법전을 만들고 전하는 데, 아무리
어렵고 힘든 길이라 해도, 너희들이
주저하지 아니하며 그 모두를 역사해
야 되는 것임을 알아야 될 것이니라.
17 정녕 너희들이 바로 서서 그들을 깨우
치지 못하면 아무도 깨우칠 수 없기
때문이니,
18 그 많은 백성들이 나에게 오르는 길을

접어 두고 지옥의 벼랑으로 떨어지는
것을 더 이상 볼 수는 없기에,
19 내가 너희들에게 이렇게 내리고 또 내
려 간곡히 부탁하는 마음을 너희들은
알겠느냐?
20 그리하여 나의 법전을 만백성에게 전
하지 아니한다면, 그리고 너희들이 또
역사하지 아니한다면, 이는 아무것도
이루어질 수 없음이니라.
21 너희들이 어렵고 힘들다 하여 모두를
포기한다면, 나의 법전 160권을 너희
들이 역사하지 아니한다면, 그리고 너
희들이 이를 듣고 어렵고 힘들다 하여
그를 말아 나의 법전을 전하고 전하는
그와 같은 역사의 길을 가지 아니하면,
22 아무도 변화를 이룰 수 없으며, 바른
세상이요, 정의로운 세상이요, 하늘에
서 이루어진 것같이 이 지상의 세상은
결코 이룰 수 없다는 것을 알라.

10,280 번째 하나님 말씀

2004년 4월 2일 22시 40분

1 사랑하는 나의 아들아!
2 "네, 아버님! 말씀하옵소서."
3 나의 백성, 너희들이 나에게 말하며
나에게 부르짖는 소리를 나 여호와는
수없이 듣느니라.
4 나의 아들을 통하여 너희들에게 전하
기를 내가 뭐라 말하였느냐?
5 이 세상에 종말이라는 것은 없으며
종말은 결코 없다 하였거늘, 모든 믿
음의 길을 가는 백성 그들이 뭐라 말
하느냐?
6 종말이요, 종말론을 가지고 그리 부르
짖지 않더냐?
7 그러니 너희가 종말에 대하여 알고 있
으나 나 여호와의 뜻을 모름이니,
8 너희들이 종말이라는 것이 이 세상의
모두가 끝나는 것, 그것으로써 그리
귀착하며, 종말이라는 건 이 세상이
뒤집히며 모두가 끝나는 그것으로써
종말이라 그리 말하고 있지 않더냐?
9 그러니 너희가 나의 성령이요, 나의
비유의 뜻을 모르며 내 마음을 모르는
어리석은 백성들이니라.
10 모두가 끝나는 것을 가지고 내가 종말
이라 너희들에게 전한 것이 아니며,
11 내가 성서에 기록하여 전하는 그 종말
의 의미는 이 세상이 끝나며 모두가
뒤집히며 모두가 끝이라는 그와 같은
것으로써 종말이라 하지 아니함이니
라.
12 그러니 종말을 말함으로써 너희들이
그 종말이 이 세상의 모두가 끝나는
것처럼 그리 말하니, 종말, 종말론을
가지고 너희들이 웃지 못할 사기극을
연출했으며, 상상할 수 없는 비극을
초래하는 것이 아니더냐?
13 지금도 종말론을 가지고 울고불고하
나, 나의 법전에 기록하여 내가 나의
아들을 통하여 종말이 없다 그리하였
거늘, 어찌하여 너희들은 이 말을 믿
지 아니하며 이를 따르려 하지 않느냐?
14 사랑하는 나의 아들아, 너는 종말이라
는 것이 무엇이며 종말이란 그 의미를
어찌 생각하느냐?
15 "네, 아버님! 저는 그리 생각하옵나이
다.
16 아버님께서 재앙을 내리지 아니한다

하시며, 그리고 종말은 없다 하셨으
니, 지구가 깨지고 부서지는 것, 그와
같은 종말은 있는 것이 아니옵나이다.
17 아버님께서 말씀하시는 그 종말을 저
는 그리 생각하옵나이다.
18 아버님께서 저희들에게 '종말이다, 종
말이다.' 하여 가르쳐 주신 것은 지금
도 수없이 그 종말이 이루어지고 있으
며,
19 그 종말의 역사 속에서 새로운 것이
거듭나며 변화되는 것의 역사가 이루
어진다 그리 생각하옵나이다.
20 아버님! 저는 그리 생각하옵나이다.
21 인간 개개인이 살아가면서 선으로써
살아가는 것이 하나가 끝을 맺었을
때 그것이 종말이요, 악한 것으로써
하나의 끝을 맺을 때 또한 그것이 종
말이요,
22 저희들이 살아가면서 하나하나 모든
것을 역사하는 것이 끝나고 끝남이 있
음이니,
23 선행을 행하는 것, 사랑을 베푸는 것,
사랑을 역사하는 것, 그리고 남을 돕
고 살아가는 것, 저희들이 목표한 것
을 이루는 것,
24 그리하여 그와 같은 것이 작은 종말의
그 의미로써 아버님께서 역사하시는
것이요, 세상에 깨지고 부서지는 그와
같은 것의 종말의 뜻이 아니니,
25 비유의 그 말씀을 알 수 없고 그 뜻을
알지 못하는 백성들이 지금 종말, 종
말론으로써 세상이 끝나고 그 모두가
끝나는 것이 올 것이라는 것 때문에
웃지 못할 일을 하고 있으며,
26 그로 인하여 모든 백성들에게 사기극
을 벌이는 어리석은 백성들이 있다 그
리 생각하옵나이다.
27 아버님께서 이 세상이 끝나는 종말이
아니요, 아버님의 역사의 비유의 말씀
은 저희들이 하나하나 끝내는 것의 종
말의 마무리를 잘 지으며 후회 없는
것을 이루도록 하는 것, 그것으로써
아버님께서 내리시는 이야기요, 성경
의 비유라 생각하옵나이다.
28 악을 행하지 않도록 끊는 것, 그리고
끝이 없이 선을 행하기 위해 결정짓는
것, 그 모든 결과가 하나하나 이루어
지는 작은 종말이옵나이다.
29 그러니 종말이라는 것은 개인의 종말
이 있으며, 단체 간의 종말이 있으며,
국가 간의 종말이 있사옵나이다.
30 전쟁과 전쟁에서 모두가 끝나니, 그
또한 종말이옵나이다.
31 이와 같이 수없이 이루어지는 종말의
세상에서 역사하는 것을 가지고 아버
님께서 종말이라 그리 깨우쳐 주시며
그리 말씀을 하셨으며,
32 그 하나하나의 종말이라 생각하여 마
지막까지 잘 다스리고 선을 택하여 모
두를 이루도록 깨우쳐 주신 것이 종말
론이옵나이다.
33 그러나 어리석고 불쌍한 백성들이 그
종말론을 가지고 세상이 끝나는 것이
요, 모두가 뒤집어지는 것이요, 아버
지께서 손을 대시는 것이요, 재앙으로
써 다스리며 벌로써 다스리는 것이라
그들이 그리 생각하며 그 모두를 그리
연계하고 있으니,
34 아버님의 뜻을 결국 모르는 백성들이
라 그리 생각하며 저는 그 이치를 알

고 있사옵나이다."
35 사랑하는 나의 아들아!
36 지금 그 종말의 모두는 지구가 끝나는
것이 아님을 너는 말을 잘했으니, 그
를 가지고 너의 제자들에게 깨우쳐
주도록 하라.
37 하나하나 너희들의 모두가 아름답게
끝나는 것, 그리고 아름답게 끝날 수
있도록, 아름답게 역사할 수 있도록
하라 하는 것이 내가 너희들에게 전해
준 하나하나마다 깨끗이 매듭짓는 그
종말론의 의미요,
38 작고 큰 것을 너희들이 수없이 치르
면서 그 모두를 아름답게 맺도록 살아
가라는 것, 그와 같은 의미라는 것을
네가 알았으면 너의 제자들에게 깨우
쳐 주도록 하라, 사랑하는 나의 아들
아!

10,281 번째 하나님 말씀

2004년 4월 2일 22시 48분

1 사랑하는 나의 아들아!
2 "네, 아버님! 말씀하옵소서."
3 너를 따르는 그 많은 제자들이 그 수
를 헤아릴 수 없음이니, 그 제자들이
나로부터 작은 은혜요, 영광을 입는
백성이 있는가 하면 그를 입지 못하는
백성이 있음이니라.
4 나의 아들을 몇 년을 따라서 더불어
가든, 그리고 나의 법전을 만드는 대
역사를 이루든, 너희들이 소원하는
것, 너희들이 바라는 것, 그것 하나 얻
지 못하며 이루지 못하는 백성이 있음
이니,
5 그와 같은 백성은 나를 원망하지 말며
나의 아들을 원망하지 말라.
6 그 모두는 너희들이 치러야 할 죄가
너무 많이 있으며, 너희들이 겪어야
할 죄의 대가가 너무 많으며, 너희가
넘을 산이 너무나 많기 때문에 너희가
그것을 이루지 못하며,
7 그 갈구하고 갈구하며 너희들이 변하
고 변하고자 천사와 같은 삶을 살고자
노력해도 그것 하나 이루어지지 아니
하며, 작은 소원 하나 이루어지지 아
니한다 하여 좌절하지 말며, 나를 원
망하지 말며, 나의 아들을 원망하지
말며, 나의 법전을 정독하는 데서 손
을 놓지 말라.
8 너희들이 결국 그를 넘지 아니하면 아
니 되며, 그를 치르지 아니하면 아니
되는 그 죄의 대가가 있음이니, 너희
들이 지상에서 모두를 지금 치르고 있
다는 그 영광된 것을 알도록 그리하라.
9 그러니 지금 모든 작고 큰 은혜를 입
고 가는 그 백성들이요, 입지 못하는
백성은 그러니라.
10 나의 아들을 따르는 제자들은 이루지
못하며 얻지 못하되, 멀리 있는 백성
들이 그 은혜를 입으며 늦게 온 백성
들이 축복된 영광을 얻는다 하니,
11 그는 바로 너희들은 치러야 할 그 죄
의 대가의 덩어리가 크며, 그들은 그
죄의 덩어리가 작기에 늦게 와도 그들
이 은혜와 축복의 영광을 얻게 되는
것이니, 이를 너희들이 그리 깨닫고
그리 알아야 될 것이니라.
12 너희들이 무엇을 잃으며 손해를 보며
손실을 입는 것, 그 모두도 다 너희들

의 죄에 대한 대가를 지금의 세상에
서 치르고 있다는 것,
13 그러니 너희들이 죽어 나에게 와 심판
을 받을 때 그 모든 죄의 대가를 치르
기 전에, 오늘에 그 모든 대가를 치르
며,
14 거기에 따라 너희들이 은혜를 베풀며,
사랑을 베풀며, 나눔을 베풀고 살아가
야 하는 것이니, 그리하여 끝없이 한
없이 너희들이 변함없는 마음으로 베
풀고 가라 함이니라.
15 무엇을 이루지 못하고 얻지 못한 백성
은 그만큼 그 모두를 다 사면받는 오
늘의 은혜를 받고 있다는 것을 잊지
말도록 그들에게 그와 같은 이치를 전
하라, 사랑하는 나의 아들아!
16 그렇다면 그들의 마음이 아프지 아니
할 것이며, 나를 원망하지 아니할 것
이며, 나의 아들을 원망하지 않을 것
이며, 법전을 감히 두려워 놓지 아니
할 것이니,
17 모두는 그들이 지금 지상에서 지고 있
는 그 죄의 업을 하나하나 벗어 내는
영광이요, 은혜 속에 있다는 것을 그
들에게 깨우쳐 주라, 사랑하는 나의
아들아!

10,282 번째 하나님 말씀

2004년 4월 2일 22시 52분

1 사랑하는 나의 아들아!
2 "네, 아버님! 말씀하옵소서."
3 너희는 모든 역사함이 종말론에 의하
여 모두가 귀결되는 그와 같은 믿음이
아니더냐?
4 그러니 너희들의 그 믿음이요, 그 모
든 것도 다 종말론으로 그리하여 나의
사랑하는 백성들을 공포 분위기로써
이끌어 가고 있으며,
5 두렵도록 하여 너희들 앞에 벌벌 떠는
그와 같은 신도를 만들어 이끌어 가는
것이 아니더냐?
6 종말론 그것 하나를 가지고, 말세라는
것 하나를 가지고 나의 피조물 만백성
을 너희 앞에 오게 하여 그리 오금을
펴지 못하며 벌벌 떠는 백성으로 그들
을 공포 분위기로 몰아넣고 그와 같은
조작을 하며, 그와 같은 분위기를 조
성하는 것이 오늘의 종교 집단 너희들
이 아니더냐?
7 그러니 너희들의 말에 의하여 예수의
재림에 의한 종말이요, 그리고 너희들
이 말로써 그 모든 종말이요, 그리고
추수 때요, 심판할 때요, 이 모두를 다
그리 말하면서 너희들이 뭐라 말하느
냐?
8 그 모두를 다 너희들이 마지막 시대의
심판이요, 종말론에 귀결하여 모두를
끌고 가고 있음이니,
9 지금의 그 고정관념에서 너희들이 벗
어나지 못한다면, 전진할 수 없으며
진정한 믿음이요, 하늘에 오르는 길을
볼 수 없는 백성이라는 것을 알라.
10 지금 모든 믿음의 길을 가는 지도자
요, 종교 집단들이 종말론으로써 모두
를 귀결하여 나의 피조물 만백성을 그
리 이끌어 감이니,
11 그 모든 행위가 거짓된 지도자들의 행
위이니, 너희들이 이제 그 모두를 벗
어던질 때가 되었음을 알라.

12 나 여호와의 비유의 뜻이요, 성경의
뜻이요, 이 모두를 너희들이 제대로
알지 못하고 가르쳐 왔기 때문에 영적
인 혼란이 지금 이렇게 일어났으며,
13 모든 종파요, 지파들이 수없이 세상을
덮는 이와 같은 혼란한 세상을 만든
것이 바로 너희들이니라.
14 그러니 너희들이 그 어떠한 종말론을
가지고 나의 피조물 만백성들을 그리
위협하며 공포 분위기를 조성하는 그
와 같은 형국으로 왔으며,
15 모두를 종말의 분위기로써, 종말로써
귀결하기에, 거기에 따라 수많은 종파
들이 그 이론이요, 교리를 만들고 세
상을 혼란케 했으니,
16 나의 피조물 만백성을 영적으로 모두
가 다 흐트러지는 자요, 영적인 구원
을 받지 못하는 그와 같은 백성으로
지금 이끌어 가고 있음을 알라.
17 모든 역사를 제 궤도에서 너희들이 이
탈시켰음이니라.
18 내가 이루고자 하는 것, 내가 역사하
고자 하는 그 뜻을 다 너희들이 정상
적인 궤도에서 모두를 다 이탈시켰으
며, 제대로 갈 수 없도록 만든 것이 너
희들이니라.
19 그리하여 이를 바로잡아야 하기에, 내
가 모든 종교와 종파들이 지금 부패되
었으며 부식된 그와 같은 결과요, 그
모두를 내가 바로잡고자 함이니라.
20 그리고 내가 이를 바로잡아야 하는 그
이유가 너희들의 모든 종파가 부패되
었으며 부식되어 멸망의 길로 지금 치
닫고 있는 그와 같은 결과이니라.
21 그리하여 내 이 모두를 다스리고자 하
며, 이 모두를 다 종지부를 찍게 하여
오류 투성이인 너희들의 궤변의 설교
요, 그 모두를 내가 중단하고자 지금
나의 법전을 내려보내 나의 성령으로
써 만백성을 구하고자 하는 역사를 하
고 있음을 알라.

10,283 번째 하나님 말씀

2004년 4월 3일 06시 08분

1 사랑하는 나의 아들아!
2 "네, 아버님! 말씀하옵소서."
3 너희들이 마음을 악하게 가지며 사악
하게 생각한다면, 너희 몸속에 흐르는
피 자체가 혼탁해지며, 그리고 그 피
가 혼탁해짐으로써 결국 그것은 무엇
이더냐?
4 너희 생명을 단축한다는 것을 알아야
할 것이니라.
5 그러니 나의 아들을 따르는 제자들이
요, 나의 법전을 읽고 깨우친 만백성,
너희들이 모든 마음과 행동을 얼마나
아름답고 곱게 다스리고 살아가야 하
는가를 스스로 알아서 행하도록 그리
하라.
6 너희들이 악한 마음이요, 선하지 못한
생각을 가지고 살아갈 때, 남을 시기
하고 질투하는 마음을 가질 때, 너희
몸속에 흐르는 피가 굳어 가며 혼탁해
지는 그와 같은 변화가 이루어져,
7 너희 자신의 생명을 단축시키며 너희
삶을 단축시킨다는 그 무서운 사실을
나의 아들을 따르는 제자들이요, 나의
법전을 읽고 깨우친 백성, 너희들은
알아야 할 것이니라.

8 그러니 너희들이 네 몸속에 흐르는 피
가 맑고 곱게 흐르도록 하여 네 생명
을 곱게 관리하며 병마에 시달리지 아
니하고자 한다면, 너희들의 마음 자세
를 아름답게 가져야 함이니라.
9 너희들은 화가 마음의 병을 이루며,
마음의 병은 곧 화로써 이룬다는 그와
같은 말을 알고 있으며, 그와 같은 현
실을 볼 것이니라.
10 그러니 화내는 자, 열 올리는 자, 결국
그는 혈압으로 쓰러지며, 또한 그로
하여금 모든 병마를 얻게 됨이니, 그
것이 바로 무엇인지 알겠느냐?
11 너희들이 마음을 악하게 먹으며 생각
을 악하게 하며, 사랑하는 마음이 없
으며, 남을 용서하는 마음이 없을 때,
너희들의 피가 혼탁해짐이니,
12 그 혼탁한 피는 너희에게 병마를 부르
며, 너희 생명을 단축하며, 너희들을
쓰러지게 함이니라.
13 그러니 사랑하는 나의 아들딸, 너희들
은 곱고 깨끗한 피가 흐를 수 있는 그
와 같은 마음 자세요, 삶의 자세로 바
꾸지 아니하면 아니 될 것이니, 그러
니 이를 내가 너희들에게 왜 깨우쳐
주겠는가?
14 이는 너희들이 작은 것부터 큰 것까지
너희 육신에 대한 흐름의 그 모두가
이 우주 공간에 이루어지는 것과 같
이 역사한다는 것을 내가 깨우쳐 줌이
니, 너희들은 그를 깨닫도록 그리하라.
15 그러니 너희들의 마음이 혼탁하며 맑
지 못한 것, 악에 빠지는 것, 인간 세
상의 향락에 빠지는 것, 그리고 추한
마음을 갖고 추한 모습으로써 행동하
는 것,
16 그 모두가 다 너희들에게 맑고 맑게
흘러야 되는 그 피를 혼탁하게 하며
굳게 함이니,
17 그리하여 너희들이 병마에 시달리며,
너희 생명이 그와 같이 일찍 끊어짐이
니라.
18 그러니 이와 같은 이치를 안다면, 너
희들이 맑고 맑은 피가 흐를 수 있도
록 얼마나 자신을 다스려야 하는가 스
스로 알아서 행하도록 그리하라.

10,284 번째 하나님 말씀

2004년 4월 3일 06시 11분

1 사랑하는 나의 아들아!
2 "네, 아버님! 말씀하옵소서."
3 너희들이 인간 세상에 살아가면서 '실
패는 성공의 어머니'라 하며, 그 실패
로 하여금 너희들이 거듭나는 역사가
있다 하였음이니,
4 모든 백성들은 실패와 실패를 거듭하
는 속에서 자신을 다스리며, 자신만이
가지고 있는 능력을 발휘하며 그를 찾
게 됨이니,
5 너희들은 그리하여 실패한 경험이 있
는 자가 굳건히 서는 것이며, 바로 서
게 됨이니라.
6 나이가 반백이 되어 인생을 잘못 산
것을 그때 후회하고 느낀다면, 너희들
은 고칠 길이 없으며 바로 설 길이 없
는 것이 아니더냐?
7 그러나 너희들이 젊어서 머리가 검을
때, 실패하고 실패를 거듭하는 것은,
8 너희들은 바로 거듭남이요, 너희들이

거듭나서는 절대 놓치지 아니하며, 그
후에 너희들은 실패라는 것이 없으며
무너지는 것이 없는 삶을 사는 것이
아니더냐?
9 그러니 너희들은 오늘의 실패요, 오늘
의 고통스러움을 좌절이요, 포기하는
마음이 아니요, 그것을 딛고 일어설
수 있는 그 용기가 필요하며,
10 반드시 너희들은 딛고 일어설 길이 있
으며, 역사할 수 있다는 것을 알아야
될 것이니라.
11 나 여호와는 이 세상에 모두를 내려
보냄이니, 그 짝이 없음이 없음이니라.
12 심지어 너희들은 악한 짝도 있으며 또
선한 짝도 있음이니, 악한 짝은 선함
이며, 선함의 짝은 악이듯이, 모두 짝
이 없이 이루어지는 것은 없음이니라.
13 너희들이 남에게 피해를 입혔을 때
그 피해를 받는 자가 있으며, 사랑을
베풀 때 그 사랑을 받는 자가 있는 것
처럼,
14 모든 나 여호와의 진리요, 나 여호와
의 뜻은 반드시 짝이 있게 되어 있음
을 알라 그리 전함이니라.
15 너희들의 실패의 그 짝은 무엇이더
냐? 성공이니라.
16 그리고 성공의 짝은 실패이니라.
17 그러니 너희들이 젊어서 실패하고 쓰
러지고 무너지는 것은 너희들이 나이
가 들며 반백이 될 때, 두 번 다시 실
패하지 않는 백성이요, 그리고 평온
하고 단단한 삶을 살 수 있는 기회가
주어지는 것으로 만들어야 될 것이니
라.
18 가장 어리석은 백성이 젊어서 모두를
남용하며, 젊어서 세상 것이 잘될 것
처럼 어영부영 세월을 살아, 반백이
되어 기력이 없으며, 남들이 알아 주
지 아니하며, 남들이 기억해 주지 않
는 그 삶에 초라한 모습으로 살아가는
것,
19 그리고 마지막에 회생의 기회가 없으
며 용기가 없는 그와 같은 삶을 사는
것, 그리고 기회가 주어지지 않고 기
회가 오지 않는 것, 그와 같은 삶이 가
장 불행하고 불행한 삶이니,
20 너희들은 실패를 성공의 밑바탕으로
삼아 그를 가지고 거듭나는 은혜를 입
을 때, 영원히 패자가 되지 아니함이
니 그리 알라.

10,285 번째 하나님 말씀

2004년 4월 3일 06시 18분

1 사랑하는 나의 아들아!
2 "네, 아버님! 말씀하옵소서."
3 지금의 모든 종파요, 믿음의 길을 가
는 백성들이 초보적인 신앙이요, 초보
적인 그 믿음의 생활에서 벗어나지 못
하고 있다 내가 하였느니라.
4 그리하여 그들은 성장하지 못하며 성
장의 변화를 보지 못함이니, 그들이
새로운 성장의 역사를 가는 것을 모
든 종교 지도자들이 막고 있으며, 변
하고자 하는 그 백성들까지 막고 있으
며,
5 나에게 그들이 오를 수 있는 깨우침
마저도 그들로부터 모두를 다 앗아 가
며, 눈을 감게 하며 귀를 막아 놓은 것
이니라.

6 그러니 새로운 시대요, 새로운 성경이
요, 새로운 나 여호와의 진리를 세상
에 내려보내 너희들에게 전한다 해도,
그를 보지 못하며, 또한 그들은 듣지
도 못하는 그와 같은 형국으로 되어
버렸음이니,
7 듣지도 못하고 보지도 못하는 그와 같
은 백성들이 어찌 깨우쳐 하늘에 오
르는 그 길을 볼 수 있단 말이더냐?
8 그러니 그것이 가장 큰 문제요, 너희
들의 오늘의 잘못된 믿음이라는 것을
알아야 될 것이니라.
9 너희들은 그리하여 변하지 못하는 믿
음을 믿고 있음이니라.
10 그리고 변하지 못하도록 너희들은 지
금 모두가 다 세뇌되어 있음이니라.
11 그리하여 제자리걸음을 하고 있음이
니, 구약의 시대요, 율법의 시대요, 그
시대가 또 너희들이 기초의 시대요,
12 신약의 시대는 또한 복음을 전하는
시대가 역사하지 아니하였더냐?
13 그러니 구약 시대와 신약 시대에서
너희들이 거듭나는 문제를 해결해 줄
수가 없으며, 너희들이 하늘에 오르는
그와 같은 길을 볼 수 없는 것이 구약
과 신약의 그 시대임을 알라.
14 그러니 너희들이 거듭나는 문제를 해
결해 줄 수 없는 구약과 신약의 그 시
대에서 모두를 역사하며 구원을 받았
다 말하는 그 백성, 너희들이 나의 뜻
이요, 하늘의 이치요, 진리를 모르는
백성들이니라.
15 그러니 내가 제3의 시대요, 마지막 시
대를 열어 너희들을 구원하고자 하는
것이 나 여호와의 뜻임을 어찌 모른단
말이더냐?
16 구약과 신약은 너희들이 거듭날 수 있
는 문제를 해결해 주는 것이 아니요,
너희들을 구원해 주는 것이 아니기에,
17 그와 같이 마지막 시대에 너희들이 영
적인 목마름과 영적인 갈급함이 오늘
의 너희들의 모두를 다 지배하고 있음
이니라.
18 그러니 수십 년 동안 믿음의 길을 온
그 백성들이 구원의 길이요, 구원의
그 갈급함을 위하여 스스로 이곳저곳
을 헤매는 그와 같은 백성들이요, 길
잃은 백성들이 수없이 있음이니,
19 이는 바로 구약 시대와 신약 시대가
새로 나는 것이 아니요, 구원의 영광
의 모두를 역사하는 것이 아니기 때문
이니라.
20 그러니 이제는 알라, 제3의 시대요,
내가 직접 관장하는 시대만이 너희들
을 구원하는 그 모든 은혜가 거기 있
음을 알라.
21 그리하여 내가 160권의 법전을 너희
들에게 모두를 읽고 들을 수 있도록
하며, 또한 이때를 맞춰 내가 모든 성
경의 비밀을 벗겨 너희들과 더불어 역
사하는 것, 이것이 바로 무엇이더냐?
22 나 여호와의 뜻임을 알라.
23 구약 시대요, 신약 시대요, 너희들이
알지 못하며 내가 비밀로써 밀봉한 그
것을 여는 것, 그때가 바로 새로운 시
대요, 내가 새로 시작하는 역사임을
알라.
24 내가 나의 아들을 통하여 너희들에게
전했느니라.
25 구약 시대의 모세의 시대는 출발이요,

신약의 예수의 시대는 중간 시대라
했음이니,
26 너희들이 나의 아들 예수를 믿는 것이
며, 신약 시대를 믿는 것이 바로 너희
들이 출발선에 서는 그와 같은 영광을
얻게 됨이요,
27 제3의 시대는 너희들이 출발하여 역
사하는 시대니, 그 열매를 거두고 못
거두고, 그 결과를 얻고 못 얻는 것은
지금서부터 시작이며, 너희들이 구원
을 받고 못 받는 것이 달렸느니라.
28 마지막 출발선에 서서 출발하는 자처
럼 나의 법전을 가슴에 안고 정독하며
그 이치를 알며, 내가 원하는 것을 너
희들이 알았을 때,
29 그리고 그를 읽고 깨달아 너희들이 성
경의 비밀을 들여다볼 수 있는 그와
같은 지혜로움을 얻은 백성, 그들이
바로 하늘에 오르는 그 반석 위에 서
게 됨이니,
30 그 반석 위에 너희들이 섰을 때, 하늘
에 오르는 찬란한 빛을 그때야 보게
된다는 엄연한 사실을 부정하지 말며
이를 거부하지 말라.
31 이것이 나 여호와의 뜻이요, 이는 벗
어날 수 없는 사실이니라.

10,286 번째 하나님 말씀

2004년 4월 3일 06시 26분

1 사랑하는 나의 아들아!
2 "네, 아버님! 말씀하옵소서."
3 밤과 낮을 쉬지 않는 시간 속에서 수
없이 나오는 목회자들이요, 그리고 그
리 나온 목회자들이 교회라는 것을 지
어 나의 몸에 상처를 내는 그와 같은
죄의 온상을 만들며,
4 그 속에서 너희들이 부르짖고 가르쳐,
나의 백성에게 하늘에 오르는 길이라
하여 그리 울부짖는 자가 헤아릴 수가
없으며,
5 밤과 낮을 가리지 않고 쉬는 시간이
없이 너희들이 나의 몸에 상처를 내
나의 아픔을 만드는 그와 같은 역사가
지금도 계속되고 있지 않더냐?
6 수없이 나오는 성경책이요, 너희들이
각국 언어요, 그 백성에 맞도록 변질
되고 변화되어 글로써, 그 뜻으로써
번역되고 기록되어 나오는, 쉬지 않고
나오는 그 많은 성경책이 세상을 덮고
있으며,
7 또한 선택받았다는 사람들이 그 백성
들이 얼마나 많더냐?
8 예수의 재림이요, 그리고 모세요, 성
서에 나오는 사람들의 이름을 다 대어
저희들이 그와 같이 명을 받은 자요,
9 때로는 유다의 명을 받은 자요, 유다
의 영혼이라 말하는 사람들까지 이 세
상에 수없이 지금 존재하고 있으며,
수없이 목소리를 높이는 자들이 얼마
나 많더냐?
10 그리고 이 세상에 저희들이 깨우침을
받았다는 것, 그리고 명을 받았다는
백성들이 한두 권씩 내는 그 무수한
책이요, 그 내용들이 얼마나 많던가?
11 그 수를 헤아릴 수 없는 것이니, 각국
의 백성들이 제 나라의 언어로써 저는
선택을 받은 자요, 저는 나로부터 메
시지를 받은 자요, 저는 영광을 받은
자라 하여 한두 권의 책을 세상에 내

는 자가 세상에 얼마나 많이 있으며,
그 책이 얼마나 무수히 세상에 쏟아져
나오느냐?
12 그리고 성경을 연구하는 자들이요, 성
경을 가지고 공부하는 자들이라 하여
저희들이 성서를 설명하였다 하며, 그
성서를 설명한 자료들을 또한 책으로
펴낸 것이 얼마나 무수하며, 헬 수 없
이 각국의 언어로써 그리 나오지 않느
냐?
13 너희들이 또한 모든 것을 해석하며 또
깨우쳤다 하며 나오는 것이 무엇이더
냐?
14 율법을 연구한 자들이요, 각종 명분
아래 너희들이 작고 작은 책으로 깨우
쳐서 세상에 쏟아 붓는 것이 얼마나
많은지 알겠느냐?
15 또 신학자라는 자들이 날마다 연구하
고 연구하여 가르치는 숫자는 또 얼마
나 많으냐?
16 너희들이 그 숫자를 헤아릴 수 없을
것이니라.
17 그러니 세상에서 그와 같이 너희들이
모든 책이요, 모든 지도자라 하며, 그
리고 명받은 자요, 나 여호와의 메시
지라 하며 내려보내고 또 가르치고 소
리 지르는 자들이 이 세상을 덮고 있
느니라.
18 그러나 너희들이 그러면서도 너희들
자신의 마음속에 공허함을 벗어나지
못하며, 불안하고 초조한 그 마음을
벗어나지 못하는 것은 무엇이더냐?
19 너희들이 확실한 의미를 알지 못하며,
확실한 뜻을 알지 못하기 때문이니,
20 너희들이 참진리의 길을 보지 못했으
며, 참진리의 나의 성령을 접하지 못
했기 때문이니라.
21 그러니 이게 다 잘못된 것이요, 나 여
호와의 뜻이 아니라는 것을 스스로 알
아야 될 것이니라.
22 그러니 그와 같은 백성들을 위하여
내가 대장정의 160권의 법전으로써
누구나 알기 쉽고 누구나 듣기 쉽도
록 세상에 내려보냄이니,
23 너희들은 이것이 사탄이요, 이단이요,
마지막 시대에 거짓 선지자가 세상을
혼란케 하는 것이라 하지 말며,
24 너희들이 이 세상에 존재하는 것은 나
여호와의 뜻이 아닌 것이 없다 그리
말하니, 나의 법전을 읽고 또 읽어 너
희들이 들여다보도록 하라.
25 그래서 너희들의 마음에 변화가 없으
며, 너희들이 이를 보고 성경의 밀봉
된 비밀을 알 수 없거든, 나의 법전이
잘못된 것이라 하며, 나의 아들을 믿
지 아니해도 될 것이니라.
26 그러나 너희들이 나의 법전을 가지고
정독할 때, 성서의 비밀을 열 수 있는
그와 같은 지혜를 얻는다면, 이는 내
가 마지막 시대에 역사함임을 알아야
될 것이니라.
27 나의 법전의 모든 언약이요, 나의 약
속이요, 그 모두가 행하고 실천하는
그것이 거기에 다 기록되어 있음이니
라.
28 그리하여 마지막 시대니, 내가 구약과
신약의 시대에 언약한 것, 약속한 것,
그 모두가 마지막 시대에 다 이루어짐
이니, 하나하나 이루어지는 역사를 너
희들이 보면 알 것이니라.

29 나의 아들 예수가 '내가 감으로 인하
여 너희들이 슬퍼하지 말라. 새로운
보혜사가 올 것이라' 하였으며,
30 새로운 성령이 내려와 너희들에게 예
수가 전하고자 하는 뜻을 가지고 모두
를 깨우치는 시대가 온다 하였음이니,
곧 그것이 지금 세상에 내려와 너희들
에게 깨우치거늘,
31 그를 알며 그를 기다리는 자들이 나의
법전을 믿지 아니하며, 새로운 성경을
믿지 아니하며, 나의 아들에게 전하여
내리는 강론을 믿지 않고, 무조건 사
탄이요, 이단이요, 사악한 것이라 밀
어붙이니,
32 구약의 역사의 흐름과 신약의 역사의
흐름을 너희들이 상세히 들여다보면,
모세의 구약의 시대는 내가 말하는
대로 출발의 시대요, 기초의 성령이요,
33 그리고 너희들의 신약의 시대는 복음
의 시대요, 그 복음을 전하는 시대에
너희들이 어떠한 역사를 하게 되었는
가 그것을 알 수 있으며,
34 그리고 너희들이 또한 나의 법전을 읽
고 깨우침으로써 무엇이 어찌 역사하
는 것인지가 다 거기에 한줄기로써
흐르고 있음이니,
35 이 흐름을 너희들이 깨달을 때, 나의
법전은 정녕 너희들을 위한 것이요,
36 나 여호와가 마지막 만백성의 심판의
기준이요, 그리고 너희들이 말하는 그
추수의 시대에 거둬들이는 열매를 여
는 그 모두의 가르침이요, 그 모두의
길이 여기 있다는 것을 알게 될 것이
니, 너희들은 먼저 가슴에 안고 정독
하도록 그리하라 전하라.
37 그리해서 너희들이 얻지 못하며 그리
해서 변화되지 아니하거든, 그때 그를
버려도 내가 너희들을 원망하지 않을
것이라 그리 전하라.

10,287 번째 하나님 말씀

2004년 4월 3일 06시 33분

1 사랑하는 나의 아들아!
2 "네, 아버님! 말씀하옵소서."
3 이제는 너희들이 법전을 이와 같이 만
들어 세상에 내놓음이니, 많은 백성들
이 나의 성전을 찾을 것이며, 너를 찾
기 시작할 것이니라.
4 그 변화의 속도는 홍수와 같이 불어날
것이니, 그러나 그들은 여기 올 때 은
혜를 입었으며 저희들이 나로부터 사
랑을 받았으니, 무엇인가 역사한 증거
를 가지고 오게 되어 있음이니라.
5 그러니 나의 아들을 따르며 나의 법전
을 만들며 어렵고 힘든 길을 가는 백
성 너희들은 어찌하여 은혜요, 영광을
받지 못하며 너희들이 갈구하는 작은
소원도 받지 못하며 이루지 못하는가
원망하며 그리 생각할 것이니라.
6 그는 내가 뭐라 말하였느냐, 너희들이
지고 있는 죄요, 너희들이 인간 세상
에서 지금 모두 심판을 받는 영광이
요, 축복된 백성이라 하였음이니라.
7 그러니 너희들이 나의 법전을 읽고 깨
우쳐 이제 나의 성전을 찾으며, 나의
아들을 찾는 자는 단상에서 부르짖고
자 할 것이니라.
8 '나는 법전을 읽음으로써 이와 같은
은혜를 입었으며, 선지자의 강론을 들

음으로써 나는 이와 같은 것을 깨달았
으며, 이와 같은 은혜를 얻었다.' 말할
것이니라.
9 죽어 가는 고목에서 새싹이 트며, 죽
어 가는 나무에 물이 흘러 새잎이 나
며, 새로운 꽃이 피는 그와 같은 역사
를 얻은 그 백성들이 나의 성전을 찾
을 것이며 나의 아들을 찾을 것이며,
그들이 와 나의 아들을 잡고 너희들을
잡기를 원할 것이니라.
10 그러나 너희들은 막상 나로부터 은혜
를 받은 것이 없으며, 나로부터 역사
한 것이 없다 하여 나를 원망하며 나
의 아들을 원망하지 말라.
11 너희들이 가지고 있는 죄의 대가를 치
러야 할 것이 너무나 무겁기 때문이라
는 것을 너희 스스로 알라.
12 그것이 바로 너희들이 선택된 은혜요,
선택된 백성이니라.
13 너희들이 죽어 나에게 와 심판을 받을
때, 그것으로써 너희들이 두 번 다시
누구도 한 번이라도 가지 않으려 몸부
림치는 그 지옥문에서 울고 있는 것이
네 모습이라 하였으나,
14 너희들의 오늘의 고통과 시련으로써
그 대가를 치르고 거듭나는 그런 심판
을 받음이니, 정녕 영원히 죽고 육은
썩어져 가는 그와 같이 결정적인 그
심판의 때에 심판을 받을 것이 없는
백성이라는 것을 너희들은 어찌 모르
는가?
15 너희들에게 시련과 고통의 그 이유가
다 있음이니라.
16 너희들의 자식에 대한 문제요, 네 신
상에 대한 문제요, 네 부모에 대한 문
제요, 지금 나의 아들을 따르는 너희
들이 은혜를 받지 않은 것이 없으니,
17 너희들이 나로부터 보상을 받은 것이
없으며 축복을 받은 것이 없다 하나,
너희들로 하여금 네 부모의 목숨이 연
장되며, 생명이 연장되며,
18 너희들 자식이 정신박약아가 될 자들
과 쓰러질 자들이 굳건히 서며, 너희
형제들이 불행을 당할 것을 너희로
하여금 당하지 않고 간다는 것을 너
희들은 모르고 있음이니,
19 나는 너희들에게 다 상을 주었으며
은혜를 주고 있음이니라.
20 그러나 너희들은 그와 같은 것으로써
받아야 되며 그와 같은 것이 더 소중
한 것이요,
21 너희가 소원하는 작은 것을 이루는 것
보다 더 위대하고 큰 상을 내가 다 주
었거늘, 그것을 모르는 어리석은 백성
들이 너희들이니라.
22 그러나 지금 나에게 오는 그 백성들이
요, 이곳에 와 은혜를 받았으며, 영광
을 받았으며, 법전을 읽음으로 제 직
장을 얻었으며, 법전을 읽음으로 제가
죽은 자와 같은 자가 산 자의 삶을 살
며,
23 모든 인생을 포기하고 모두 좌절한 나
이에 제가 두 주먹을 쥐고 지금 일터
로 향하여 일을 하고 있으며, 생기를
얻었으며, 지금까지 잘못 산 인생의
삶을 이제야 알았으며,
24 제가 많은 재산을 관리하고 많은 사람
을 다스리다 모두를 날렸으나, 이제는
그것이 다 허상이요, 제 잘못이라는
것을 깨달으며,

25 제가 좌절하고 일어날 수 없는 그와
같은 자였으나, 나의 법전을 읽고 깨
우침으로 거기에서 용기를 얻었음이
니, 그것이 바로 저에게 재산이요, 소
중한 것임을 이제야 알았다며 눈물을
흘릴 자가 있느니라.
26 젊어서 몇십 억의 재산을 가지고 있었
으며 그를 날린 것보다도 오늘의 제가
만 원 한 장이라는 그 작은 지폐를 하
나 제 손으로 만들고 역사하는 것이
얼마나 귀중하고 소중한 것인가를 깨
달아 네 앞에 눈물로써 하소연하며,
만백성에게 간증하고자 하는 자가 있
을 것이니라.
27 그리하여 제가 거듭남의 은혜를 얻으
며, 바로 삶의 은혜를 얻으며, 인간의
삶이 무엇인가를 알게 될 것이니라.
28 제가 젊어서 회전 의자에 앉아 많은
백성을 다스린 것 때문에 지금 제가
배고프고 고달파 남에게 구걸은 해도
일터에 나갈 용기가 없으며 삶을 찾을
용기가 없는 그와 같은 백성이,
29 나의 법전을 읽고 나의 아들을 만나
며, 나의 아들의 강론을 들음으로써
제가 모두를 다 털어 버리고,
30 오늘의 현실이 얼마나 중요한지 알며,
제가 노력해서 거둬들이는 것은 직업
에 귀천이 없으며, 노력하는 것에 관
계있으니,
31 제가 다만 거둬들일 수 있는, 제가 역
사할 수 있는 작은 금화의 그 보수의
대가가 얼마나 소중하고 귀한 것인가
깨닫고,
32 지난날의 살았던 삶을 후회하며 눈물
을 흘리는 백성들이, 그 은혜의 영광
의 은총을 받은 자가 수없이 몰려들
것이니,
33 나의 법전이 세상에 나가서 지금 그와
같은 역사를 하고 있음이니라.
34 그들은 은혜를 받았다고 간증하고 싶
으며, 은혜를 받았다 하여 너희들 앞
에 울고불고 감사를 할 것이니라.
35 그러나 너희는 받은 것이 없다 하나,
간접적으로 너희들이 이룰 수 없는 크
나큰 영광을 주었음이니라.
36 내가 너희 자식의 생명을 연장해 주
며, 부모의 생명을 연장해 주며, 병들
고 쓰러질 너희 부모를 고쳐 주며, 너
희 속에 있는 병을 고쳐 주며, 너희가
쓰러지려는 것을 다스려 주는 그와
같은 은혜요, 영광을 너희들이 모르고
있음이니,
37 그것이 바로 너희들이 아직도 깨달음
이 없으며 역사함이 없음이니라.
38 너희들이 천리만리 앉아 있어도 나의
아들의 기도하는 소리를 들을 수 있으
며, 천리만리 있어도 나의 아들이 너
희들을 찾아갈 수 있는 것을 느끼는
것이 마음을 비운 자요, 바로 경지에
오르는 길을 가고 있는 백성이라 하였
으니,
39 너희들은 그와 같이 되지 못하기에 너
희들에게 내가 내려 준 은혜의 영광이
요, 그 축복이 얼마나 크고 위대한 것
인가를 모르는 자들이며,
40 오늘의 너희들의 고통과 시련은 너희
가 지고 있는 죄를 지상에서 나로부터
심판을 받으며 거듭나는 것이며, 그것
이 너희들이 나에게 오르는 길이니,
41 지상의 세상에서 거듭나는 그 길을 가

고 있음이니, 너희들이 얻은 크나큰
영광의 은혜는 이 세상 것을 다 주고
도 얻지 못할 것이거늘,
42 육의 너희들의 어렵고 힘든 것이요,
너희가 말하는 '손톱 밑에 가시가 낀
것'을 가지고 너희들이 그리 불안해하
며 두려워하며 안절부절못하는 어리
석은 자는 나의 전사요, 나의 하늘의
선생으로서 자격이 없는 자임을 알라.
43 믿으라, 믿음으로써 나를 보라.
44 그리고 믿음으로써 너희들이 거듭나
며, 모두는 너희들이 치러야 할 대가
를 치름이니,
45 그 대가를 치르기 싫으며 너희들이 죽
어 나에게 와 대가를 치르겠다면, 내
가 너희들에게 오늘에 치르는 그 모두
를 여기서 거둬 줄 것이니 그리 전하
라.

10,288 번째 하나님 말씀

2004년 4월 3일 06시 38분

1 사랑하는 나의 아들아!
2 "네, 아버님! 말씀하옵소서."
3 너희들이 구약 시대의 역사함이요,
신약 시대의 역사함이요, 그 모두는
다 무엇이더냐?
4 구약 시대에 너희들을 아담의 시대의
세상으로 내가 돌려보내고자 하였으
며, 또한 신약 시대에 그것도 그러하
니라.
5 내가 아담의 그 시대로써 너희들을 복
귀시키며 돌려놓기 위하여 모두를 역
사했다 하지 않았느냐?
6 나는 너희들에게 그리 역사했느니라.
7 나의 뜻의 그 씨를 뿌리는 시대가 바
로 구약 시대요, 내가 씨를 뿌리는 구
약 시대로써 너희들에게 아담의 그 세
상으로 돌아가는 백성이 되도록 나는
모두를 다 보여 주었음이니라.
8 그러나 너희들은 그를 역사하지 아니
하였으며, 그를 너희들이 가꾸지 아니
하였으며, 너희들은 그대로 역사하지
못하였음이니라.
9 그러니 내가 너희들에게 어떠한 시대
를 또 보여 주었더냐?
10 내가 나의 아들 예수를 보내어 신약
시대를 보여 주었으며, 그리하여 그것
또한 아담의 그 세상으로 너희들이 역
사하도록 내가 그리 열었음이니라.
11 그러니 그와 같이 구분된 세상의 깨달
음 속에서 너희들이 역사하지 아니하
며 내 뜻을 따르지 아니하였음이니,
12 구약 시대는 내가 씨를 뿌린 시대요,
간단한 농부의 수공으로써 모두를 거
둬 이루어 주고자 했으며,
13 그리하여 그를 행하지 아니하여 내가
너희들이 가꾸는 시대로써 구분하여,
가꾸는 시대는 예수의 시대요, 신약
시대요, 내가 그를 모두를 이루고자
하였으나, 너희들이 또한 그를 이루지
못했음이니라.
14 그러니 추수 때까지 너희들이 왔음이
요, 그리하여 내가 직접 추수하기 위
한 그 시대를 지금 역사함이니라.
15 그러니 그와 같이 구분된 것을 너희
들이 씨앗을 뿌리는 시대요, 가꾸는
시대에 역사하지 못하여 지금 추수의
시대까지 왔음이니,
16 그리하여 내가 지금 모든 나의 법전을

기록하여 전하는 것도 무엇이더냐?
17 아담의 시내로 너희들을 돌려놓기 위
한 것이 나의 뜻이니, 그 길을 갈 수
있는 백성이 나에게 오르는 백성이라
는 것을 알라.
18 나의 법전은 추수의 시대요, 그 추수
의 시대에 필요한 것이요, 그리하여
내가 마지막 나의 모두를 태워 내려보
내는 것이 나의 성령이라 했으며 나의
법전이라 하였음이니,
19 그리하여 모든 열매를 맺는 길을 내가
너희들에게 안내함이요, 그리고 열매
를 맺을 수 있는 것을 여기에다 기록
하여 전함이니, 이 전후로 이와 같은
것은 없을 것이라 하였음이니라.
20 그리고 마지막 시대라는 그 두렵고 무
서움을 알라.
21 이 나의 법전의 제3의 시대의 다음에
는 어떠한 시대요, 어떠한 것도 역사
하지 아니함이니,
22 너희들이 나의 법전을 읽고 깨우치는
그와 같은 변화를 지금 여기에서 역
사하지 아니하면, 내가 천 년에 걸쳐
이루는 그 역사도 이룰 수 없으며,
23 너희들은 정녕 나를 볼 수 없으며, 열
매를 맺지 못하는 자로서, 너희들은
쭉정이로서 유황불 속에 태워지는 자
가 될 것이라는 것을 절대 잊지 말라.
24 다시 한 번 내가 너희들에게 말함이니
라.
25 나는 너희들에게 말하자면 씨앗을 뿌
리는 그와 같은 농부의 수고로움으로
써 너희를 아담의 세상으로 돌리려 했
으나 그를 실패했고,
26 너희를 가꾸는 시대요, 그 가꾸는 시
대의 수고로움으로써 아담의 세상으
로 돌려놓는 그와 같은 역사를 하려
하였으나 그 또한 실패하여,
27 이제는 추수의 마지막 시대까지 왔다
함을 너희들은 명심하고 명심하여 듣
도록 하라.
28 이는 단 한 번밖에 없는 마지막 기회
이니라.

부 록

【하나님께서 가르쳐 주신 운동】

천재지변이 일어날 때, 동물이나 미물들은 미리 알고 대피하지만, 인간은 알지 못하고 큰 화를 당합니다. 하나님께서 인간에게 가장 높은 지혜를 주시고 완벽하게 창조해 주셨기에 동물들보다 더 잘 알 수 있지만, 욕심으로 마음이 혼탁해져서 한 치 앞을 보지 못하는 것입니다.

마찬가지로, 인간은 누구나 스스로 필요한 운동을 해서 건강을 지킬 수 있도록 하나님께서 만들어 주셨습니다. 우리의 머리에서 우리 몸에 필요한 동작을 해 달라고 끊임없이 신호를 보내지만, 인간이 혼탁하게 살아서 그 신호를 알아채지 못합니다. 그러니 자연스럽게 자기 몸이 원하는 그 신호를 따라서 운동하는 것이 하나님께서 가르쳐 주신 운동 방법입니다. 바로, 우리의 영이 육을 이끄는 운동입니다.

▶ 하나님 운동법

1. 눈을 감고, 발을 어깨너비로 벌리고 바르게 선다.
2. 몸에 힘을 풀고, 허리를 숙이면서 손과 머리를 아래로 내린다.
3. 허리를 펴고 싶을 때, 천천히 펴면서 하고 싶은 동작을 하면 운동이 시작된다. (사람마다 다르다.)
4. 멈추지 말고, 어떤 동작이든지 자기 몸의 느낌대로 계속 이어서 한다.

▶ 참고 사항

① 눈을 감은 상태로 아무 생각 하지 않고, 자기 몸의 느낌대로 움직입니다.

② 마음을 비우고, 욕심을 버리고, 지난날의 잘못을 반성하면서 몇 차례 시도하다 보면, 자기도 모르게 하고 싶은 동작이 끊임없이 생깁니다.

③ 운동 장소는 방 안이든 운동장이든 관계없으며, 걷거나 달리고 싶을 때는 눈을 떠도 됩니다.

④ 매일 40분 이상, 주 4회 이상, 3개월 이상 하면 음식 조절에 들어갑니다.
- 음식으로 생긴 병은 음식으로 치료하게 되며, 어떤 음식을 먹어야 하는지 스스로 알게 됩니다.
(자기 몸에 필요한 음식만 먹고 싶어집니다.)

⑤ 사랑하는 사람과 함께 운동하면 서로 치료해 주기도 합니다.

⑥ 운동을 하다가 몸의 어느 한 부분을 계속 손으로 자극한다면 그쪽에 이상이 있는 것이니, 의사에게 상담을 받고 적절한 치료를 받으면 됩니다.

⑦ 다이어트 및 기타 건강관리에 효과적입니다.

⑧ 꾸준히 운동하여 영이 맑아지면, 자신의 과거와 미래를 스스로 보게 됩니다.

누구나 스스로 하실 수 있습니다.

간행사

《새로운 성경》은:

· 새로운 성경은, 하나님께서 선량하고 선한 자를 선택하여 십계명을 암송하도록 하시고, 십계명을 암송한 다음에 음성으로써 들려주시는 말씀을 듣고 그대로 카세트테이프에 녹음해서 받아쓴 책입니다.

· 90분짜리 녹음테이프 700여 개에 달하는 말씀으로, 1999년 8월부터 2004년 7월까지 총 160권(권당 288쪽)을 완성하였으며, 그 이후에도 현재까지 계속 말씀을 내려 주고 계십니다.

· 새로운 성경은 "하늘을 두루마리 삼고 바닷물을 먹물 삼아 쓰고 써도 다 못 쓴다"는, 끝없이 방대한 하나님의 말씀이 두루마리로 직접 내려오는 것입니다. 이러한 새로운 성경은 구약과 신약을 폐하려는 것이 아니라 "인봉된 성서의 비유의 뜻"을 상세히 설명하여 완성하고자 하나님께서 직접 내려 주신 말씀입니다.

《새로운 성경》의 구성:

· 제 목: 2013년, 160권 모음집을 발간하면서, 본 도서의 제목을 "하나님! 말씀하옵소서"에서 《새로운 성경》으로 명해 주셨습니다.

· 단행본: 각 권당 288쪽(신국판) 책이 160권까지 시리즈로 출판됩니다.
(모음집은 단행본을 16권씩 묶어서, 총 10부로 구성됩니다.)

《새로운 성경》의 성경적 근거:

· 신약 성경 [요한복음] 16장 13절에 "진리의 성령이 오시면 그가 너희를 모든 진리 가운데로 인도하시리니 그가 자의로 말하지 않고, 오직 듣는 것만을 말하며" 하신 말씀처럼 하나님의 음성을 들은 것만 기록하였으며,

· "장래 일을 너희에게 알리시리라" 하신 말씀과 같이 개인, 나라, 인류의 "장래"일을 하나님께서 알려 주시는 것만 기록하여 책으로 만들었습니다.

《새로운 성경》의 기록 방법:

· 1999년 8월부터 하나님께서 저에게 들려주시는 음성을 기록하였습니다. 처음에는 제가 들은 말씀을 불러 주면 저의 아내가 기록하여, 2000년 1월 29일에 1권 초판이 세상에 나왔습니다. 2000년 4월부터는 주시는 말씀을 받아 녹음기에 기록하기 시작하였습니다.

· 녹음을 시작하면서 하나님의 말씀을 받는 데 가속도가 붙었고, 2001년 5월 3일에 1부(1~16권까지)를 인쇄하여 출판하였으며, 2004년 7월까지 총 160권 분량의 말씀을 받아 기록하였습니다.

하나님께서 저에게 주신 것은:

· 첫째, 만백성을 상대로 내려 주시는 "기도", 둘째, 수시로 내려 주시는 "묵상", 셋째, 개인의 과거, 현재, 미래를 알려 주시는 "개인 기도", 넷째, 개인의 건강을 위해서 내려 주시는 "음식 처방", 다섯째, 하나님께서 가르쳐 주신 "운동"등이 있습니다. 이 중에 첫 번째, "기도"를 책으로 편찬하였습니다. 사람의 생사, 개인의 미래에 관한 천기는 수록하지 말라 하셨습니다.

강론 안내:

· 하나님께서는 지금도 매일 저에게 새로운 하늘의 비밀의 말씀을 내려 주고 계십니다. 수시로 내려 주시는 말씀을 정리해서 제자를 육성하라는 말씀에 따라 매주 강론을 하고 있습니다. 누구나 무료로 들으실 수 있습니다. (book160.com)

《새로운 성경》을 읽는 분들에게 드리는 선물:

· 개인 기도: 개인의 과거, 현재, 미래에 관하여 말씀을 내려 주십니다.

· 음식 처방: 사람은 음식을 먹고살다가 건강을 잃으니, 음식과 운동으로 건강을 되찾는 방법을 알려 드립니다. 단, 하나님이 계심을 믿고, 십계명을 지키겠다고 진실로 서약하는 분들께 알려드립니다.

《새로운 성경》의 은혜와 기적:

· 새로운 성경 전160권은 16권씩 묶어서 총 10부의 모음집으로 구성됩니다. 모음집 한 부를 읽고 깨우치는 자에게 하나님께서 다음과 같은 기적이 있다고 하셨습니다.

· "첫째, 그가 죽어 하늘에 갔을 때 그의 죄를 묻지 아니하며, 구원을 받는 위대한 은혜가 있으며, 둘째, 그의 소원과 소망이 이루어지고, 셋째, 죽은 자(부모, 형제, 자식, 사랑하고 은혜 입은 분)의 이름으로 구입한 책을 읽고 누군가 한 사람이 깨우칠 때, 그 죽은 자가 지옥에서 천국으로 구원을 받게 되며, 넷째, 유산, 중절 수술 등으로 태어나지 못한 아이를 위하여 구입한 책을 보고 한 명이 깨우쳤을 때, 그 아이가 사람으로 다시 한 번 태어나는 은혜를 받는다."

· "새로운 성경"을 3회 이상 정성을 다해 정독하는 자, 성서의 비밀을 알게 되고, 세상의 이치를 알게 되며, 세상을 지배하고 통제할 수 있는 지혜를 다 얻게 된다고 하셨습니다. 이 책은 만백성이 정독하고 이웃에게 전하여, 평생 가슴에 묻은 슬픔과 고통의 짐을 벗고 미래를 위한 힘찬 삶을 살아가도록 하는 책입니다.

끝으로

· 하나님께서는 흰 눈이 세상을 덮듯이 새로운 성경을 온 세상에 전하라고 하셨습니다. 《새로운 성경》을 각국어로 번역해서 온 인류에게 구원의 길을 깨우쳐 주고, 그 수익으로 가난하고 어려운 백성을 구제하여, 만백성의 영과 육을 함께 구원하는 선지자의 임무를 수행하라고 저에게 명하셨습니다.

· 하늘에서 내려 주신 말씀의 보화를 만백성에게 나누어 주는 것이 선지자의 임무라고 하셨습니다. 새로운 성경을 통해서 얻는 재물을 사용할 곳도 하나님께서 일일이 명해 주십니다. 모든 재물은 저의 자의로 쓸 수 없고, 하나님께서 명하시는 대로만 쓰여집니다.

· 어떤 명분으로든 십일조나 각종 헌금을 거두어들이지 말라 하셨으며, 국내뿐 아니라 각국에 성전과 단독 서점을 운영하며, 한국의 많은 젊은이들을 전 세계에 지도자로 내보내라고 하셨습니다.

· 우리는 세계적으로 새로운 성경을 보급하며 어려운 이들을 돕는 역사를 해 나갈 것입니다. 지금까지 비록 몇 명 안 되는 제자들과 함께 이러한 일을 역사했지만, 앞으로도 계속 하나님께서 기뻐하시는 일들을 해 나갈 것입니다. 부족한 저희에게 여러분들의 지혜와 성원을 보내 주시기를 바랍니다. 많은 분들의 참여와 도움을 간절히 기다립니다. 감사합니다.

한국어로 내려온 《새로운 성경》 단행본을 출간하며
2016년 4월 10일

발행인 **김 용 철**

한국어로 내려온

새로운 **성 경** · 9부 · 제137권

지은이 하나님 말씀
대역자 김용철

초판인쇄 1쇄 2017년 4월 3일

펴낸 곳 도서출판 하얀마음
등록번호 제 10-2107호 (2001년 2월 14일)
주소 서울시 노원구 덕릉로86길 5, 2층
전화번호 02) 313-1114
팩스 02) 393-5554
전자우편 book160@hanmail.net
편집위원 조나영 김미향 이석교
제작지원 이기종

도서상담 1600-7527
ISBN 978-89-5875-237-0 (04230)
978-89-5875-100-7 (세 트)

값 10,000원
잘못된 책은 구입하신 곳에서 바꾸어 드립니다.

※이 책은 10부로 제작되며, 각 부 16권씩 총160권으로 구성됩니다.※

1부	2부	3부	4부	5부	6부	7부	8부	**9부**	10부
1권	17권	33권	49권	65권	81권	97권	113권	129권	145권
2권	18권	34권	50권	66권	82권	98권	114권	130권	146권
3권	19권	35권	51권	67권	83권	99권	115권	131권	147권
4권	20권	36권	52권	68권	84권	100권	116권	132권	148권
5권	21권	37권	53권	69권	85권	101권	117권	133권	149권
6권	22권	38권	54권	70권	86권	102권	118권	134권	150권
7권	23권	39권	55권	71권	87권	103권	119권	135권	151권
8권	24권	40권	56권	72권	88권	104권	120권	136권	152권
9권	25권	41권	57권	73권	89권	105권	121권	137권	153권
10권	26권	42권	58권	74권	90권	106권	122권	138권	154권
11권	27권	43권	59권	75권	91권	107권	123권	139권	155권
12권	28권	44권	60권	76권	92권	108권	124권	140권	156권
13권	29권	45권	61권	77권	93권	109권	125권	141권	157권
14권	30권	46권	62권	78권	94권	110권	126권	142권	158권
15권	31권	47권	63권	79권	95권	111권	127권	143권	159권
16권	32권	48권	64권	80권	96권	112권	128권	144권	160권